数学下册同步练习
（基础模块）

主　编　毛金艳　王春兰　王叶山
副主编　邵　建　陈　磊　李春瑛
　　　　窦玉兰　张　娜

北京理工大学出版社
BEIJING INSTITUTE OF TECHNOLOGY PRESS

版权专有　侵权必究

图书在版编目(CIP)数据

数学下册同步练习：基础模块 / 毛金艳，王春兰，王叶山主编． —北京：北京理工大学出版社，2023.4

ISBN 978 – 7 – 5763 – 2249 – 1

Ⅰ.①数… Ⅱ.①毛… ②王… ③王… Ⅲ.①数学课-中等专业学校-教学参考资料 Ⅳ.①G634.603

中国国家版本馆 CIP 数据核字(2023)第 060679 号

出版发行 / 北京理工大学出版社有限责任公司
社　　址 / 北京市海淀区中关村南大街 5 号
邮　　编 / 100081
电　　话 / (010)68914775(总编室)
　　　　　(010)82562903(教材售后服务热线)
　　　　　(010)68944723(其他图书服务热线)
网　　址 / http://www.bitpress.com.cn
经　　销 / 全国各地新华书店
印　　刷 / 涿州汇美亿浓印刷有限公司
开　　本 / 787 毫米×1092 毫米　1/16
印　　张 / 12.5　　　　　　　　　　　　　　　责任编辑 / 徐艳君
字　　数 / 288 千字　　　　　　　　　　　　　　文案编辑 / 孟祥雪
版　　次 / 2023 年 4 月第 1 版　2023 年 4 月第 1 次印刷　　责任校对 / 周瑞红
定　　价 / 38.00 元　　　　　　　　　　　　　　责任印制 / 边心超

图书出现印装质量问题，请拨打售后服务热线，本社负责调换

前 言

本书是为了帮助学生轻松高效地学好"十四五"职业教育国家规划教材《数学 基础模块下册》而开发的学习指导用书. 全书紧扣最新教材和最新教学大纲，突出了职教高考特色，全面、详细地梳理了教材中的知识要点，突出了重点，直击盲点. 本书课堂基础训练习题严抓基础，可操作性强，题型新颖，注重原创；课堂拓展训练习题注重拔高，有重点突破性，紧扣高考题型；答案解析讲解精当、注重启发. 本书力求方法的讲解与技能的训练、能力的提升逐步到位. 它既是一本学生的学习指导书，又是一本教师的教学参考书，还可作为学生参加普通高等学校职教高考、对口升学、单招考试的复习用书.

本书按照"十四五"职业教育国家规划教材《数学 基础模块下册》的章节顺序编写，每节均由以下几个部分构成：

第一部分，学习目标导航，全面呈现了本节教材的主要学习内容和认知要求，让学生明白本节的学习要求以及努力学习的方向和应达到的程度，便于学生做学习过程中的自我评价.

第二部分，知识要点预习，养成学生提前预习的好习惯，对本节的知识做到提前了解，提升学生的学习效率和学习质量.

第三部分，知识要点梳理，对本节知识做了系统的归纳和总结，对教材中的重点、难点和疑点做了恰当的解析，使之各个被击破，以扫清学生学习中的障碍，进而提高学习效率.

第三四部分，课堂训练，课程训练分为课堂基础训练和课堂拓展训练. 根据教材内容、学习目标和学生的认知水平，结合课本相关例题分类剖析了本节教学内容所涵盖的重点题型，帮助学生启发思维，打开解题思路，增加解题方法，培养科学的思维方法和推理能力以及运用所学知识解决问题的能力，让学生在练中学，在练中悟，在练中举一反三，进而掌握重点，突破难点，触类旁通，积累解题经验，提高解题能力.

本书每个单元配有单元检测试卷（A、B）卷，方便师生使用. 本书所有练习题均配有详细解析，便于学生自学，以引领学生形成良好的学习习惯. 全书注重知识的迁移和能力的培养，坚持"低起点、高品位"的统一，是学生学好数学不可或缺的一本参考书. 本书在编写过程中，得到了广大同人和编者所在单位的支持，在此表示感谢！虽然我们抱着严谨务实的态度，力求完美，但因能力有限且时间仓促，本书难免存在不足和疏漏之处，敬请各位读者批评指正.

编 者

目 录

第 6 章　直线和圆的方程 …………………………………………………… 1

  6.1　坐标中的基本公式 ……………………………………………………… 2
      6.1.1　数轴上的距离公式与中点公式 ………………………………… 2
      6.1.2　平面直角坐标系中的距离公式与中点公式 …………………… 4
  6.2　直线的方程 ……………………………………………………………… 7
      6.2.1　直线与方程 ……………………………………………………… 7
      6.2.2　直线的倾斜角和斜率 …………………………………………… 9
      6.2.3　直线方程的几种形式 …………………………………………… 13
      6.2.4　直线与直线的位置关系 ………………………………………… 17
      6.2.5　点到直线的距离 ………………………………………………… 20
  6.3　圆的方程 ………………………………………………………………… 24
      6.3.1　圆的标准方程 …………………………………………………… 24
      6.3.2　圆的一般方程 …………………………………………………… 27
  6.4　直线与圆的位置关系 …………………………………………………… 31
  6.5　直线与圆的方程的应用 ………………………………………………… 35
  第 6 章单元测试题 A 卷 …………………………………………………… 37
  第 6 章单元测试题 B 卷 …………………………………………………… 41

第 7 章　简单几何体 ………………………………………………………… 45

  7.1　认识空间几何体 ………………………………………………………… 45
      7.1.1　认识多面体与旋转体 …………………………………………… 46
      7.1.2　棱柱、棱锥 ……………………………………………………… 49
      7.1.3　圆柱、圆锥、球 ………………………………………………… 54
  7.2　空间几何体的三视图与直观图 ………………………………………… 59
  7.3　空间几何体的表面积和体积 …………………………………………… 63
      7.3.1　空间几何体的表面积 …………………………………………… 64

7.3.2 空间几何体的体积 ………………………………………………… 68

第 7 章单元测试题 A 卷 ……………………………………………………… 73

第 7 章单元测试题 B 卷 ……………………………………………………… 76

第 8 章 概率与统计初步 ……………………………………………………… 81

8.1 概率初步 …………………………………………………………… 81

8.1.1 随机试验与古典概型 ……………………………………………… 82

8.1.2 用频率估计概率 …………………………………………………… 85

8.1.3 概率的加法公式 …………………………………………………… 87

8.2 统计初步 …………………………………………………………… 91

8.2.1 总体、样本和抽样方法 …………………………………………… 91

8.2.2 数据的直观表示 …………………………………………………… 96

8.2.3 样本平均数与标准差 ……………………………………………… 99

第 8 章单元测试题 A 卷 ……………………………………………………… 104

第 8 章单元测试题 B 卷 ……………………………………………………… 108

第 6 章

直线和圆的方程

知识导图

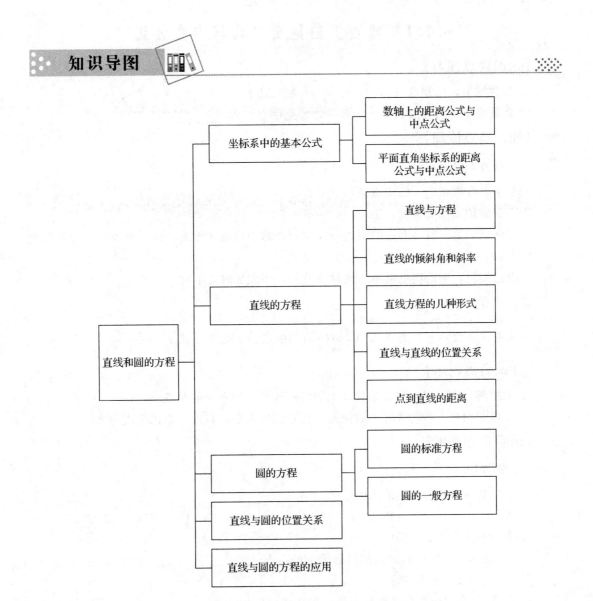

6.1 坐标中的基本公式

【学习目标导航】

1. 掌握数轴上的距离公式和中点公式以及平面直角坐标系中的距离公式和中点公式,并能应用公式解决有关问题.
2. 了解两点间的距离公式和中点公式的推导过程.
3. 培养计算能力.

6.1.1 数轴上的距离公式与中点公式

【知识要点预习】

1. 在数轴上,已知点 $A(x_1)$,$B(x_2)$,则 $|AB|=$ _____.
2. 在数轴上,已知点 $A(x_1)$,$B(x_2)$,则中点为 _____.

【知识要点梳理】

一、两点间的距离公式

一般地,在数轴上,已知点 $A(x_1)$,$B(x_2)$,则 $|AB|=|x_2-x_1|$.

①注意数轴上点的表示方法.

②要注意的是,数轴上点的距离公式与两点的先后顺序无关,也就是说公式也可转化为 $|AB|=|x_1-x_2|$.

③点已知时,求距离也可不加绝对值符号,用大数减去小数.

二、中点公式

一般地,在数轴上,点 $A(x_1)$,$B(x_2)$ 的中点 x 满足关系式 $x=\dfrac{x_1+x_2}{2}$.

【知识盲点提示】

1. 求距离和中点时,分清是数轴上的两点还是坐标系中的两点.
2. 可以利用两个数在数轴上的位置比较它们的大小,右边的数比左边的大.

【课堂基础训练】

一、选择题

1. 下列各项表示数轴上的点的是( ).

    A. 3   B. {3}   C. $A(1,3)$ D. $A(3)$

2. 下列说法中正确的是( ).

    A. 点 $A(-1,-2)$ 表示的是数轴上的一点

    B. 数轴只能表示正数点

    C. 可以利用两个数在数轴上的位置比较它们的大小

D. 数轴上，$A(-2)$和$B(2)$没有中点

3. 已知$A(3)$，$B(-6)$是数轴上的两点，则其中点P为(   ).

　　A. $P(-3)$　　　B. $P(3)$　　　C. $P(-6)$　　　D. $P\left(-\dfrac{3}{2}\right)$

二、填空题

4. 已知$A(a)$，$B(b)$，$|a+2|+|b-6|=0$，则$a=$_____，$b=$_____.

5. 在数轴上，$A(-2)$移动2个单位长度后所得到的对应点表示的数为_____.

三、解答题

6. 在数轴上标出坐标满足下列条件的所有点：
(1)$-3\leqslant x\leqslant 4$；(2)$x\geqslant 0$；(3)$|x|=2$；(4)$|x|>3$.

【课堂拓展训练】

一、选择题

1. 已知点$A(0)$，$B(-5)$是数轴上的两点，则$|AB|=$(   ).

　　A. 0　　　　　B. 5　　　　　C. 2.5　　　　D. -2.5

2. 已知数轴上的两点$A(4)$，$B(m)$，$|AB|=2$，则m的值为(   ).

　　A. 6　　　　　B. 2　　　　　C. 6或2　　　　D. 不能确定

3. 已知$A(-6)$，$B(-3)$，$C(0)$是数轴上的三个点，则下列说法中正确的是(   ).

　　A. A，B的中点是$M(-3)$　　　　B. B是点A和C的中点

　　C. $|AC|=-6$　　　　　　　　　　D. $|AB|=-3$

二、填空题

4. 数轴上的两点$A(2)$，$B(m)$，其中点为$M(5)$，则$|AB|=$_____.

5. 有3个互不相等的有理数a，b，c，它们在数轴上对应的点是A，B，C. 如果AB中点表示的数是10，BC中点表示的数是8，AC中点表示的数是-2. 那么$a+b+c=$_____.

三、解答题

6. 如果数轴上的点A到原点的距离是3，点B到原点的距离是5，求A，B两点之间的距离.

6.1.2 平面直角坐标系中的距离公式与中点公式

【知识要点预习】

1. 设点 $A(x_1, y_1)$，点 $B(x_2, y_2)$，则 $|AB|=$ _____.

2. 设点 $A(x_1, y_1)$，点 $B(x_2, y_2)$，则中点坐标为 _____.

【知识要点梳理】

一、两点间距离公式

设点 $A(x_1, y_1)$，点 $B(x_2, y_2)$，则 A，B 两点间的距离为

$$|AB|=\sqrt{(x_2-x_1)^2+(y_2-y_1)^2}$$

特别地，若 A，B 两点均在 x 轴上，则 $|AB|=|x_2-x_1|$；若 A，B 两点均在 y 轴上，则 $|AB|=|y_2-y_1|$.

要注意的是，两点间的距离与两点的先后顺序无关，也就是说公式也可写成转化为 $|AB|=\sqrt{(x_1-x_2)^2+(y_1-y_2)^2}$，利用此公式可以将有关几何问题转化为代数问题进行研究.

二、中点公式

若点 $A(x_1, y_1)$，点 $B(x_2, y_2)$ 是平面上两点，点 $P(x, y)$ 是线段 AB 的中点，则有 $\begin{cases} x=\dfrac{x_1+x_2}{2} \\ y=\dfrac{y_1+y_2}{2} \end{cases}$.

【知识盲点提示】

1. 两点间的距离与两点的先后顺序无关.

2. 点关于点对称考查中点坐标公式.

【课堂基础训练】

一、选择题

1. 点 $P(-5, 0)$ 到原点的距离等于（　　）.

   A. -5　　　　B. 0　　　　C. 5　　　　D. 无法确定

2. 点 $P(x, y)$ 关于坐标原点的对称点是（　　）.

   A. (x, y)　　B. $(-x, y)$　　C. $(x, -y)$　　D. $(-x, -y)$

3. 已知两点 $A(-3, 4)$，$B(2, 3)$，则线段 AB 的中点是（　　）.

   A. $(-1, 7)$　　B. $\left(-\dfrac{1}{2}, \dfrac{7}{2}\right)$　　C. $\left(\dfrac{1}{2}, -\dfrac{7}{2}\right)$　　D. $(5, -1)$

4. 已知两点 $A(-2, 5)$，$B(2, 3)$，则 $|AB|=$（　　）.

   A. $2\sqrt{5}$　　B. 8　　C. 20　　D. 64

5. 点 $M(3, 4)$ 关于 x 轴对称点的坐标为（　　）.

A. $(-3,4)$ B. $(3,-4)$ C. $(3,4)$ D. $(-3,-4)$

6. 已知 $A(a,3)$, $B(0,5)$, $|AB|=2\sqrt{2}$, 则 $a=(\quad)$.
   A. 2 B. -2 C. ± 2 D. ± 4

7. 已知圆的直径上两端点 $A(-3,4)$, $B(1,-3)$, 则圆心坐标为($\quad$).
   A. $\left(-1,-\dfrac{1}{2}\right)$ B. $\left(1,\dfrac{1}{2}\right)$ C. $\left(-1,\dfrac{1}{2}\right)$ D. $\left(1,-\dfrac{1}{2}\right)$

8. 已知点 $A(-3,5)$, $B(6,7)$, 点 C 在 AB 的延长线上, 且 $|AB|=|BC|$, 则点 C 的坐标为($\quad$).
   A. $(15,9)$ B. $(-15,9)$ C. $(-12,3)$ D. $(12,3)$

9. 已知 x 轴上一点 M, 点 $N(2,5\sqrt{3})$, 且 $|MN|=10$, 则点 M 的坐标为($\quad$).
   A. $(7,0)$
   B. $(-3,0)$
   C. $(5,0)$或$(-3,0)$
   D. $(7,0)$或$(-3,0)$

10. 点 $M(2,-3)$关于原点的对称点为 M', 则 $|MM'|=(\quad)$.
    A. $\sqrt{13}$ B. $2\sqrt{13}$ C. $\sqrt{15}$ D. $2\sqrt{15}$

二、填空题

11. 在平面直角坐标系中有两点 $A(3,4)$, $B(3,2)$, 则 $|AB|=$ _____.

12. 连接两点 $A(3,-4)$, $B(2,-5)$的线段的中点的坐标是_____.

13. 已知点 $A(a,-5)$和点 $B(2,3)$, 且 $|AB|=10$, 则 $a=$ _____.

14. 已知点 $A(-3,1)$和点 $P(2,5)$. 则点 A 关于点 P 的对称点 B 的坐标为_____.

15. 已知点 $P(10,6)$, $Q(a,b)$, 线段 PQ 的中点在 x 轴上, 则 b 的值为_____.

16. 已知点 $A(m,-1)$, $B(5,m)$, 且 $|AB|=2\sqrt{5}$, 则 $m=$ _____.

三、解答题

17. 已知两点 $P(2,-1)$, $Q(a,4)$, 并且 $|PQ|=\sqrt{41}$, 求 a 的值.

18. 已知点 $P(-4,3)$, $Q(2,-5)$, 将线段 PQ 四等分, 试求分点的坐标.

19. 已知平行四边形 $ABCD$ 的三个顶点 $A(1,0)$, $B(2,-5)$, $C(5,2)$, 求顶点 D 的坐标.

20. 已知 $A(1,1)$，$B(-7,-6)$ 和 $C(m,n)$，点 C 是 AB 的中点，求 $m+n$ 的值.

【课堂拓展训练】

一、填空题

1. 已知点 $A(-3,2)$ 和点 $M(-1,1)$，则点 A 关于点 M 的对称点的坐标是_____.

2. 已知 $A(1,-1)$，$B(a,3)$，$C(4,5)$ 且 $|AB|=|BC|$，则 $a=$_____.

3. 已知平面上三点 $A(1,-2)$，$B(3,0)$，$C(4,3)$，则 B 点关于 AC 中点的对称点的坐标为_____.

4. 在 $\triangle ABC$ 中，$A(-1,2)$，$B(1,-4)$，$C(3,3)$，则 AB 边上的中线长度为_____.

5. 点 $M(8,6)$ 关于 x 轴的对称点为 M'，则 $|MM'|=$_____.

6. 点 $M(3,\lambda)$ 关于点 $N(\mu,4)$ 的对称点为 $M'(5,7)$，则 $\lambda=$_____，$\mu=$_____.

二、解答题

7. 已知 $\triangle ABC$ 的三个顶点的坐标分别是 $A(-1,3)$，$B(1,-1)$，$C(3,0)$，试确定 $\triangle ABC$ 的形状.

8. 在 y 轴上求一点 P，使得点 P 到点 $A(-4,3)$ 的距离为 10.

9. 若 $A(2,0)$，点 B 在直线 $y=x$ 上运动，且 $|AB|=\sqrt{10}$，试求点 B 的坐标.

10. 在 $\triangle ABC$ 中，三边 AB，BC，CA 的中点坐标为 $D(-1,1)$，$E(4,-1)$，$F(-2,5)$，求 $\triangle ABC$ 的三顶点的坐标.

6.2 直线的方程

【学习目标导航】

1. 理解直线的方程和方程的直线的概念.
2. 理解直线的倾斜角的概念,了解直线的倾斜角的取值范围.
3. 理解直线的斜率,掌握过两点的直线的斜率公式,了解倾斜角与斜率之间的关系.
4. 掌握直线的点斜式和斜截式方程,能根据已知条件比较熟练地求出直线的点斜式和斜截式方程.
5. 掌握直线方程的一般式,理解二元一次方程与直线的对应关系.
6. 理解两条直线平行的条件,会熟练写出经过一点和已知直线平行的直线方程,会判断两条直线的位置关系.
7. 理解两条直线垂直的条件,会熟练写出经过一点和已知直线垂直的直线方程,会求两条相交直线交点的坐标.
8. 了解点到直线的距离公式,会求点到直线的距离及两平行线间的距离.

6.2.1 直线与方程

【知识要点预习】

1. 直线的方程的定义_____.
2. 过点 $M_0(x_0,y_0)$ 且垂直于 x 轴的直线方程为_____.
3. 过点 $M_0(x_0,y_0)$ 且垂直于 y 轴的直线方程为_____.

【知识要点梳理】

一、直线的方程

一般地,在平面直角坐标系中,给定一条直线,如果直线上点的坐标都满足某个方程,而且满足这个方程的坐标所表示的点都在给定的直线上,那么这个方程称为这条直线的方程.

注意:定义满足两个条件:

①直线上每一点的坐标都是方程 $F(x,y)=0$ 的解;

②以方程 $F(x,y)=0$ 的解 (x,y) 为坐标的点都在直线上.

两个条件缺一不可.

【知识盲点提示】

1. 区别开垂直于 x 轴与垂直于 y 轴的直线方程.
2. 会判断点是否在直线上,直接代入点即可.

【课堂基础训练】

一、选择题

1. 若点 $(m,4)$ 在方程为 $y=2x+6$ 的直线上,则 m 的值为( ).
   A. -1　　　　B. 1　　　　C. -2　　　　D. 2

2. 下列各点中,不在方程为 $y=2x+3$ 直线上的点是( ).
   A. $(-1,1)$　　B. $(-2,-1)$　　C. $(-5,-7)$　　D. $(-3,3)$

3. 若直线过点 $M(8,-3)$,且平行于 y 轴,则此直线的方程为( ).
   A. $x=8$　　B. $x=-8$　　C. $y=-3$　　D. $y=3$

二、填空题

4. 已知直线过点 $M(3,-4)$,且平行于 x 轴,则直线的方程为_____.

5. 垂直于 x 轴,且过点 $\left(-\dfrac{1}{2},-3\right)$ 的直线方程为_____.

三、解答题

6. 判断下列各点是否在方程为 $y=-2x+6$ 的直线上.
   (1)$(2,2)$;　(2)$(-2,2)$;　(3)$(2,10)$;　(4)$(3,0)$.

【课堂拓展训练】

一、选择题

1. 若点 $(-4,a)$ 在方程为 $y=-2x+1$ 的直线上,则 a 的值为( ).
   A. 6　　　　B. -6　　　　C. -7　　　　D. 9

2. 下列哪个点是方程 $x=3$ 上的点?( ).
   A. $(-3,3)$　　B. $(3,-3)$　　C. $(-3,-3)$　　D. $(0,3)$

3. 下列哪个点是方程 $y=3$ 上的点?( ).
   A. $(-3,3)$　　B. $(3,-3)$　　C. $(-3,-3)$　　D. $(3,0)$

二、填空题

4. 已知 $A(1,a)$ 在方程为 $y=5$ 的直线上,则 $a=$_____.

5. 已知 $A(a,3)$ 在方程为 $x=-5$ 的直线上,则 $a=$_____.

三、解答题

6. 已知点 $A(-1,2)$,$B(4,3)$ 在方程为 $y=kx+b$ 的直线上,求 k,b 的值.

6.2.2 直线的倾斜角和斜率

【知识要点预习】

1. 直线倾斜角的范围：_____．
2. 直线斜率的计算公式：(1)_____；(2)_____．

【知识要点梳理】

一、直线的倾斜角

一般地，在平面直角坐标系内，直线向上的方向与 x 轴正方向所成的最小正角 α 称为这条直线 l 的倾斜角．

理解直线的倾斜角要注意以下几点：

(1)当直线 l 与 y 轴垂直时，我们规定直线 l 的倾斜角为 $0°$．

(2)倾斜角的取值范围是 $[0°,180°)$．

(3)在平面直角坐标系内，每一条直线都有一个确定的倾斜角．

(4)直线 l 的倾斜角实际上是指在平面直角坐标系内，直线 l 向上的方向与 x 轴的正方向所形成的最小正角，当直线 l 与 x 轴平行或重合时，规定直线 l 的倾斜角为 $0°$．

二、直线的斜率

1. 直线的斜率的定义

如果直线 l 的倾斜角 α 不是 $90°$，那么倾斜角 α 的正切值叫作直线 l 的斜率，记作 k，即 $k=\tan\alpha(\alpha\neq 90°)$．

理解直线的斜率要注意以下几点：

(1)当倾斜角 α 不是 $90°$ 时，直线 l 存在斜率，且斜率 $k=\tan\alpha$．

(2)当倾斜角 $\alpha=90°$ 时，直线 l 没有斜率．

(3)每一条直线都有倾斜角，并非每一条直线都有斜率，事实上，每一条倾斜角不是 $90°$ 的直线，都有一个确定的斜率．

(4)倾斜角 α 与斜率值有如下关系：

①当 $\alpha=0°$ 时，$k=0$．

②当 $0°<\alpha<90°$ 时，$k>0$．

③当 $90°<\alpha<180°$ 时，$k<0$．

④当 $\alpha=90°$ 时，k 不存在．

2. 直线的斜率的计算公式

(1) $k=\tan\alpha(\alpha\neq 90°)$．

(2)经过两点 $P_1(x_1,y_1)$ 和 $P_2(x_2,y_2)$ 的直线 l 的斜率公式为

$$k=\frac{y_2-y_1}{x_2-x_1}(x_1\neq x_2)$$

理解和应用直线斜率的两个计算公式要注意以下几点：

(1)在用公式 $k=\tan\alpha$ 计算直线 l 的斜率时，$\alpha\neq 90°$．若 $\alpha=90°$，则不能用此公式计

算，此时直线 l 的斜率不存在.

(2)用斜率公式 $k=\dfrac{y_2-y_1}{x_2-x_1}$ 计算直线 l 的斜率时，x_1，x_2 不能相等．若 $x_1=x_2$，则不能用此公式计算，此时直线 l 的倾斜角为 $90°$，其斜率不存在.

【知识盲点提示】

1. 每一条直线都有一个确定的倾斜角，并非每一条直线都有斜率.

2. k 与 α 的关系，$0 \leqslant \alpha < \dfrac{\pi}{2}$ 时，k 随 α 的增大而增大；$\dfrac{\pi}{2} < \alpha < \pi$，$k$ 随 α 的增大而增大.

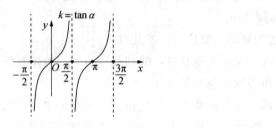

【课堂基础训练】

一、选择题

1. 下列直线斜率不存在的是（　　）．

　　A. 倾斜角为 $0°$ 的直线　　　　　　B. 倾斜角为锐角的直线

　　C. 倾斜角为钝角的直线　　　　　　D. 倾斜角为 $90°$ 的直线

2. 若直线 l 的倾斜角为 $150°$，则该直线的斜率为（　　）．

　　A. $\sqrt{3}$　　　　B. $-\sqrt{3}$　　　　C. $\dfrac{\sqrt{3}}{3}$　　　　D. $-\dfrac{\sqrt{3}}{3}$

3. 经过点 $A(-2,3)$ 与点 $B(x,4)$ 的直线斜率 $k=-3$，则 x 的值为（　　）．

　　A. $-\dfrac{7}{3}$　　　　B. $\dfrac{7}{3}$　　　　C. $-\dfrac{3}{7}$　　　　D. $\dfrac{3}{7}$

4. 下列说法中正确的是（　　）．

　　A. 每一条直线都有唯一确定的倾斜角

　　B. 与 y 轴垂直的直线的倾斜角为 $90°$

　　C. 若直线的倾斜角为 α，则 $\sin \alpha > 0$

　　D. 每一条直线都有斜率

5. 直线 $x=1$ 的倾斜角和斜率分别为（　　）．

　　A. $45°,1$　　　　B. $135°,-1$　　　　C. $90°$，不存在　　　　D. $180°$，不存在

6. 垂直与 y 轴的直线的斜率 k 与倾斜角 α 分别为（　　）．

　　A. $k=0,\alpha=0°$　　　　　　　　B. k 不存在，$\alpha=90°$

　　C. $k=0$　$\alpha=90°$　　　　　　　D. k 不存在，$\alpha=0°$

7. 斜率不存在的直线一定（　　）.
   A. 过原点　　　　B. 垂直于 y 轴　　　　C. 垂直于 x 轴　　　　D. 垂直于坐标轴

8. 直线经过两点 $A(1,\sqrt{3})$，$B(4,2\sqrt{3})$，则该直线的倾斜角为（　　）.
   A. 30°　　　　　B. 45°　　　　　　　C. 60°　　　　　　　D. 150°

9. 下列倾斜角与斜率的关系中叙述正确的个数是（　　）.

   (1) 当 $\alpha = \dfrac{\pi}{2}$ 时，k 不存在　　　　　　　(2) 当 $\alpha \neq \dfrac{\pi}{2}$ 时，$k = \tan\alpha$

   (3) 当 $\alpha \in \left[0, \dfrac{\pi}{2}\right)$ 时，$k \geq 0$　　　　　(4) 当 $\alpha \in \left[\dfrac{\pi}{2}, \pi\right)$ 时，$k < 0$

   A. 1　　　　　　B. 2　　　　　　　　C. 3　　　　　　　　D. 4

10. 直线 l 的倾斜角 α 满足 $45° \leq \alpha < 90°$，则其斜率的取值范围为（　　）.
    A. $k > 0$　　　　B. $k > 1$　　　　　C. $k \geq 1$　　　　　D. $0 < k \leq 1$

二、填空题

11. 经过两点 $A(3,3)$，$B(-2,-1)$ 的直线 AB 的斜率 $k_{AB} =$ _____.

12. 若直线 l 的斜率为 -1，则直线 l 的倾斜角 $\alpha =$ _____.

13. 经过点 $A(0,1)$ 与点 $B(\sqrt{3},2)$ 的直线 AB 的倾斜角 $\alpha =$ _____.

14. 若直线 l 与 x 轴平行，则直线 l 的倾斜角 $\alpha =$ _____.

15. 已知直线的倾斜角为 2 弧度，则直线的斜率为 _____.

16. 已知直线斜率的绝对值为 $\sqrt{3}$，则直线的倾斜角为 _____.

三、解答题

17. 已知直线 l_1 的倾斜角 $\alpha_1 = 60°$，直线 $l_1 \perp l_2$，求两直线 l_1 和 l_2 的斜率.

18. 已知直线 l 的倾斜角为 $135°$，且直线 l 经过点 $A(4,3)$ 和点 $B(2,a)$，求 a 的值.

19. 已知点 $A(1,-4)$，$B(-5,3)$，$C(m,-5)$ 在同一条直线上，求 m 的值.

20. 判断满足下列条件的直线的斜率是否存在，若存在，求出结果.
    (1) 直线的倾斜角为 $45°$；
    (2) 直线过点 $A(-1,2)$ 与 $B(3,2)$；
    (3) 直线平行于 y 轴；

(4)点 $M(5,-2)$ 与点 $N(5,7)$ 在直线上.

【课堂拓展训练】

一、填空题

1. 已知直线 l 的倾斜角为 $135°$，且直线 l 经过点 $A(4,3)$ 和点 $B(2,a)$，则 $a=$ _____.

2. 若三点 $A(-2,3)$，$B(-1,7)$，$C\left(\dfrac{1}{4},a\right)$ 共线，则 $a=$ _____.

3. 若直线 l 经过 $A(-1,2)$，$B(-1,5)$，则直线 l 的倾斜角为 _____.

4. 已知过原点的直线 l 经过点 $A(\cos 36°,\sin 36°)$，则直线 l 的倾斜角为 _____.

5. 若直线的斜率 k 满足 $-1<k<1$，则倾斜角 $\alpha \in$ _____.

6. 如右图所示，写出图中四条直线斜率之间的大小关系：_____ (k_1,k_2,k_3,k_4).

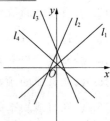

二、解答题

7. 已知直线的倾斜角 α 满足 $\sin\alpha=\dfrac{4}{5}$，求此直线的斜率.

8. 已知直线 l 经过点 $P(-1,-1)$，且与 x 轴和 y 轴分别交于 A，B 两点，若点 P 恰好为线段 AB 的中点，求直线 l 的斜率和倾斜角.

9. 已知 $\triangle ABC$ 的顶点 $A(1,5)$，$B(2,-3)$，$C(-5,m)$，且 BC 边的中点为 D. 当直线 AD 的倾斜角为 $\dfrac{\pi}{4}$ 时，求实数 m 的值和线段 AD 的长 $|AD|$.

10. 已知直线 l 过点 $P(3,2)$，$Q(m,4)$，求 m 分别为何值时，直线 l 的倾斜角 α 是锐角、直角、钝角.

6.2.3 直线方程的几种形式

【知识要点预习】

名称	已知条件	方程	说明
点斜式	直线一点 $M_0(x_0, y_0)$ 和斜率 k		不含直线 $x=x_0$
斜截式	斜率 k 和 y 轴上的截距 b		不含直线 $x=x_0$
一般式	平面直角坐标系内的直线都适用		平面直角坐标系内的直线都适用

【知识要点梳理】

一、点斜式方程

一般地，给定直线 l 的斜率 k 和定点 $P_0(x_0, y_0)$，则有直线 l 的点斜式方程
$$y - y_0 = k(x - x_0)$$

理解点斜式方程要注意：不能表示包括 y 轴和平行于 y 轴的直线(即斜率不存在的直线).

二、斜截式方程

设直线 l 与 x 轴交于点 $A(a, 0)$，与 y 轴交于点 $B(0, b)$，则 a 叫作直线 l 在 x 轴上的截距(或横截距)，b 叫作直线 l 在 y 轴上的截距(或纵截距). 由直线的点斜式方程可知，如果直线的斜率为 k，截距为 b，则直线的方程为
$$y = kx + b$$

理解斜截式方程要注意：

(1)不能表示包括 y 轴和平行于 y 轴的直线(即斜率不存在的直线).

(2)截距不是距离，可以为任意的实数. b 指纵截距.

(3)可以用斜截式方程求斜率.

(4)由直线的斜截式中直接可以看出直线与 y 轴的交点坐标为 $(0, b)$，且 k, b 的正负可分为四种情况，如下：

① 当 $k>0, b>0$ 时，直线过一、二、三象限；

② 当 $k>0, b<0$ 时，直线过一、三、四象限；

③ 当 $k<0, b>0$ 时，直线过一、二、四象限；

④ 当 $k<0, b<0$ 时，直线过二、三、四象限.

三、一般式方程

直线 l 的一般式方程为 $Ax+By+C=0$(A,B 不同时为 0),可以表示任意直线.

特别地:

(1)$A\neq 0$,$B\neq 0$,可以化为斜截式 $y=-\dfrac{A}{B}x-\dfrac{C}{B}$,表示斜率 $k=-\dfrac{A}{B}$,截距 $b=-\dfrac{C}{B}$ 的直线;

(2)$A=0$,$B\neq 0$,直线方程可以化为 $y=-\dfrac{C}{B}$(此时直线垂直于 y 轴);

(3)$A\neq 0$,$B=0$,直线方程可以化为 $x=-\dfrac{C}{A}$(此时直线垂直于 x 轴).

【知识盲点提示】

1. 直线方程结果写成斜截式、一般式均可.

2. 当求横截距和纵截距相等,或其中一个是另一个几倍时,不要忘记过原点那条直线.

3. 求横截距时令 $y=0$,求纵截距时令 $x=0$. 截距不是距离,可以为任意的实数.

【课堂基础训练】

一、选择题

1. 已知直线 l 经过点 $A(-3,3)$,斜率为 $-\sqrt{3}$,则直线 l 的点斜式方程为(   ).

   A. $y+3=\sqrt{3}(x-3)$ B. $y+3=-\sqrt{3}(x-3)$

   C. $y-3=\sqrt{3}(x+3)$ D. $y-3=-\sqrt{3}(x+3)$

2. 已知直线方程是 $y+3=-x+2$,则直线(   ).

   A. 经过点 $(2,3)$,斜率为 -1 B. 经过点 $(-2,3)$,斜率为 1

   C. 经过点 $(-2,-3)$,斜率为 1 D. 经过点 $(2,-3)$,斜率为 -1

3. 经过点 $A(2,3)$ 和点 $B(4,7)$ 的直线方程为(   ).

   A. $2x+y-7=0$ B. $2x-y+1=0$

   C. $2x-y-1=0$ D. $x-2y+4=0$

4. 平行于 x 轴,且过点 $(3,2)$ 的直线方程为(   ).

   A. $x=3$ B. $y=2$ C. $y=\dfrac{3}{2}x$ D. $y=\dfrac{2}{3}x$

5. 已知一条直线在 y 轴上的截距为 -2,且经过点 $(1,2)$,则该直线方程为(   ).

   A. $4x-y+2=0$ B. $x-4y+2=0$ C. $4x-y-2=0$ D. $x+4y-2=0$

6. 直线 $x-5y+10=0$ 在 x 轴、y 轴上的截距分别为(   ).

   A. 2 和 -10 B. -10 和 2 C. -5 和 1 D. 1 和 -5

7. 直线 $x+\sqrt{3}y-3=0$ 的倾斜角是(   ).

   A. $30°$ B. $60°$ C. $150°$ D. $120°$

8. 若 $AB<0$,$BC>0$,则直线 $Ax+By+C=0$ 经过(   )象限.

A. 一、二、三　　　B. 一、三、四　　　C. 一、二、四　　　D. 二、三、四

9. 若直线 $(m-2)x+y-2=0$ 的倾斜角范围为 $\alpha\in(90°,180°)$，则 m 的取值范围是（　　）．

　　A. $m>-2$　　　B. $m<-2$　　　C. $m>2$　　　D. $m<2$

10. 直线 l 过原点，倾斜角是直线 $\sqrt{3}x-y+5=0$ 的倾斜角的 2 倍，则直线 l 的方程为（　　）．

　　A. $\sqrt{3}x-y=0$　　B. $\sqrt{3}x+y=0$　　C. $\sqrt{3}x-2y=0$　　D. $\sqrt{3}x+2y=0$

二、填空题

11. 已知直线的倾斜角为 $135°$，且过点 $(-1,4)$，则直线的一般式方程为＿＿＿＿＿＿＿＿＿．

12. 直线 $2x+2y-3=0$ 的倾斜角为＿＿＿＿＿＿．

13. 直线 $4x-3y-3=0$ 与坐标轴围成的三角形面积为＿＿＿＿＿＿．

14. 已知直线在 x 轴、y 轴的截距分别为 3 和 4，则直线方程为＿＿＿＿＿＿．

15. 已知直线 $y=kx+b$，若 $k>0$，$b<0$，则该直线不经过第＿＿＿＿＿象限．

16. 经过点 $(4,2)$，倾斜角为 $0°$ 的直线方程是＿＿＿＿＿＿＿＿，经过点 $(-5,0)$ 且倾斜角为 $90°$ 的直线方程是＿＿＿＿＿＿＿＿．

三、解答题

17. 求满足下列条件的直线方程：

(1) 直线的倾斜角为 $150°$，且过点 $(-2,4)$；

(2) 斜率为 -6，在 x 轴上的截距为 -2；

(3) 在 x 轴、y 轴的截距分别为 3 和 4．

18. $\triangle ABC$ 三个顶点的坐标分别为 $A(2,5)$，$B(-1,-1)$，$C(3,1)$，求 BC 边上的中线所在的直线方程．

19. 已知直线 l 的倾斜角是直线 $\sqrt{3}x+y=0$ 的倾斜角的 $\dfrac{1}{4}$，且经过点 $(-1,3)$，求该直线的方程．

20. 直线 l 过点 $P(3,2)$，且点 P 是直线 l 被两坐标轴相截所得线段的中点，求直线 l 的方程.

【课堂拓展训练】

一、填空题

1. 过点 $(1,-2)$，倾斜角 α 的余弦值等于 $\dfrac{3}{5}$ 的直线方程是_____.

2. 过点 $A(-1,3)$ 且横纵截距相等的直线方程是_____.

3. 在等腰 $\triangle AOB$ 中，O 为坐标原点，$|AO|=|AB|$，点 B 在 y 轴正半轴上，则直线 AB 的方程为_____.

4. "$k=-1$" 是 "直线 l：$y=kx+2k-1$ 在坐标轴上截距相等" 的_____条件.

5. 已知直线 $Ax-By+C=0$，若 $AB>0$，$AC<0$，则该直线不经过第_____象限.

6. 设直线 l 的方程为 $(m^2-2m-3)x+(2m^2+m-1)y=2m-6$，若斜率为 1，则 $m=$_____.

二、解答题

7. 已知直线的倾斜角为 α，且 $\sin\alpha=\dfrac{3}{5}$，直线在 y 轴上的截距为 -3，求该直线方程.

8. 求过点 $(0,-4)$，与两坐标轴相交且与两坐标轴围成的三角形面积为 5 的直线方程.

9. 求经过点 $A(-3,4)$，且在两坐标轴上的截距之和等于 12 的直线方程.

10. 过点 $(5,2)$ 且在 x 轴上的截距是在 y 轴上截距的 2 倍的直线方程.

6.2.4 直线与直线的位置关系

【知识要点预习】

两条直线的位置关系	l_1: $y=k_1x+b_1$ l_2: $y=k_2x+b_2$ 写出下列 k, b 满足的条件：	l_1: $A_1x+B_1y+C_1=0$ l_2: $A_2x+B_2y+C_2=0$ 写出下列 A, B, C 满足的条件：
l_1 与 l_2 平行		
l_1 与 l_2 重合		
l_1 与 l_2 相交		
$l_1 \perp l_2$		

【知识要点梳理】

1. 判断两直线位置关系的一般步骤.

方法一：(1)判断两直线的斜率是否存在．若都不存在，则两条直线平行(或重合)；若只有一个不存在，则两条直线相交.

(2)若两条直线的斜率都存在，将它们化成斜截式方程，若斜率不相等，则两条直线相交；若斜率相等，比较它们在 y 轴上的截距，相等则两条直线重合，不相等则两直线平行.

方法二：联立方程组，若二元一次方程组只有一个解则相交；没有公共解则平行；有无数个解则重合.

方法三：若两直线是一般式方程，运用公式：$A_1B_2 \neq A_2B_1$，相交；$A_1B_2=A_2B_1$，平行或重合.

方法四：若两直线是一般式方程，若 A_1, A_2, B_1, B_2, C_1, C_2 都不为零，也可用：

(1) $l_1 /\!/ l_2 \Leftrightarrow \dfrac{A_1}{A_2}=\dfrac{B_1}{B_2}\neq\dfrac{C_1}{C_2}$；

(2) l_1 与 l_2 重合 $\Leftrightarrow \dfrac{A_1}{A_2}=\dfrac{B_1}{B_2}=\dfrac{C_1}{C_2}$；

(3) l_1 与 l_2 相交 $\Leftrightarrow \dfrac{A_1}{A_2}\neq\dfrac{B_1}{B_2}$.

2. 两条直线垂直的条件.

(1)直线 l_1 与直线 l_2 的斜率都存在且不等于 0，$l_1 \perp l_2 \Leftrightarrow k_1k_2=-1$；

(2)直线 l_1: $A_1x+B_1y+C_1=0$，l_2: $A_2x+B_2y+C_2=0$，$l_1 \perp l_2 \Leftrightarrow A_1A_2+B_1B_2=0$；

(3)斜率不存在的直线与斜率为 0 的直线垂直.

3. 巧设.

经过一点与已知直线 $Ax+By+C=0$ 平行的直线方程可设为 $Ax+By+C_1=0$.

经过一点与已知直线 $Ax+By+C=0$ 垂直的直线方程可设为 $Bx-Ay+C_1=0$.

【知识盲点提示】

1. 利用斜率相等判断平行时一定要考虑是否重合.

2. 考虑斜率不存在的特殊情形.

【课堂基础训练】

一、选择题

1. 下列说法中正确的是( ).

  A. 若直线 l_1 与 l_2 的斜率相等，则 $l_1 /\!/ l_2$

  B. 若 $l_1 /\!/ l_2$，则直线 l_1 与 l_2 的斜率相等

  C. 若直线 l_1 与 l_2 的斜率都不存在，则 $l_1 /\!/ l_2$

  D. 若两直线的斜率不相等，则两直线相交

2. 过点 $(-3,4)$ 且与 x 轴平行的直线方程为( ).

  A. $x+3=0$ B. $x-3=0$ C. $y-4=0$ D. $y+4=0$

3. 若过 $A(m,3)$，$B(-5,2)$ 的直线与直线 $x+3y-5=0$ 平行，则 m 的值为( ).

  A. 8   B. -8 C. 2   D. -2

4. 过点 $(1,2)$ 且与直线 $x-y+2=0$ 平行的直线方程为( ).

  A. $x+y+1=0$ B. $x-y+1=0$ C. $-x+y+1=0$ D. $-x+y+1=0$

5. 直线 $l_1: x+ay+6=0$ 与 $l_2: (a-2)x+3y+2a=0$ 平行，则 a 的值为( ).

  A. -1 或 3   B. 1 或 3   C. -3 D. -1

6. 直线 $3x+2y-5=0$ 与直线 $y=-2x+5$ 的位置关系是( ).

  A. 平行   B. 重合   C. 相交且垂直   D. 相交但不垂直

7. 已知两直线中一条直线的斜率不存在，另一条的直线斜率为0，则两条直线的位置关系是( ).

  A. 平行   B. 相交   C. 重合   D. 无法判断

8. $k_1k_2+1=0$ 是两条直线垂直的( ).

  A. 充分条件   B. 必要条件

  C. 充要条件   D. 既不充分也不必要条件

9. 已知直线 l_1 的方程为 $Ax+3y+C=0$，直线 l_2 的方程为 $2x-3y+4=0$，若两直线的交点在 y 轴上，则 C 的值为( ).

  A. 4   B. -4 C. A D. 3

10. 直线 $l_1: x+my+4=0$ 与直线 $l_2: (2m-15)x+3y+m^2=0$ 垂直，则 m 的值为( ).

  A. 3   B. -3 C. 15   D. -15

二、填空题

11. 直线 $x+y-1=0$ 与直线 $x+y-2=0$ 的位置关系为_____.

12. 过点 $A(-2,m)$，$B(m,1)$ 的直线与直线 $2x-y+2=0$ 平行，则 m 的值为_____.

13. 直线 $x+4y+1=0$ 与直线 $4x-y+4=0$ 的交点为_____.

14. 过点 $P(2,-1)$ 且与直线 $3x-2y-3=0$ 平行的直线方程是_____.

15. 过点 $P(-2,1)$ 且与直线 $x-7y-6=0$ 垂直的直线方程是_____.

16. 已知点 $A(2,3)$，$B(4,-1)$，则线段 AB 的垂直平分线的方程为_____.

三、解答题

17. 判断下列各对直线是否相交，若相交，求出交点坐标.

(1) 直线 $l_1:y=-2x-3$，直线 $l_2:4x+2y+5=0$；

(2) 直线 $l_1:4x+3y-2=0$，直线 $l_2:3x-4y+5=0$；

(3) 直线 $l_1:y=\dfrac{3}{2}x+1$，直线 $l_2:3x-y=0$.

18. 已知 △ABC 的三个顶点为 $A(6,1)$，$B(3,3)$，$C(2,5)$，求：

(1) 过点 A 与 BC 平行的直线方程；

(2) BC 边上的高所在直线的方程.

19. 求经过直线 $2x+3y-5=0$ 与 $x-4y+3=0$ 的交点 P，且与直线 $2x-y+3=0$ 垂直的直线方程.

20. 已知直线 $l_1:y=3x+1$，直线 $l_2:x+my-2=0$.

(1) 若 $l_1 \parallel l_2$，求实数 m 的值；

(2) 若 $l_1 \perp l_2$，求实数 m 的值.

【课堂拓展训练】

一、填空题

1. 若直线 $x-3y+6=0$ 与直线 $3x+ky+2=0$ 相交，则 k 的取值范围

为_____.

2. 直线 l_1：$x+ay+2=0$ 和直线 l_2：$(a-2)x+3y+6a=0$，则"$a=3$"是"$l_1 /\!/ l_2$"的_____条件.

3. 已知倾斜角为 α 的直线 l 与直线 m：$x-2y+3=0$ 垂直，则 $\sin\alpha=$_____.

4. 经过直线 $x+y-1=0$ 与 $x-y+3=0$ 的交点 P，且与直线 $2x+3y-6=0$ 平行的直线程为_____.

5. 若三条直线 $2x+3y+8=0$，$x-y-1=0$ 和 $x+ky=0$ 相交于一点，则 $k=$_____.

6. 点$(1,-2)$关于直线 $x+y=0$ 的对称点的坐标为_____.

二、解答题

7. 已知直线 l_1 与直线 $x+3y+7=0$ 垂直，且与两坐标轴围成的面积为 6，求直线 l_1 的方程.

8. 已知直线 l_1：$ax+by-5=0$ 和 l_2：$(a+2)x-2y+a=0$ 都与直线 $4x+2y-7=0$ 平行，求 a、b 的值.

9. 已知直线 l 经过直线 $4x-2y-1=0$ 与直线 $x-2y+5=0$ 的交点，且与两点 $A(0,4)$，$B(2,0)$ 的距离相等，求直线 l 的方程.

10. 已知直线 l_1：$mx+y+5=0$ 和直线 l_2：$2x+(m-1)y+5=0$，求当 m 为何值时，直线 l_1 与直线 l_2 的位置关系：(1)垂直；(2)平行；(3)重合.

6.2.5 点到直线的距离

【知识要点预习】

1. 点 $P(x_0, y_0)$ 到直线 l：$Ax+By+C=0$ 的距离公式为_____.

2. 两条平行线 $Ax+By+C_1=0$ 和 $Ax+By+C_2=0$ 之间的距离公式

为_____.

【知识要点梳理】

1. 点 $P(x_0, y_0)$ 到直线 $l: Ax+By+C=0$ 的距离公式为：$d=\dfrac{|Ax_0+By_0+C|}{\sqrt{A^2+B^2}}$.

2. 两条平行直线 $Ax+By+C_1=0$ 和 $Ax+By+C_2=0$ 之间的距离公式为：$d=\dfrac{|C_2-C_1|}{\sqrt{A^2+B^2}}$.

3. 点 $P(x_0, y_0)$ 到 x 轴的距离为 $|y_0|$；到 y 轴的距离为 $|x_0|$；到直线 $x+a=0$ 的距离为 $|x_0+a|$；到直线 $y+b=0$ 的距离为 $|y_0+b|$.

【知识盲点提示】

1. 应用点到直线的距离公式时，需把直线方程化为一般式后才能运用.

2. 计算两条平行线之间的距离时，若含未知数项的系数对应相等，则可直接用公式 $d=\dfrac{|C_2-C_1|}{\sqrt{A^2+B^2}}$；若系数对应不相等，则必须先把系数化成相同，然后才可以用公式求解.

【课堂基础训练】

一、选择题

1. 点 $P(-3, 1)$ 到直线 $x-y+2=0$ 的距离为(　　).
   A. 0　　　　　　B. $\sqrt{2}$　　　　　　C. 2　　　　　　D. $2\sqrt{2}$

2. 直线 $x+y+2=0$ 上的点到原点的距离最小值为(　　).
   A. 1　　　　　　B. $2\sqrt{2}$　　　　　　C. $\sqrt{3}$　　　　　　D. $\sqrt{2}$

3. 点 $P(m, 2)$ 到直线 $3x-4y+8=0$ 的距离为 3，则 m 的值为(　　).
   A. -5　　　　　B. 5　　　　　　C. ± 5　　　　　D. ± 7

4. 若原点到直线 $ax+y+8=0$ 的距离为 6，则 $a=$(　　).
   A. $\dfrac{\sqrt{7}}{3}$　　B. $\pm\dfrac{\sqrt{7}}{3}$　　C. $\dfrac{\sqrt{3}}{3}$　　D. $\pm\dfrac{\sqrt{3}}{3}$

5. 直线 $x-y+2=0$ 与直线 $x-y-2=0$ 之间的距离为(　　).
   A. $2\sqrt{2}$　　　　B. $\sqrt{3}$　　　　　C. 4　　　　　　D. 2

6. 直线 $3x-4y-3=0$ 和直线 $6x-8y+8=0$ 的距离为(　　).
   A. 2.2　　　　　B. 1.4　　　　　C. 2.8　　　　　D. 1.1

7. 与原点的距离为 $\dfrac{\sqrt{2}}{2}$，斜率为 1 的直线为(　　).
   A. $x+y+1=0$ 或 $x+y-1=0$　　　　B. $x-y+1=0$ 或 $x-y-1=0$
   C. $x+y+\sqrt{2}=0$ 或 $x+y-\sqrt{2}=0$　　D. $x-y+\sqrt{2}=0$ 或 $x-y-\sqrt{2}=0$

8. 点 $P(m, n)$ 到直线 $x-a=0$ 的距离为(　　).
   A. $m-a$　　　　　　　　　　　　B. $a-m$

C. $|m-a|$ D. 以上结果都不正确

9. y 轴上一点 $(0, m)$ 到第二、四象限角平分线的距离为（ ）.

　　A. $\sqrt{2}|m|$ 　　B. $\dfrac{\sqrt{2}}{2}|m|$ 　　C. $\sqrt{2}m$ 　　D. $\dfrac{\sqrt{2}}{2}m$

10. x 轴上一点 P 到直线 $3x-4y+6=0$ 的距离为 6，则点 P 的坐标为（ ）.

　　A. $(-12, 0)$ 　　　　　　　　　　B. $(8, 0)$

　　C. $(-8, 0)$ 或 $(12, 0)$ 　　　　　D. $(-12, 0)$ 或 $(8, 0)$

二、填空题

11. 点 $P(3, -2)$ 到直线 $x-4=0$ 的距离为 _____.

12. 点 $P_0(2, -3)$ 到直线 $y=\dfrac{1}{2}x-\dfrac{3}{2}$ 的距离为 _____.

13. 点 $P(2, 3)$ 到直线 $(m-1)x+my-3=0$ 的距离为 3，则 m 的值为 _____.

14. 设点 M 在直线 $x+y=0$ 上，且到直线 $3x+4y-1=0$ 的距离为 1，则点 M 的坐标为 _____.

15. 已知平行线 $3x+2y-6=0$ 与 $6x+4y-3=0$，则与它们距离相等的点的轨迹为 _____.

16. 已知点 $A(m, 6)$ 到直线 $3x-4y+3=0$ 的距离小于 6，则 m 的取值范围为 _____.

三、解答题

17. 已知平行四边形 $ABCD$ 的三个顶点 $A(1, -1)$，$B(-4, 3)$，$C(5, -6)$，求这个平行四边形的面积.

18. 求与直线 $8x+6y-5=0$ 平行，且距离为 5 的直线方程.

19. 已知 $\triangle ABC$ 的三个顶点 $A(2, -4)$，$B(-5, 1)$，$C(-6, -3)$，求：(1) 直线 BC 的方程；(2) 点 A 到直线 BC 的距离；(3) $\triangle ABC$ 的面积.

20. 直线 l 的倾斜角是 $\dfrac{3\pi}{4}$，且与点 $(2,-1)$ 的距离为 $\dfrac{\sqrt{2}}{2}$，求直线方程.

【课堂拓展训练】

一、填空题

1. 原点到直线 $x\sin\alpha + y\cos x = 8$ 的距离为_____.

2. 若直线 $x=a$ 与 y 轴的距离为 7，则 $a=$ _____.

3. 若 y 轴上一点 $(0,b)$ 到直线 $x-y+1=0$ 的距离为 $\sqrt{2}$，则 $b=$ _____.

4. 若直线 $x+2y-2=0$ 与直线 $2x+4y+m=0$ 的距离为 $\sqrt{5}$，则 $m=$ _____.

5. 一直线在 y 轴上的截距为 10，且原点到它的距离为 8，其方程为_____.

6. 点 $(a,3)$ 到直线 $4x-3y-7=0$ 的距离为 4，则 $a=$ _____.

二、解答题

7. 求到两点 $A(2,3)$，$B(4,-5)$ 距离相等的点的轨迹方程.

8. 在直线 $2x-y-3=0$ 上求点，使得该点到直线 $3x+y-2=0$ 的距离等于 $\sqrt{10}$.

9. 求与直线 $3x-y+4=0$ 平行，且关于点 $A(2,1)$ 对称的直线方程.

10. 过点 $P(1,2)$ 引直线，使 $A(2,3)$，$B(4,-5)$ 到它的距离相等，求此直线方程.

6.3 圆的方程

【学习目标导航】

1. 了解圆的定义.
2. 理解并掌握圆的标准方程及圆的一般式方程.
3. 会根据题目条件求出圆的标准方程的圆心及半径,会将圆的一般方程转化成标准方程,能求出圆心坐标和半径.
4. 培养学生数形结合的能力.

6.3.1 圆的标准方程

【知识要点预习】

1. 初中阶段的圆的定义:圆是平面内到一个定点的距离等于定长的点的轨迹,其中定点是圆心,定长 r 是圆的半径.
2. 圆的标准方程为:_____.

【知识要点梳理】

1. 圆的标准方程. 圆心为 (a,b),半径为 r,圆的标准方程为:$(x-a)^2+(y-b)^2=r^2$.

特别地:圆心在原点,半径为 r 的圆的标准方程为:$x^2+y^2=r^2$.

2. 想要求出圆的标准方程,需要解决圆心和半径两个问题.

【知识盲点提示】

1. 注意圆的标准方程中每个括号内部都是用"$-$"连接的,减去圆心的横坐标及纵坐标,而两个括号中间要用"$+$"连接.
2. 在已知圆的标准方程求圆的圆心及半径时需要注意,要能够正确地找到圆心及半径.
3. 圆的标准方程每一项都是平方的形式,在已知圆的标准方程求圆的半径的时候容易忘记开方而导致半径求错.

【课堂基础训练】

一、选择题

1. 圆心在原点,半径为 5 的圆的标准方程为(   ).

    A. $x^2+y^2=5$ B. $x^2-y^2=5$ C. $x^2-y^2=25$ D. $x^2+y^2=25$

2. 圆心为 $(-2,5)$,半径为 3 的圆的标准方程为(   ).

    A. $(x-2)^2+(y-5)^2=3$ B. $(x+2)^2+(y-5)^2=3$

    C. $(x+2)^2+(y-5)^2=9$ D. $(x+2)^2+(y+5)^2=9$

3. 圆 $(x-2)^2+(y+3)^2=3$ 的圆心和半径分别是（　　）.

   A. $(2, -3)$, $r=3$ B. $(2, -3)$, $r=\sqrt{3}$

   C. $(-2, 3)$, $r=3$ D. $(-2, -3)$, $r=\sqrt{3}$

4. 圆 $(x+2)^2+(y-2)^2=4$ 的圆心和半径分别是（　　）.

   A. $(-2, 2)$, $r=2$ B. $(2, -2)$, $r=4$

   C. $(-2, -2)$, $r=4$ D. $(2, 2)$, $r=2$

5. 以 $C(-2, 3)$ 为圆心，直径为 $2\sqrt{5}$ 的圆的标准方程为（　　）.

   A. $(x-2)^2+(y+3)^2=20$ B. $(x+2)^2+(y-3)^2=20$

   C. $(x+2)^2+(y-3)^2=5$ D. $(x-2)^2+(y-3)^2=5$

6. 已知点 $A(-5, -4)$，$B(3, 6)$，则以线段 AB 为直径的圆的方程是（　　）.

   A. $(x-1)^2+(y-2)^2=14$ B. $(x-1)^2+(y-1)^2=41$

   C. $(x+1)^2+(y-1)^2=41$ D. $(x-1)^2+(y-1)^2=14$

7. 圆心为 $(1, 2)$，且与 y 轴相切的圆的方程是（　　）.

   A. $(x+1)^2+(y+2)^2=4$ B. $(x-1)^2+(y-2)^2=4$

   C. $(x+1)^2+(y+2)^2=1$ D. $(x-1)^2+(y-2)^2=1$

8. 圆心为 $(1, 1)$ 且过原点的圆的方程是（　　）.

   A. $(x-1)^2+(y-1)^2=1$ B. $(x+1)^2+(y+1)^2=1$

   C. $(x+1)^2+(y+1)^2=2$ D. $(x-1)^2+(y-1)^2=2$

9. 圆 $(x+1)^2+(y-3)^2=1$ 关于直线 x 轴对称的圆的方程是（　　）.

   A. $(x+1)^2+(y+3)^2=1$ B. $(x-1)^2+(y-3)^2=1$

   C. $(x-1)^2+(y+3)^2=1$ D. $(x+1)^2+(y-3)^2=2$

10. 圆 C 的圆心为 $(6, 10)$，与圆 $(x+3)^2+(y-12)^2=30$ 有相同的半径的圆的方程为（　　）.

    A. $(x+6)^2+(y+10)^2=\sqrt{30}$ B. $(x-6)^2+(y-10)^2=\sqrt{30}$

    C. $(x+6)^2+(y+10)^2=30$ D. $(x-6)^2+(y-10)^2=30$

二、填空题

11. 圆心为 $(2, 0)$，半径为 6 的圆的方程为　　　　　　.

12. 圆 $(x+1)^2+(y-2)^2=4$ 的圆心为　　　　，半径为　　　　.

13. 以点 $(-2, 5)$ 为圆心，并且过点 $(3, -7)$ 的圆的方程为　　　　　　.

14. 圆心为 $(3, -2)$ 且与 x 轴相切的圆的方程为　　　　　　.

15. 已知 $A(4, 3)$，$B(6, -1)$，以 AB 为直径的圆的方程为　　　　　　.

16. 与圆 $(x-4)^2+(y-1)^2=17$ 有相同的圆心，且过点 $M(3, 1)$ 的圆的方程为　　　　.

三、解答题

17. 求经过点 $P(-2,2)$，$Q(0,4)$ 且圆心在 x 轴上的圆的方程.

18. 经过点 $P(2,3)$，$Q(1,-2)$，且圆心在直线 $x+y=0$ 轴上的圆的方程.

19. 求经过点 $P(-2,4)$，$Q(0,2)$，且圆心在直线 $3x+2y-5=0$ 上的圆的方程.

20. 已知圆经过三点 $A(0,0)$，$B(1,1)$，$C(4,2)$，求圆的方程.

【课堂拓展训练】

一、选择题

1. 以点 $A(-2,3)$ 为圆心，且直径的两个端点在坐标轴上的圆的方程为_____.

2. 若点 $M(1,2)$ 在圆 $(x+1)^2+(y-1)^2=r^2$ 上，则圆的半径为_____.

3. 圆 $x^2+y^2=1$ 的圆心到直线 $3x+4y-25=0$ 的距离为_____.

4. 圆心为 $(-4,2)$ 且与 y 轴相切的圆的方程为_____.

5. 已知直线 $y=x+b$ 经过圆 $(x-7)^2+(y+6)^2=10$ 的圆心，则 $b=$_____.

6. 已知圆 $(x+6)^2+(y+9)^2=8$ 的圆心为 O_1，圆 $(x-3)^2+(y+10)^2=50$ 的圆心为 O_2，则 $|O_1O_2|=$_____.

二、解答题

7. 求经过点 $M(3,0)$，$N(1,3)$，且圆心在直线 $x-y=0$ 上的圆的方程.

8. 圆的半径为 $3\sqrt{2}$,圆心的横坐标和纵坐标互为相反数,且圆经过原点,求圆的标准方程.

9. 求以直线 $x+2y-3=0$ 与 $3x+4y-5=0$ 的交点为圆心,半径为 $3\sqrt{3}$ 的圆的标准方程.

10. 已知圆心 $C(2,b)$,且经过点 $A(0,-2)$,$B(0,-4)$,求圆的标准方程.

6.3.2 圆的一般方程

【学习目标导航】

1. 掌握圆的一般方程形式.
2. 会将圆的一般方程化成标准方程,能求出圆心和半径.
3. 会判断二元二次方程所表示的图形.
4. 培养学生自主分析问题、解决问题的能力.

【知识要点预习】

圆的一般方程为_____,圆心坐标为_____,半径为_____.

【知识要点梳理】

1. 圆的一般方程:$x^2+y^2+Dx+Ey+F=0$,其中,$D^2+E^2-4F>0$.

通过配方可转化为:$\left(x+\dfrac{D}{2}\right)^2+\left(y+\dfrac{E}{2}\right)^2=\dfrac{D^2+E^2-4F}{4}$.

当 $D^2+E^2-4F>0$ 时,$x^2+y^2+Dx+Ey+F=0$ 表示一个圆,圆心坐标为 $C\left(-\dfrac{D}{2},-\dfrac{E}{2}\right)$,半径为 $r=\dfrac{\sqrt{D^2+E^2-4F}}{2}=\sqrt{\dfrac{D^2+E^2-4F}{4}}$.

当 $D^2+E^2-4F=0$ 时,$x^2+y^2+Dx+Ey+F=0$ 表示一个点 $C\left(-\dfrac{D}{2},-\dfrac{E}{2}\right)$.

当 $D^2+E^2-4F<0$ 时,$x^2+y^2+Dx+Ey+F=0$ 不表示任何图形.

2. 具备一些基本的分析和转化能力, 可以利用所给条件选用适当的方程形式, 求出圆的方程.

【知识盲点提示】

1. 注意圆的一般方程为关于 x, y 的二元二次方程, 其中没有 xy 这样的项, x^2, y^2 系数一定要相同. 还一定要保证 $D^2+E^2-4F>0$ 才可以表示圆的方程.

2. 由圆的一般方程求圆的圆心以及半径的时候注意公式一定要用对.

3. 已知圆的一般方程求圆的标准方程, 可以对 x, y 分别配方得到圆的标准方程.

【课堂基础训练】

1. 圆 $x^2+y^2+4x-2y+1=0$ 的圆心坐标为(　　).
   A. $(4,-2)$ B. $(-4,2)$ C. $(2,-1)$ D. $(-2,1)$

2. 已知圆 $x^2+y^2+8x+6y=0$, 则圆的半径为(　　).
   A. 4   B. 3   C. 5   D. 25

3. 已知圆 $x^2+y^2+2x-4y-a=0$ 的半径为3, 则 $a=$(　　).
   A. 8   B. 4   C. 2   D. 14

4. 方程 $x^2+y^2-x+y+m=0$ 表示一个圆, 则 $m=$(　　).
   A. $m\leqslant 2$ B. $m<2$ C. $m<\dfrac{1}{2}$ D. $m\leqslant\dfrac{1}{2}$

5. 与圆 $x^2+y^2-4x+6y+3=0$ 同心, 且过点 $(-1,1)$ 的圆的方程为(　　).
   A. $(x-2)^2+(y+3)^2=25$ B. $(x+2)^2+(y-3)^2=25$
   C. $(x-2)^2+(y+3)^2=5$ D. $(x+2)^2+(y-3)^2=5$

6. 坐标原点在圆 $x^2+y^2+6x-4y+3=0$ 的(　　).
   A. 外部   B. 内部但不在圆心   C. 圆心上   D. 圆上

7. 圆 $C: x^2+y^2+ax+by+1=0$ 的圆心为 $(1,-2)$, 则 a, b 的值分别为(　　).
   A. $a=2$, $b=-4$ B. $a=2$, $b=4$
   C. $a=-2$, $b=-4$ D. $a=-2$, $b=4$

8. 方程 $x^2+y^2+2x-4y-6=0$ 表示的图形为(　　).
   A. 以 $(1,-2)$ 为圆心, $\sqrt{11}$ 为半径的圆
   B. 以 $(1,2)$ 为圆心, $\sqrt{11}$ 为半径的圆
   C. 以 $(-1,-2)$ 为圆心, $\sqrt{11}$ 为半径的圆
   D. 以 $(-1,2)$ 为圆心, $\sqrt{11}$ 为半径的圆

9. 若 $x^2+y^2+(\lambda-1)x+2\lambda y+\lambda=0$ 表示圆, 则 λ 的取值范围为(　　).
   A. $\lambda>0$ B. $\dfrac{1}{5}\leqslant\lambda\leqslant 1$ C. $\lambda>1$ 或 $\lambda<\dfrac{1}{5}$ D. $\lambda\in\mathbf{R}$

10. 圆 $x^2+y^2-4x-6y+9=0$ 的圆心到直线 $3x-4y+31=0$ 的距离为(　　).
    A. 3   B. 5   C. 4   D. 6

二、填空题

11. 已知圆 $x^2+y^2+ax+by+1=0$ 的圆心为 $(-1,2)$，则圆的半径为 _____．

12. 直线 $y=x+b$ 经过圆 $x^2+y^2-4x+6y-7=0$ 的圆心，则 $b=$ _____．

13. 若圆 $x^2+y^2-10x+6y+m=0$ 与 y 轴相切，则 $m=$ _____．

14. 与圆 $x^2+y^2+6x-2y-15=0$ 有相同的圆心，且过点 $(-2,3)$ 的圆的半径为 _____．

15. 圆 $x^2+y^2-4x-2y=0$ 到直线 $x-2y+25=0$ 的距离为 _____．

16. 若方程 $x^2+y^2+(1-m)x+1=0$ 表示圆，则 m 的取值范围为 _____．

三、解答题

17. 判断方程 $x^2+y^2-8x-2y+12=0$ 是否表示圆．如果是，请求出圆心坐标和半径．

18. 求下列圆的圆心和半径．
    (1) $x^2+y^2-10x+9=0$；
    (2) $x^2+y^2-2x+4y=-1$；
    (3) $x^2+y^2+6y-11=0$．

19. 求经过三点 $A(1,-1)$，$B(2,0)$，$C(0,0)$ 的圆的方程．

20. 求经过三点 $A(1,-1)$，$B(1,4)$，$C(4,-2)$ 的圆的方程．

【课堂拓展训练】

一、填空题

1. 过直线 $x-2y-1=0$ 和直线 $x+y-7=0$ 的交点，且圆心在 $(1,-1)$ 的圆的方程为 _____．

2. 圆 $(x-1)^2+(y+1)^2=5$ 关于直线 $x-y=0$ 对称的圆的方程为_____.

3. 与圆 $C：(x-1)^2+y^2=36$ 是同心圆，且面积等于圆 C 面积的一半的圆的方程为_____.

4. 圆 $x^2+y^2+2x+4y-4=0$ 上点到直线 $3x-4y+20=0$ 的最大距离为_____，最小距离为_____.

5. 已知圆 $x^2+y^2+mx+ny-6=0$ 的圆心为 $(3，4)$，则以 $(m，n)$ 为圆心，以已知圆的半径为半径的圆的方程为_____.

6. 已知等腰三角形的顶角为 C，两个底角顶点的坐标分别为 $A(-3，0)$，$B(3，0)$，且三角形的周长为 12，以腰长为半径，以点 $(5，6)$ 为圆心，则圆的方程为_____.

二、解答题

7. 求半径是 3，圆心在 y 轴上，且和直线 $y=4$ 相切的圆的方程.

8. 求与圆 $(x+2)^2+y^2=1$ 关于点 $M(-1，-1)$ 对称的圆的方程.

9. 圆心在直线 $2x-y-7=0$ 上的圆 C 与 y 轴交于两点 $A(0，-4)$，$B(0，-2)$，求圆 C 的方程.

10. 已知以点 C 为圆心的圆经过点 $A(-1，0)$，$B(3，4)$，线段 AB 的垂直平分线交圆 C 于点 N，M，且 $|MN|=4\sqrt{10}$，求：(1)直线 MN 的方程；(2)圆 C 的方程.

6.4 直线与圆的位置关系

【学习目标导航】

1. 理解并掌握直线与圆的位置关系及判定方法：(1)代数法；(2)几何法．
2. 当直线和圆相交时，会求出弦长．
3. 当直线和圆相切时，会求经过圆上一点和圆外一点的圆的切线方程．
4. 直线与圆中的相关求值问题．
5. 了解点与圆的三种位置关系：点在圆上，点在圆内，点在圆外．
6. 培养学生数形结合的能力．

【知识要点预习】

1. 直线与圆的位置关系有：_____、_____、_____．
2. 圆心到直线的距离公式 $d=$ _____．
3. 判断方法：_____、_____．

【知识要点梳理】

1. 直线与圆的位置关系及判定方法．

方法一：代数法，即把圆的方程和直线的方程联立得到关于 x 或 y 的一元二次方程，利用判别式 Δ 来讨论位置关系：

(1)$\Delta>0$，直线和圆相交；(2)$\Delta=0$，直线和圆相切；(3)$\Delta<0$，直线和圆相离．

方法二：几何法，即把圆心到直线的距离 d 和半径 r 的大小加以比较：

(1)$d<r$，直线和圆相交；(2)$d=r$，直线和圆相切；(3)$d>r$，直线和圆相离．

2. 求圆的切线方程．

首先要确定点与圆的位置关系：点在圆内，点在圆上，点在圆外．

若点在圆上，则过该点有一条切线；若点在圆外，则过该点有两条切线；若点在圆内，则过该点没有圆的切线．

(1)若已知切点 $P_0(x_0, y_0)$，则圆的方程为 $y-y_0=-\dfrac{x_0-a}{y_0-b}(x-x_0)$，其中圆心坐标为 (a, b)．

特别地：圆 $x^2+y^2=r^2$ 的切线方程为 $x_0 x+y_0 y-r^2=0$．

(2)若不知切点，有两种方法：

判别式法：把直线方程代入圆方程，得到关于 x 或 y 的一元二次方程，令 $\Delta=0$ 可求出直线的斜率，从而求出直线方程．

几何特征法："圆心到切线的距离等于圆的半径"，"切线垂直于过切点的半径"，求解．

3. 直线与圆中的常见求值问题．

(1)弦长问题.

方法一：弦长公式 $|AB|=2\sqrt{r^2-d^2}$，弦心距，半径以及弦长的一半构成一个直角三角形. 利用勾股定理就可以求出弦长.

方法二：联立直线和圆，得到关于 x 或 y 的一元二次方程，再利用韦达定理也可以求弦长.

(2)切线长问题.

圆外点与切点之间的距离就是切线长. $l_{切线长}=\sqrt{PC^2-r^2}$，其中圆心为 C 圆外点为 P.

(3)弦的中点的求法：

①联立直线和圆，得到关于 x 或 y 的一元二次方程，再利用韦达定理也可以求弦的中点坐标，即 $x_{中}=\dfrac{x_1+x_2}{2}$，$y_{中}=\dfrac{y_1+y_2}{2}$.

②圆的弦的中垂线必过圆心，可以用弦所在的直线方程和过圆心垂直于弦的直线方程组成方程组求出弦的中点坐标.

(4)圆上的点到直线的距离问题.

【知识盲点提示】

1. 求过圆上的点的切线方程，注意圆心与切点的连线会垂直于过该点的切线.

2. 求圆外点的圆的切线方程常用的方法是设切线方程的斜率为 k，然后利用 $d=r$ 来计算出对应的斜率. 但并不是所有的直线都存在斜率，所以容易丢掉垂直于 x 轴的那条满足条件的切线.

【课堂基础训练】

一、选择题

1. 若直线 $3x+4y+k=0$ 与圆 $(x-3)^2+y^2=4$ 相切，则 k 的值为(　　).

   A. -1 或 19　　B. 1 或 -19　　C. 1　　D. -19

2. 若直线 $(1+a)x+y+1=0$ 与圆 $x^2+y^2-2x=0$ 相切，则 $a=$(　　).

   A. 1 或 -1　　B. 2 或 -2　　C. 1　　D. -1

3. 直线 $3x+4y+5=0$ 与圆 $(x+1)^2+y^2=1$ 的位置关系为(　　).

   A. 相交且不过圆心　　　　　　B. 相切

   C. 相离　　　　　　　　　　　D. 相交且过圆心

4. 过圆 $x^2+y^2=25$ 上一点 $(3,4)$ 的切线方程为(　　).

   A. $3x+4y+25=0$　　　　　　B. $3x-4y+25=0$

   C. $3x+4y-25=0$　　　　　　D. $3x-4y-25=0$

5. 圆 $x^2+y^2-4x+4y-6=0$ 截直线 $x-y-5=0$ 所得的弦长等于(　　).

   A. $\sqrt{6}$　　B. $\dfrac{5\sqrt{5}}{2}$　　C. 1　　D. 5

6. 圆 $x^2+y^2=1$ 上的点到直线 $3x+4y-25=0$ 的距离的最小值为(　　).

   A. 6　　B. 4　　C. 5　　D. 1

7. 圆心为$(1,-2)$，半径为$2\sqrt{5}$的圆在x轴上截得的弦长为(　　).

   A. 6　　　　B. $6\sqrt{2}$　　　　C. 8　　　　D. $4\sqrt{3}$

8. 已知圆$x^2+y^2=1$与直线$y=kx+2$有两个不同的交点，则k的取值范围为(　　).

   A. $k>\sqrt{3}$　　　　　　　　B. $k<-\sqrt{3}$

   C. $-\sqrt{3}<k<\sqrt{3}$　　　D. $k<-\sqrt{3}$或$k>\sqrt{3}$

9. 圆$x^2+2x+y^2+4y-3=0$上到直线$x+y+1=0$的距离为$\sqrt{2}$的点共有(　　).

   A. 1个　　　　B. 2个　　　　C. 3个　　　　D. 4个

10. 以点$C(-2,1)$为圆心，且与直线$x+y+3=0$相切的圆的方程为(　　).

    A. $(x+2)^2+(y-1)^2=2$　　　　B. $(x-2)^2+(y+1)^2=2$

    C. $(x+2)^2+(y-1)^2=4$　　　　D. $(x-2)^2+(y+1)^2=4$

二、填空题

11. 已知直线$x-\sqrt{3}y+8=0$和圆$x^2+y^2=20$相交于A，B两点，则$|AB|=$_____．

12. 已知圆的方程$x^2+y^2+2x-8y+8=0$，过点$P(2,0)$作该圆的一条切线，则切线长为_____．

13. 从原点向圆$x^2+y^2-12x+27=0$作两条切线，则这两条切线的夹角为_____．

14. 已知直线$x-y-1=0$与圆$(x-1)^2+(y+1)^2=2$相交，则弦长为_____．

15. 若直线$x-y=2$被圆$(x-a)^2+y^2=4$所截的弦长为$2\sqrt{2}$，则实数$a=$_____．

16. 过点$(2,1)$的直线中，被圆$x^2+y^2-2x+4y=0$截得的最长弦所在的直线方程为_____．

三、解答题

17. 已知圆$x^2+y^2-10x+2y+F=0$与直线$y=3x+4$相切，求F.

18. 已知圆C：$x^2+y^2-8y+12=0$，直线l：$ax+y+2a=0$. (1)当a为何值时，直线l与圆C相切. (2)当直线l与圆C相交于A，B两点，且$|AB|=2\sqrt{2}$时，求直线l的方程.

19. 已知圆 $C: x^2+y^2-2x-2y+1=0$，求过点 $P(3,2)$ 且与圆 C 相切的直线方程.

20. 已知圆 $C: x^2+y^2-6x+5=0$ 和直线 $l: x-my+3=0$，当 m 取何值时，圆与直线相交、相切、相离？

【课堂拓展训练】

一、填空题

1. 若直线 $2x-y+m=0$ 与圆 $x^2+(y-2)^2=5$ 相切，那么 m 的值为_____.

2. 已知圆 $x^2+y^2-8x-2y+12=0$ 和点 $A(3,0)$，则过点 A 的最短的弦所在的直线方程为_____.

3. 经过点 $P(2,1)$，且与圆 $(x+1)^2+(y-2)^2=10$ 相切的切线方程为_____.

4. 若直线 $ax+by=1$ 与圆 $x^2+y^2=1$ 相交，则点 $P(a,b)$ 的位置是_____.

5. 圆心在直线 $2x-y=0$ 上，半径为2，若该圆与直线 $3x-4y+15=0$ 相切，则该圆的标准方程为_____.

6. 直线 $x\sin 10°+y\cos 10°-\sqrt{2}=0$ 与圆 $x^2+y^2-2=0$ 的位置关系为_____.

二、解答题

7. 已知圆的方程为 $(x-2)^2+(y-1)^2=1$，点 P 坐标为 $(3,4)$，求该圆过点 P 的切线方程.

8. 直线 L 经过点 $P(5,5)$，且和圆 $O: x^2+y^2=25$ 相交于 A，B 两点，若 $AB=4\sqrt{5}$，求直线 L 的方程.

9. 已知圆 $x^2+y^2+x-6y+m=0$ 与直线 $x+2y-3=0$ 交于 A，B 两点，若 $OA\perp OB$，求 m 的值.

10. 设与直线 $x-y-1=0$ 相切的圆，经过点 $A(2,-1)$ 且圆心在直线 $2x+y=0$ 上，求圆的标准方程.

6.5 直线与圆的方程的应用

【学习目标导航】

1. 直线的相关知识.
2. 圆的相关知识.
3. 直线与圆的位置关系基本知识.

【知识要点预习】

应用相关知识解决问题.

【知识要点梳理】

1. 求一点 P 关于某直线 l 的对称点的 P_0 的问题中，它的求解中必有两步：(1)求出直线 PP_0 的方程(它与直线 l 垂直)；(2)线段 PP_0 的中点在直线 l 上，利用中点坐标求值.

2. 入射与反射的相关知识点.

【知识盲点提示】

1. 直线与圆的相关知识的应用要求准确的计算.
2. 动点轨迹的基本求法，设动点，找等量关系，然后求解.

【课堂基础训练】

一、选择题

1. $m=-2$ 是直线 l_1：$(2-m)x+my=0$ 和直线 l_2：$-x+my+3=0$ 相互垂直的（　　）.

A. 充分条件 B. 必要条件
C. 充要条件 D. 既不充分也不必要条件

2. 已知点 $A(3,7)$ 和直线 $x+2y-7=0$, 点 B 和点 A 关于已知直线 l 对称, 则点 B 的坐标为( ).

A. $(3,-3)$ B. $(-5,1)$ C. $(-1,-1)$ D. $(7,5)$

3. 直线过点 $P(0,2)$ 且与两个坐标轴围成的直角三角形的面积为 3, 则此直线的方程为( ).

A. $2x+3y+6=0$ B. $2x-3y+6=0$ 或 $2x+3y-6=0$
C. $2x-3y-6=0$ D. 以上都不正确

二、填空题

4. 点 $P(-5,1)$ 关于直线 $3x-y-4=0$ 的对称点 Q 的坐标为_____.

5. △ABC 中, $B(-2,0)$, $C(2,0)$, 中线 AD 的长为 3, 则点 A 的轨迹方程为_____.

三、解答题

6. 已知圆 C: $x^2+(y-1)^2=5$, 直线 l: $mx-y+1-m=0$.
(1)求证: 对于 $m \in \mathbf{R}$, 直线 l 与圆 C 总有两个不同的交点;
(2)设 l 与圆交于 A, B 两点, 若 $|AB|=\sqrt{17}$, 求 l 的倾斜角的大小.

【课堂拓展训练】

一、选择题

1. 点 $A(6,4)$ 关于直线 $4x+3y-11=0$ 的对称点 A_0 的坐标为( ).

A. $(2,1)$ B. $(1,2)$ C. $(2,2)$ D. $(-2,-2)$

2. 圆心在直线 $x+y+6=0$ 上, 且圆在 x 轴, y 轴上截得的弦长都是 4, 则该圆的方程为( ).

A. $(x+3)^2+(y+3)^2=13$ B. $(x+3)^2+(y+3)^2=25$
C. $(x-3)^2+(y-3)^2=13$ D. $(x-3)^2+(y-3)^2=25$

3. 圆 $(x-2)^2+(y-4)^2=1$ 关于直线 $x-y+1=0$ 的对称圆的方程为( ).

A. $(x+3)^2+(y-3)^2=1$ B. $(x-3)^2+(y+3)^2=1$
C. $(x+3)^2+(y+3)^2=1$ D. $(x-3)^2+(y-3)^2=1$

二、填空题

4. 垂直于直线 $x+2y-1=0$ 且与圆 $(x-2)^2+(y-3)^2=20$ 相切的直线方程为_____.

5. 已知点 $Q(4,0)$，P 为圆 $x^2+y^2=4$ 上的一个动点，则 PQ 的中点 M 的轨迹方程为 _____．

三、解答题

6. 在直角坐标系中，已知点 $A(-2,3)$ 和圆 $(x-3)^2+(y-2)^2=1$，一条光线从点 A 射到 x 轴后被反射，反射后与圆 C 相切，求反射光线所在的直线方程．

第 6 章单元测试题 A 卷

（满分 120 分，时间 120 分钟）

注意事项：

1. 本试卷分第 Ⅰ 卷（选择题）和第 Ⅱ 卷（非选择题）两部分，满分 120 分，考试时间 120 分钟．考试结束后，将本试卷和答题卡一并交回．
2. 本次考试允许使用函数型计算器，凡使用计算器的题目，最后结果精确到 0.01．

第 Ⅰ 卷（选择题，共 45 分）

一、选择题（本大题共 15 个小题，每小题 3 分，共 45 分）

1. 直线 $\sqrt{3}x+y-3=0$ 的倾斜角是（　　）．

   A. $\dfrac{\pi}{6}$　　　　B. $\dfrac{\pi}{3}$　　　　C. $\dfrac{5\pi}{6}$　　　　D. $\dfrac{2\pi}{3}$

2. 直线 $5x+2y-6=0$ 在 y 轴上的截距为（　　）．

   A. $-\dfrac{6}{5}$　　　　B. $\dfrac{6}{5}$　　　　C. 3　　　　D. -3

3. 过点 $P(1,2)$ 且与直线 $x-3y+1=0$ 平行的直线方程是（　　）．

   A. $x-3y+5=0$　　　　B. $x-3y+6=0$
   C. $3x-y+5=0$　　　　D. $3x-y-1=0$

4. 若直线 l 经过原点和点 $(-3,-3)$，则 l 的倾斜角是（　　）．

   A. $\dfrac{\pi}{4}$　　　　B. $\dfrac{5\pi}{4}$　　　　C. $\dfrac{\pi}{4}$ 或 $\dfrac{5\pi}{4}$　　　　D. $-\dfrac{\pi}{4}$

5. 平面直角坐标系中, 已知 $A(-1, 2)$, $B(3, -4)$, 则线段 AB 长度为( ).

　　A. $2\sqrt{13}$　　　　B. 52　　　　C. $\sqrt{43}$　　　　D. $\dfrac{1}{2}$

6. 与原点的距离为 $\dfrac{\sqrt{2}}{2}$, 斜率为 1 的直线方程为( ).

　　A. $x+y+1=0$ 或 $x+y-1=0$　　　　B. $x+y+\sqrt{2}=0$ 或 $x+y-\sqrt{2}=0$

　　C. $x-y+1=0$ 或 $x-y-1=0$　　　　D. $x-y+\sqrt{2}=0$ 或 $x-y-\sqrt{2}=0$

7. 已知 $ab<0$, $bc<0$, 则直线 $ax+by=c$ 不通过( ).

　　A. 第四象限　　　B. 第三象限　　　C. 第二象限　　　D. 第一象限

8. 若点 $A(1, 2)$, $B(-2, 3)$, $C(4, m)$ 在同一条直线上, 则 $m=$( ).

　　A. 1　　　　B. $\dfrac{7}{3}$　　　　C. $\dfrac{11}{3}$　　　　D. 5

9. 过圆 $x^2+y^2=25$ 上一点 $P(3, -4)$ 并与该圆相切的直线方程为( ).

　　A. $3x-4y=0$　　　　　　　　B. $3x+4y=0$

　　C. $3x-4y-25=0$　　　　　　D. $3x+4y-25=0$

10. 圆 $x^2+y^2=1$ 上的点到直线 $4x-3y-25=0$ 的距离的最小值是( ).

　　A. 6　　　　B. 4　　　　C. 5　　　　D. 1

11. 以两点 $A(3, -1)$, $B(-7, 1)$ 为直径端点的圆的方程是( ).

　　A. $(x+2)^2+y^2=104$　　　　B. $x^2+(y+2)^2=104$

　　C. $(x+2)^2+y^2=26$　　　　　D. $x^2+(y+2)^2=26$

12. 圆心为 $(1, -2)$, 半径为 $2\sqrt{5}$ 的圆在 x 轴上截得的弦长为( ).

　　A. $4\sqrt{3}$　　　　B. $6\sqrt{2}$　　　　C. 6　　　　D. 8

13. 已知直线 $y=2x-1$, 圆 $x^2+y^2=1$, 直线与圆的位置关系是( ).

　　A. 相离　　　B. 相切　　　C. 相交不过圆心　　　D. 相交且过圆心

14. 已知圆的圆心为 $(-5, 3)$, 且与 y 轴相切, 则该圆的方程为( ).

　　A. $(x-5)^2+(y+3)^2=25$　　　　B. $(x-5)^2+(y+3)^2=9$

　　C. $(x+5)^2+(y-3)^2=25$　　　　D. $(x+5)^2+(y-3)^2=9$

15. 直线 $y=x-b$ 与圆 $x^2+y^2=9$ 相切, 则 b 等于( ).

　　A. $3\sqrt{2}$　　　　B. $-3\sqrt{2}$　　　　C. $9\sqrt{2}$　　　　D. $\pm 3\sqrt{2}$

第Ⅱ卷(非选择题, 共 75 分)

二、填空题(本大题共 15 个小题, 每小题 2 分, 共 30 分)

16. 直线 $x=-3$ 的倾斜角是 _____.

17. 过点 $P(-2, m)$ 和 $Q(m, 4)$ 的直线的斜率是 1, 则 $m=$ _____.

18. 直线 $x+y+1=0$ 与直线 $x+y-2=0$ 的位置关系是 _____.

19. 若方程 $ax+4y-1=0$ 过点 $(3,2)$，则 a 的值为_____．

20. 直线 $(a-1)x+3y+2=0$ 与直线 $x+(a+1)y+a=0$ 相互平行，则 a 等于_____．

21. 已知直线在 y 轴上的截距为 -2，倾斜角是 $135°$，则直线方程是_____．

22. 过点 $P(2,-1)$，且与 $A(-3,-1)$ 的距离等于 4 的直线方程是_____．

23. 过点 $P(-2,1)$ 且与直线 $3x+2y-5=0$ 垂直的直线方程为_____．

24. 直线 $x+2y=0$ 被圆 $x^2+y^2-6x-2y-15=0$ 所截得的弦长为_____．

25. 已知圆 $x^2+y^2+4x-y-a=0$ 的半径为 3，则 a 的值为_____．

26. 与圆 $x^2+y^2-8x-y-12=0$ 同心，且半径为 $2\sqrt{3}$ 的圆的标准方程为_____．

27. 直线 $12x-5y+2=0$ 与圆 $(x+3)^2+(y-1)^2=8$ 的位置关系是_____．

28. 以点 $(-1,2)$ 为圆心的圆，如果有一条直径的两端分别在两坐标轴上，则该圆的标准方程为_____．

29. 直线 $y=2x+b$ 与圆 $x^2+y^2+10x-12y+56=0$ 相交，则 b 的取值范围是_____．

30. 圆 $(x+5)^2+(y-5)^2=4$ 关于 x 轴的对称圆的方程为_____．

三、解答题(本大题共 7 小题，共 45 分)

31. (6 分) 直线经过 $A(-1,3)$ 和 $B(4,-2)$ 两点，求此直线的倾斜角和直线方程．

32. (6 分) 求经过直线 $x-2y+5=0$ 和 $3x+2y+7=0$ 的交点，且与直线 $6x-3y-5=0$ 平行的直线方程．

33. (6 分) 求直线 $x-2y+6=0$ 与两坐标轴所围成的三角形的面积．

34.(6分)已知 $A(-3,5)$，$B(9,-7)$，求线段 AB 的垂直平分线的方程.

35.(7分)已知圆 C：$x^2+y^2-6x+5=0$ 和直线 l：$x-my+3=0$，当 m 取何值时，圆与直线相交、相切、相离.

36.(7分)已知圆的半径为 $\sqrt{10}$，圆心在直线 $y=2x$ 上，圆被直线 $x-y=0$ 截得的弦长为 $4\sqrt{2}$，求圆的方程.

37.(7分)已知圆 C 上两点 $A(1,4)$，$B(7,2)$，过圆心 C 的一条直线 l 的方程为 $x-y+1=0$.求：(1)线段 AB 的垂直平分线方程；(2)圆心 C 的坐标；(3)圆 C 的标准方程.

第6章单元测试题B卷

(满分120分，时间120分钟)

注意事项：

1. 本试卷分第Ⅰ卷(选择题)和第Ⅱ卷(非选择题)两部分，满分120分，考试时间120分钟．考试结束后，将本试卷和答题卡一并交回．

2. 本次考试允许使用函数型计算器，凡使用计算器的题目，最后结果精确到0.01．

第Ⅰ卷(选择题，共45分)

一、选择题(本大题共15个小题，每小题3分，共45分)

1. 已知直线的倾斜角为 $\dfrac{2\pi}{3}$，则直线的斜率为(　　)．

   A. $\dfrac{\sqrt{3}}{3}$ 　　B. $-\dfrac{\sqrt{3}}{3}$ 　　C. $\sqrt{3}$ 　　D. $-\sqrt{3}$

2. 过点 $(1,-2)$，倾斜角 α 的正弦值等于 $\dfrac{3}{5}$ 的直线方程是(　　)．

   A. $y+2=\pm\dfrac{3}{4}(x-1)$ 　　B. $y+2=\pm\dfrac{4}{3}(x-1)$

   C. $y+2=\dfrac{3}{4}(x-1)$ 　　D. $y+2=\pm\dfrac{3}{5}(x-1)$

3. 在同一直角坐标系中，函数 $y=x+a$ 与函数 $y=a^x$ 的图像可能是(　　)．

   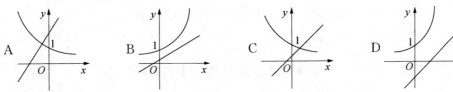

4. 过点 $A(1,2)$ 且与直线 $x+2y-1=0$ 平行的直线方程为(　　)．

   A. $2x+y-4=0$ 　　B. $x+2y-5=0$ 　　C. $2x-y=0$ 　　D. $x+2y+3=0$

5. 已知三点 $A(1,-2)$，$B(3,0)$，$C(4,3)$，则点 B 关于 A、C 中点的对称点的坐标是(　　)．

   A. $(2,1)$ 　　B. $(3,-1)$ 　　C. $(-2,1)$ 　　D. $(-3,-4)$

6. 点 $A(5,-7)$ 关于直线 y 轴的对称点的坐标为(　　)．

   A. $(-5,-7)$ 　　B. $(5,7)$ 　　C. $(7,5)$ 　　D. $(-7,5)$

7. 已知直线 $l_1: x+m^2y+6=0$ 与直线 $l_2:(m-2)x+3my+2m=0$ 平行，则 m 的

值为( ).

A. $m=0$ B. $m=-1$

C. $m=0$ 或 $m=-1$ D. $m=0$ 且 $m=-1$

8. 已知平行四边形 $ABCD$ 中，$A(-2,1)$，$B(0,-3)$，$C(3,4)$，则顶点 D 的坐标为( ).

A. $(1,8)$ B. $(3,2)$ C. $(4,1)$ D. $(1,2)$

9. 直线 $x\sin\theta+y\cos\theta-\sqrt{3}=0$ 与圆 $x^2+y^2=3$ 的位置关系为( ).

A. 相交   B. 相离

C. 相切   D. 三种情况都有可能

10. 圆 $x^2+y^2-4y-1=0$ 的圆心和半径分别为( ).

A. $(2,0)$，5 B. $(0,-2)$，$\sqrt{5}$ C. $(0,2)$，$\sqrt{5}$ D. $(2,2)$，5

11. 若 $P(2,-1)$ 是圆 $(x-1)^2+y^2=25$ 的弦 AB 的中点，则弦 AB 所在的直线方程是( ).

A. $x-y-3=0$ B. $2x+y-3=0$ C. $x+y-1=0$ D. $2x-y-5=0$

12. 若方程 $x^2+y^2+Dx+Ey+F=0$ 的圆心为 $(2,-4)$，半径为 4，则 $F=($).

A. 4 B. -4 C. 2 D. -2

13. 经过 $\triangle ABC$ 三个顶点 $A(1,0)$，$B(-1,-2)$，$C(3,-2)$ 的圆的标准方程是( ).

A. $x^2+y^2=4$ B. $(x+1)^2+(y+2)^2=4$

C. $(x-1)^2+(y-2)^2=4$ D. $(x-1)^2+(y+2)^2=4$

14. 过原点与 $(x-2)^2+y^2=1$ 相切的直线的斜率为( ).

A. $\dfrac{\sqrt{3}}{3}$ B. $\sqrt{3}$ C. $\pm\dfrac{\sqrt{3}}{3}$ D. $-\sqrt{3}$

15. 圆 $x^2+y^2=4$ 上到直线 $x+y+\sqrt{2}=0$ 的距离为 1 的点有( ).

A. 0 个   B. 1 个   C. 2 个   D. 3 个

第 Ⅱ 卷(非选择题，共 75 分)

二、填空题(本大题共 15 个小题，每小题 2 分，共 30 分)

16. 已知直线经过两点 $A(1,\sqrt{3})$，$B(a,0)$ 且直线的倾角为 $\dfrac{\pi}{6}$，则 $a=$ _____.

17. 过直线 $2x+y-3=0$ 和直线 $x-2y+1=0$ 的交点，且斜率为 -1 的直线的一般式方程为 _____.

18. 经过直线 $3x+y+8=0$ 与 $2x+y+5=0$ 的交点，且与直线 $x-y+1=0$ 垂直的直线方程为 _____.

19. 过点 $P(1,-2)$ 且与直线 $3x+2y-5=0$ 平行的直线方程为 _____.

20. 点 $(1,-2)$ 关于直线 $x+y-5=0$ 的对称点的坐标为_____.

21. 过点 $(2,1)$ 且在 x 轴和 y 轴上截距相等的直线方程是_____.

22. P 为 y 轴上一点,并且点 P 到直线 $3x-4y+6=0$ 的距离为 6,则点 P 的坐标为_____.

23. 两条平行线 $4x+3y+1=0$ 和 $8x+6y-3=0$ 之间的距离是_____.

24. 已知圆的方程 $x^2+y^2+8x+6y=0$,则其圆半径长为_____.

25. 圆 $(x-2)^2+(y+2)^2=2$ 截直线 $x-y-5=0$ 所得弦长为_____.

26. 圆心为 $C(1,2)$ 且与直线 $4x+3y-35=0$ 相切的圆的方程是_____.

27. 已知圆过点 $A(-1,2)$,$B(0,3)$,且圆心在直线 $x-y=0$ 上,则圆的方程为_____.

28. 与圆 $x^2+y^2=25$ 相切于点 $(-4,3)$ 的直线方程为_____.

29. 已知点 $P(-2,1)$ 是圆 $x^2+y^2=9$ 内一点,则过点 P 的圆的最短弦所在的直线方程为_____.

30. 已知圆的方程为 $x^2+y^2+2x-8y+8=0$,过 $P(2,0)$ 作该圆的一条切线,则切线长为_____.

三、解答题(本大题共 7 小题,共 45 分)

31. (6 分) 光线从点 $M(2,3)$ 射到 y 轴的点 $N(0,1)$ 后被 y 轴反射,求入射光线 l 和反射光线 l' 的方程.

32. (6 分) 已知圆过点 $A(0,2)$,$B(-3,3)$,且圆心在直线 $x-y+3=0$ 上,求该圆的方程.

33. (6 分) 求经过直线 $2x+y-5=0$ 与 $x-2y-5=0$ 的交点且垂直于直线 $3x+2y+1=0$ 的直线方程.

34.（6分）已知圆 $C：x^2+y^2-2x-2y+1=0$，求过点 $P(2,3)$ 且与圆 C 相切的直线方程．

35.（7分）已知圆 $C：x^2+y^2+2x-4y-4=0$ 和直线 $l：3x+4y+m=0$，当 m 取何值时，圆与直线相交、相切、相离．

36.（7分）直线 l 的倾斜角为 $\dfrac{3\pi}{4}$，点 $P(2,-1)$ 到直线 l 的距离等于 $\dfrac{\sqrt{2}}{2}$，求直线 l 的方程．

37.（7分）已知△ABC 的三个顶点分别是 $A(0,1)$，$B(3,0)$，$C(5,2)$，求：
(1) BC 边上的高线 AD 所在的直线方程；
(2) △ABC 的面积．

第 7 章 简单几何体

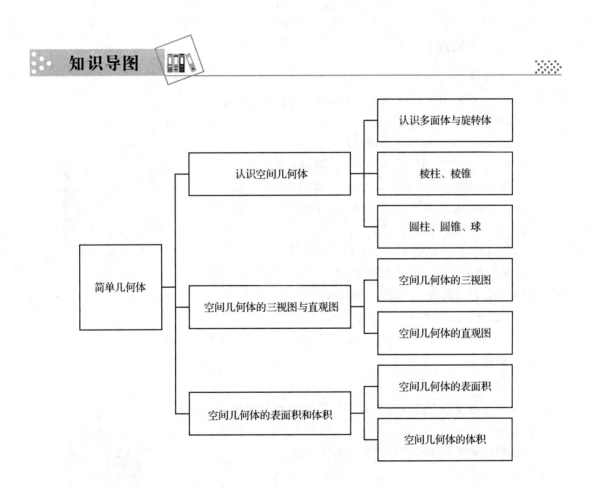

7.1 认识空间几何体

【学习目标导航】

1. 了解多面体及其相关的概念. 掌握棱柱、棱锥及其相关的概念, 会根据已知条件求它们的高或斜高.

2. 了解旋转体及其相关的概念．掌握圆柱、圆锥和球及其相关的概念，会根据已知条件求圆柱、圆锥的母线长、高或底面半径．

3. 会根据已知条件求球的截面面积、大圆半径、小圆半径及球面上两点间的距离．

4. 培养空间想象力、运用图形语言进行交流的能力以及几何直观能力．

7.1.1 认识多面体与旋转体

【知识要点预习】

1. 正方体有_____个顶点，_____个面，_____条棱．
2. 长方体有_____个顶点，_____个面，_____条棱．

【知识要点梳理】

一、多面体

1. 定义：由若干个平面多边形围成的几何体叫作多面体．
2. 相关概念：
(1)面：每个多边形叫作多面体的面；
(2)棱：两个相邻面的公共边叫作多面体的棱；
(3)顶点：棱与棱的公共点叫作多面体的顶点；
(4)对角线：连接不在同一个面上的两个顶点的线段称为多面体的对角线．(见图 7-1)
3. 对多面体概念的理解，注意以下几个方面：
(1)多面体是由平面多边形围成的，不是由圆面或其他曲面围成的，也不是由空间多边形围成的．
(2)围成一个多面体至少要有四个面．
(3)一个多面体是由几个面围成的，那么这个多面体就称为几面体．

图 7-1

二、旋转体

1. 定义：
一条平面曲线绕它所在平面内的一条定直线旋转所形成的曲面叫作旋转面，
由封闭的旋转面围成的几何体称为旋转体．
2. 相关概念
轴：其中的定直线叫作旋转体的轴．(见图 7-2)

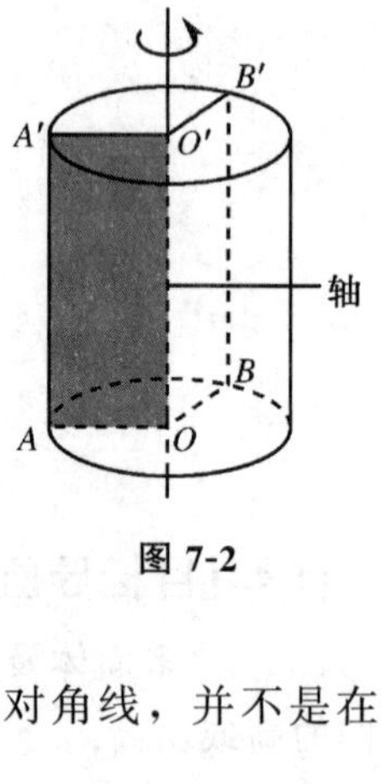

三、组合体

由多面体、旋转体等基本几何体组合而成的几何体，称为组合体．组合体可以分解为基本几何体．

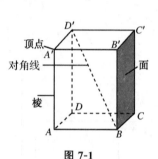

图 7-2

【知识盲点提示】

1. 在多面体中，不在同一面上的两个顶点的连线叫作多面体的对角线，并不是在两个面的顶点的连线．强调不在同一面上．

2．通过观察实物及模型认识立体图形．

【课堂基础训练】

一、选择题

1．几何体：①圆柱；②六棱锥；③正方体；④球体；⑤四面体中是旋转体的是(　　)．

　　A．①和⑤　　　　B．①　　　　　　C．③和④　　　　D．①和④

2．面数最少的多面体的顶点数为(　　)．

　　A．4　　　　　　B．5　　　　　　C．6　　　　　　D．7

3．下列物品中：①课本；②铅球；③量筒；④三棱镜；⑤金字塔；⑥滤纸卷成漏斗；⑦量杯；⑧羽毛球，如果看成多面体的旋转体，属于旋转体的是(　　)．

　　A．②③⑥⑦⑧　　B．②③⑥　　　　C．②③⑥⑦　　　D．②③⑤⑥⑦

二、填空题

4．观察常见的六面螺母，可以近似地将它看成由一个正六棱柱挖去一个_____后组成的几何体．

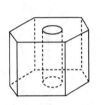

第4题图

5．如图所示的组合体，其结构特征是一个_____和一个_____组成的几何体．

第5题图

三、解答题

6．判断图中的立体图形哪些是多面体，哪些是旋转体．

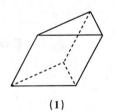 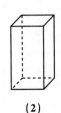  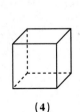 

　　(1)　　　　　(2)　　　　(3)　　　　(4)　　　　(5)

【课堂拓展训练】

一、选择题

1. 如图所示的平面结构，绕中间轴旋转一周，形成的几何体形状为（　　）.

   A．一个球体

   B．一个球体中间挖去一个圆柱

   C．一个圆柱

   D．一个球体中间挖去一个棱柱

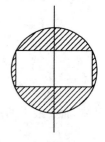

第 1 题图

2. 蒙古包可以看作由_____构成的几何体（　　）.

   A．三棱锥、圆锥　　　　　　　B．三棱锥、圆柱

   C．圆锥、圆柱　　　　　　　　D．圆锥、三棱柱

3. 如图所示的组合体是由哪个平面图形旋转得到的？（　　）

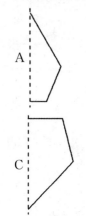

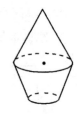

第 3 题图

二、填空题

4. 旋转体可看作是由平面图形绕轴_____而成的．

5. 等腰三角形 ABC 绕底边上的中线 AD 所在的直线旋转所得的几何体是_____．

三、解答题

6. 如图所示的几何体中，所有棱长都相等，分析此几何体的构成，有几个面、几个顶点、几条棱？

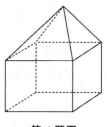

第 6 题图

7.1.2　棱柱、棱锥

【知识要点预习】

1. 什么是棱柱？
2. 什么是棱锥？

【知识要点梳理】

一、棱柱

1. 定义.

有两个面互相平行，其余各面都是四边形，其余每相邻两个四边形的公共边互相平行，这样的多面体叫作棱柱.

2. 相关概念.

(1)底面：两个互相平行的面叫作棱柱的底面(简称底)；

(2)侧面：其余各面叫作棱柱的侧面；

(3)侧棱：两侧面的公共边叫作棱柱的侧棱；

(4)高：过棱柱一个底面上的任意一个顶点，作另一个底面的垂线所得到的线段(或它的长度)称为棱柱的高.(见图 7-3)

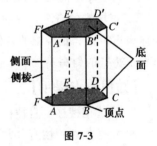

图 7-3

棱柱的判断需三个条件：

(1)有两个面相互平行；(2)其余各面是平行四边形；(3)这些平行四边形的面中，每相邻两个面的公共边都互相平行．这三个条件缺一不可.

3. 棱柱的表示方法：用表示底面各顶点的字母表示棱柱，如图 7-3 中的棱柱可记为棱柱 $ABCDE-A'B'C'D'E'$.

4. 棱柱的表示分类.

(1)按底面边数分：三棱柱、四棱柱、五棱柱……

(2)按是否与底面垂直分：斜棱柱和直棱柱.

①侧棱不垂直于底面的棱柱叫作斜棱柱.

②侧棱垂直于底面的棱柱叫作直棱柱.

③底面是正多边形的直棱柱叫作正棱柱.

5. 几种特殊的棱柱.

(1)底面是矩形的直四棱柱叫作长方体.

(2)棱长都相等的长方体叫作正方体.

6. 长方体的对角线长.

若长方体的长、宽、高分别是 a、b、c，则其对角线的长是 $\sqrt{a^2+b^2+c^2}$.

二、棱锥

1. 定义.

有一个面是多边形,其余各面是有一个公共顶点的三角形,这样的多面体叫作棱锥.其中有公共顶点的三角形叫作棱锥的侧面.

2. 相关概念.

(1)底面:多边形叫作棱锥的底面或底.

(2)顶点:相邻侧面的公共边称为棱锥的侧棱,各侧面的公共顶点,叫作棱锥的顶点.

(3)高:过棱锥顶点作棱锥底面的垂线,所得到的线段(或它的长度)称为棱锥的高.(见图7-4)

3. 棱锥的表示:棱锥用顶点和底面各顶点的字母或用顶点和底面的一条对角线端点的字母表示.如图7-4中的棱锥,可表示为棱锥 $S-ABCDEF$ 或 $S-AD$.

4. 棱锥的分类:棱锥按底面多边形的边数分类,底面是三角形,四边形,五边形……的棱锥分别称为三棱锥,四棱锥,五棱锥……图7-4中的棱锥称为六棱锥.

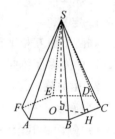

图 7-4

5. 正棱锥的概念:底面是正多边形,并且顶点与底面的中心的连线垂直于底面的棱锥称为正棱锥.正棱锥的各侧面都是全等的等腰三角形,各等腰三角形底边上的高相等,叫作正棱锥的斜高.

【知识盲点提示】

1. 分清正棱柱、直棱柱的概念,正棱柱一定是直棱柱,直棱柱不一定是正棱柱.

2. 棱锥强调侧棱有公共点,即棱锥的顶点,侧面都是三角形.

【课堂基础训练】

一、选择题

1. 在棱柱中(   ).

　A. 只有两个面平行　　　　　　B. 所有的棱都平行

　C. 所有的面都是平行四边形　　D. 两底面平行,且各侧棱也互相平行

2. 四棱柱有几条侧棱,几个顶点?(   )

　A. 4条侧棱、4个顶点　　　　　B. 8条侧棱、4个顶点

　C. 4条侧棱、8个顶点　　　　　D. 6条侧棱、8个顶点

3. 下列多面体中,是棱柱的有(   ).

　A. 1个　　　　B. 2个　　　　C. 3个　　　　D. 4个

4. 棱柱的侧面一定是(   ).

　A. 菱形　　　B. 矩形　　　C. 正方形　　　D. 平行四边形

5. 下列说法中正确的是( ).
   A. 棱柱的侧面都是矩形　　　　　　　B. 棱柱的侧棱都相等
   C. 棱柱的棱都平行　　　　　　　　　D. 棱柱的侧棱总与底面垂直
6. 棱柱的侧棱( ).
   A. 相交于一点　　　　　　　　　　　B. 平行但不相等
   C. 平行且相等　　　　　　　　　　　D. 可能平行也可能相交于一点
7. 棱锥的侧面和底面可以都是( ).
   A. 三角形　　　B. 四边形　　　C. 五边形　　　D. 六边形
8. 下列说法中正确的是( ).
   A. 所有的棱柱都有一个底面　　　　　B. 棱柱的顶点至少有 6 个
   C. 棱柱的侧棱至少有 4 条　　　　　　D. 棱柱的棱至少有 4 条
9. 下列说法中正确的是( ).
   ①棱锥的各个侧面都是三角形；②三棱柱的侧面为三角形；③四面体的任何一个面都可以作为棱锥的底面；④棱锥的各侧棱长都相等.
   A. ①②　　　　B. ①③　　　　C. ②③　　　　D. ②④
10. 下列叙述中错误的一项为( ).
    A. 棱柱中两个互相平行的平面一定是棱柱的底面
    B. 棱柱的各个侧面都是平行四边形
    C. 棱柱的两底面是全等的多边形
    D. 棱柱的面中，至少有两个面相互平行

二、填空题

11. 棱长为 1 的正方体，其对角线长等于_____.
12. 八棱锥的侧面个数是_____.
13. 以长方体一个顶点为端点的三条棱的长分别为 3，4，5，则它的对角线长是_____.
14. 面数最少的棱柱为_____棱柱，共由_____个面围成.
15. 直四棱柱_____是长方体；长方体_____是直四棱柱；正四棱柱_____是正方体；正方体_____是正四棱柱.（填"一定""不一定""一定不"）
16. 已知正四棱锥的侧面为边长为 4 的等边三角形，则它的高为_____.

第 16 题图

三、解答题

17. 已知长方体的长、宽、高之比为 $3:4:12$，对角线长为 26 cm，求它的长、宽、高.

18. 已知正四棱锥的所有棱长都是 2，求斜高和高.

19. 已知正三棱锥的侧面是边长为 4 的正三角形，求它的斜高和高.

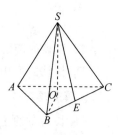

第 19 题图

20. 已知正四棱锥 $S-ABCD$ 的底面边长为 2，侧棱长为 $\sqrt{3}$，求正四棱锥的高.

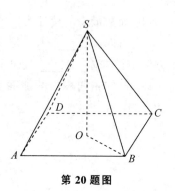

第 20 题图

【课堂拓展训练】

一、填空题

1. 在三棱锥 $ABCD$ 中，可以当作棱锥底面的三角形的个数为_____.
2. 若一个正方体的全面积是 72，则它的对角线长为_____.

3. 关于棱柱的说法中:(1)所有的面都是平行四边形;(2)每一个面都不会是三角形;(3)两底面平行,并且各侧棱也平行;(4)被平面截成的两部分可以都是棱柱.

正确说法的序号是_____.

4. 若正四棱锥的侧面是正三角形,则它的高与底面边长之比为_____.

5. 设 $M=\{$正四棱柱$\}$,$N=\{$长方体$\}$,$P=\{$直四棱柱$\}$,$Q=\{$正方体$\}$,则这些集合的关系为_____.

6. 用一张长为 12 cm,宽为 16 cm 的矩形纸板,折成正四棱柱的侧面,则此正四棱柱的对角线长为_____ cm.

二、解答题

7. 若正三棱锥的底面边长是 6 cm,侧棱长是 5 cm,求该棱锥的高和斜高.

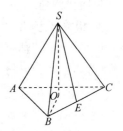

第 7 题图

8. 已知正四棱锥,底面面积为 16,一条侧棱长为 6,求它的斜高.

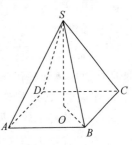

第 8 题图

9. 正四棱锥的底面积为 36 cm²,侧面等腰三角形面积为 12 cm²,求正四棱锥侧棱的长.

10. 长方体 $ABCD-A_1B_1C_1D_1$ 中,$AB=4$,$BC=3$,$BB_1=5$,一只蚂蚁从点 A 出发沿表面爬行到点 C_1,求蚂蚁爬行的最短路线.

7.1.3 圆柱、圆锥、球

【知识要点预习】

1. 什么是圆柱、圆锥？
2. 什么是球？

【知识要点梳理】

一、圆柱

1. 定义：以矩形的一边所在直线为旋转轴，将矩形旋转一周，形成的曲面所围成的旋转体叫作圆柱.

2. 相关概念（见图 7-5）.

(1) 轴：旋转轴叫作圆柱的轴；

(2) 高：在轴上的这条边或它的长度称为圆柱的高；

(3) 底面：垂直于轴的边旋转而成的圆面叫作圆柱的底面；

(4) 侧面：不垂直于轴的边旋转而成的曲面叫作圆柱的底面；

(5) 母线：无论旋转到什么位置，不垂直于轴的边都叫作圆柱的母线.

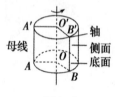

图 7-5

3. 表示方法：圆柱用它轴上的字母表示，如圆柱 $O'O$.

二、圆锥

1. 定义：以直角三角形的一直角边所在直线为旋转轴，将直角三角形旋转一周，形成的曲面所围成的旋转体叫作圆锥.

2. 相关概念（见图 7-6）.

(1) 轴：旋转轴叫作圆锥的轴；

(2) 高：在轴上的这条边或它的长度称为圆锥的高；

(3) 底面：垂直于轴的边旋转而成的圆面叫作圆锥的底面；

(4) 侧面：不垂直于轴的边旋转而成的曲面叫作圆锥的底面；

(5) 母线：无论旋转到什么位置，不垂直于轴的边都叫作圆锥的母线.

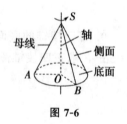

图 7-6

3. 表示方法：圆锥用它轴上的字母表示，如圆锥 SO.

三、球

1. 定义．一个半圆周绕着它的直径所在直线旋转一周所形成的曲面称为球面．球面围成的几何体，叫作球体，简称为球.

2. 相关概念.

(1) 球心：形成球的半圆的圆心叫作球心；

(2) 半径：连接球面上一点和球心的线段叫作球的半径；

(3) 直径：连接球面上两点且通过球心的线段叫作球的直径.

3. 表示方法：一个球常用表示它的球心的字母来表示，例如球 O.

4. 球的截面相关概念(见图 7-7).

(1)球的大圆：球面被经过球心的平面截得的圆叫作球的大圆.

(2)球的小圆：不经过球心的平面截得的圆叫作球的小圆. 其中 $d^2 = R^2 - r^2$ (见图 7-8).

(3)球面距离：球面上两点之间的最短距离，就是经过两点的大圆在这两点间的一段劣弧的长度，我们把这个弧长叫作两点的球面距离(见图 7-9).

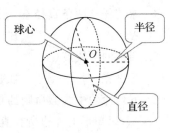

图 7-7

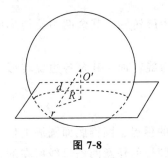

图 7-8

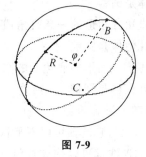

图 7-9

【知识盲点提示】

1. 对于圆柱的注意事项.

(1)平行于底面的截面是与底面大小相同的圆.

(2)过轴的截面(轴截面)都是全等的矩形.

(3)过任意两条母线的截面是矩形.

2. 对于圆锥的注意事项.

(1)平行于底面的截面都是圆.

(2)过轴的截面(轴截面)是全等的等腰三角形.

(3)过任意两条母线的截面是等腰三角形.

【课堂基础训练】

一、选择题

1. 在空间中，到定点的距离等于定长的所有点的集合是(　　).

　　A. 球　　　　　B. 球的大圆　　　　C. 圆　　　　D. 球面

2. 下列说法中正确的有(　　).

①球的半径是球面上任意一点与球心的连线；②球的直径是球面上任意两点间的线段；③用一个平面截一个球，得到的是一个圆；④用一个平面截一个球，得到的截面是一个圆面.

　　A. 0 个　　　　B. 1 个　　　　C. 2 个　　　　D. 3 个

3. 下面几何体的截面一定是圆面的是(　　).

　　A. 圆柱　　　　B. 圆锥　　　　C. 球　　　　D. 棱柱

4. 球的任意两条直径不一定具有的性质是(　　).

　　A. 相交　　　　B. 平分　　　　C. 垂直　　　　D. 都经过球心

5. 圆锥的母线有(　　).

　　A. 2条　　　　B. 3条　　　　C. 4条　　　　D. 无数条

6. 下列命题中为假命题的是(　　).

　　A. 以矩形的一边所在直线为旋转轴,其余三边旋转形成的曲面所围成的几何体是圆柱

　　B. 以直角三角形的一条边所在直线为旋转轴,其余两边旋转形成的曲面围成的几何体是圆锥

　　C. 以直角三角形的一条直角边所在直线为旋转轴,其余两边旋转形成的曲面围成的几何体是圆锥

　　D. 以等腰三角形的底边上的高所在直线为旋转轴,其余各边旋转形成的曲面围成的几何体是圆锥

7. 下列命题中正确的是(　　).

①圆柱的母线与它的轴可以不平行;②圆锥的顶点、圆锥底面圆周上任意一点及底面圆的圆心三点的连线都可以构成直角三角形;③圆柱的任意两条母线所在的直线是互相平行的.

　　A. ①②　　　　B. ②③　　　　C. ①③　　　　D. ①

8. 下列命题中正确的是(　　).

①在圆柱的上、下两底面的圆周上各取一点,则这两点的连线是圆柱的母线;②圆锥的顶点与底面圆周上任意一点的连线是圆锥的母线;③平行于圆锥的一条母线的截面是等腰三角形;④圆柱的任意两条母线相互平行.

　　A. ①②　　　　B. ②③　　　　C. ①③　　　　D. ②④

9. 用一个平面去截一个几何体,得到的截面是圆面,这个几何体不可能是(　　).

　　A. 圆锥　　　　B. 圆柱　　　　C. 球　　　　　D. 棱柱

10. 下列说法中正确的是(　　).

　　A. 以直角三角形的一条边所在直线为轴,其余两边旋转形成的面所围成的旋转体叫作圆锥

　　B. 用一张扇形的纸片可以卷成一个圆锥

　　C. 一个物体上、下两个面是相等的圆面,那么它一定是一个圆柱

　　D. 在圆柱的上、下底面圆周上各取一点,这两点的连线就是圆柱的母线

二、填空题

11. 圆柱的母线与圆柱的旋转轴的位置关系是_____.

12. 圆柱的高为5,则其母线长等于_____.

13. 下列给出的图形中,绕给出的轴旋转一周,能形成圆柱的是_____,能形成圆锥的是_____.

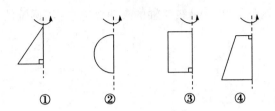

14. 给出下列 7 种几何体：

(1) 柱体有_____；

(2) 锥体有_____；

(3) 球有_____；

(4) 棱柱有_____；

(5) 圆柱有_____；

(6) 棱锥有_____；

(7) 圆锥有_____.

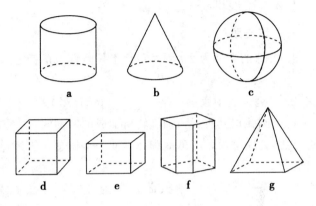

15. 圆柱的母线长为 4 cm，底面的直径为 6 cm，则圆柱的轴截面面积为_____.

16. 一个圆柱的母线长为 5，圆柱的轴截面的面积是 20，则底面半径为_____.

三、解答题

17. 已知圆锥 SO 的母线长为 5，底面直径为 8，求圆锥 SO 的高.

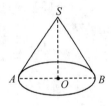

第 17 题图

18. 若一个圆锥的轴截面是等边三角形，其面积为 $\sqrt{3}$，求这个圆锥的母线长.

19. 求一个正方体的内切球和外接球的半径之比.

20. 一个圆锥的母线长为20，母线与轴的夹角为60°，求圆锥的高．

【课堂拓展训练】

一、填空题

1. 若球的半径为2，则过球面上任意两点的截面与球面相交所得的圆中，最大的面积为_____．

2. 下列说法中正确的是_____（填序号）．

①半圆弧以其直径为轴旋转所形成的曲面叫球；②空间中到定点的距离等于定长的所有点的集合叫球面；③球面和球是同一个概念；④经过球面上不同的两点只能作一个最大的圆．

3. 若一个圆锥的轴截面顶角为120°，母线长为4 cm，则这个圆锥的底面半径为_____．

4. 若母线长是4的圆锥的轴截面的面积是8，则该圆锥的高是_____．

5. 平面 α 截球 O 的球面所得圆的半径为1，球心 O 到平面 α 的距离为 $\sqrt{2}$，则此球的半径为_____．

6. 一个圆锥的母线长为20 cm，母线与轴的夹角为30°，则圆锥的高为_____ cm．

二、解答题

7. 圆锥的高与底面半径相等，母线等于 $5\sqrt{2}$，求底面半径．

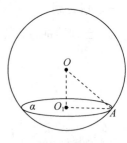

第5题图

8. 已知圆锥的轴截面的面积为16 cm²，底面半径为3 cm，求该圆锥的高．

9. 过球 O 的半径的中点,作一个垂直于这条半径的截面,该截面记为小圆 O_1,求小圆 O_1 的半径与球 O 的半径的比值.

10. 若圆锥的轴截面为等腰三角形,腰长为 5 cm,面积为 12 cm²,求圆锥的底面半径.

7.2 空间几何体的三视图与直观图

【学习目标导航】

1. 了解平行投影、斜投影和正投影的概念.
2. 理解三视图的概念,能画简单几何体的三视图.
3. 能根据三视图描述简单几何体或实物原型.
4. 会用斜二测画法画简单几何体的直观图.
5. 能根据简单几何体的直观图描述它们的结构特征.
6. 培养学生的作图、识图能力和空间想象能力.

【知识要点预习】

1. 在投影中,若投射线相互平行,则这样的投影称为_____.其中,投射线倾斜于投影面的称为_____.投射线垂直于投影面的投影称为_____.

2. 三视图包括主视图、左视图和俯视图,从几何体的前面向后面作正投影,得到的图形称为几何体的_____;从几何体的左面向右面作正投影,得到的图形称为几何体的_____;从几何体的上面向下面作正投影,得到的图形称为几何体的_____.

3. 一般地,画一个几何体的三视图时,使左视图在主视图的右边,俯视图在主视图的下面,同时注意,左视图与主视图高度一样,俯视图与主视图长度一样,左视图的长与俯视图的一样,这就是作简单几何体三视图的原则,即_____、_____、_____.

【知识要点梳理】

一、三视图

1. 三视图包括主视图（正视图）、左视图和俯视图，从几何体的前面向后面作正投影，得到的图形称为几何体的主视图；从几何体的左面向右面作正投影，得到的图形称为几何体的左视图；从几何体的上面向下面作正投影，得到的图形称为几何体的俯视图.

2. 作简单几何体的三视图的原则：长对正、高平齐、宽相等.

①画一个几何体的三视图时，要注意把左视图画在主视图的右边，俯视图画在主视图的下面.

②同时注意的是，左视图与主视图的高度一样，俯视图与主视图的长度一样，左视图的长度与俯视图的宽度一样.

二、直观图

1. 当投射线和投影面成适当的角度时，一个空间图形在投影面上平行投影（平面图形）可以直观地表示这个空间图形. 用来表示空间图形的平面图形，称为空间图形的直观图.

2. 一般地，用斜二测画法作水平放置的平面图形的直观图的步骤如下：

(1) 在已知图形中取互相垂直的 x 轴和 y 轴，两轴相交于点 O，把 x 轴和 y 轴画成对应的 x' 轴和 y' 轴，使 $\angle x'O'y' = 45°$（或 $135°$），x' 轴和 y' 轴确定的平面表示水平面.

(2) 已知图形中与 x 轴平行（或重合）的线段，在直观图中分别画成与 x' 轴平行（或重合）的线段，且长度不变；已知图形中与 y 轴平行（或重合）的线段，在直观图中分别画成与 y' 轴平行（或重合）的线段，且长度为原来的一半.

(3) 连接有关线段，擦去作图过程中的辅助线.

3. 一般地，用斜二测画法作立体图形直观图的步骤如下：

(1) 在立体图形中取水平面，在其中取互相垂直的 x 轴和 y 轴，作出水平面上图形的直观图（保留 x' 轴和 y' 轴）.

(2) 在立体图形中，过 x 轴和 y 轴的交点取 z 轴，并使 z 轴垂直于 x 轴与 y 轴. 过 x' 轴和 y' 轴的交点作 z 轴对应的 z' 轴，且 z' 轴垂直于 x' 轴.

图形中与 z 轴平行（或重合）的线段画成与 z' 轴平行（或重合）的线段，且长度不变.

(3) 擦去有关辅助线，并把被面遮挡住的线段改为虚线（或擦除）.

【知识盲点提示】

1. 空间几何体的三视图主视图、俯视图、左视图分别是从几何体的正前方、正上方、正左方看到的正投影围成的平面图形，并不是从三个方向看到的该几何体的侧面表示的图形.

2. 在画三视图时，重叠的线只画一条，能看见的轮廓线用实线，挡住的线要画成虚线（或擦除）. 特别地，同一个几何体放置的位置不同，画出的三视图可能不同.

3. 认识斜二测画法. 一斜：y 轴倾斜；二测：两种测量标准. 对于图形上的关键线段，注意"平行于 x 轴和 z 轴的线段平行性质不变，长度不变；平行于 y 轴的线段，平行性质不变,长度减半".

4. 用斜二测画法作水平放置的立体图形的直观图时,关键是分别作出其中与 x 轴、y 轴和 z 轴平行(或重合)的线段.

【课堂基础训练】

一、选择题

1. 用斜二测画法作直观图时,x' 轴和 y' 轴所成的 $\angle x'O'y'$ 大小一定为( ).
   A. 90°　　　　B. 45°　　　　C. 135°　　　　D. 45°或135°

2. 下列说法中正确的是( ).
   A. 相等的线段直观图中仍相等　　B. 三角形的直观图是三角形
   C. 正方形的直观图是正方形　　　D. 菱形的直观图是菱形

3. 下列几何体各自的三视图中,恰有两个视图相同的是( ).
   A. 正方体　　　B. 圆锥　　　C. 四棱锥　　　D. 三棱柱

4. 如图所示水平放置的正方形 $ABCO$,其中 O 为坐标原点,点 B 坐标为 $(2,2)$,则在用斜二测画法画出的正方形的直观图中,顶点 B 到 x 轴的距离为( ).
   A. 1
   B. $\sqrt{2}$
   C. $\dfrac{\sqrt{2}}{2}$
   D. 2

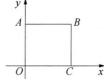

第4题

5. 一个几何体的正视图和左视图是两个相同的正方形,俯视图是半径为1的圆,则这个几何体表面积等于( ).
   A. 2π　　　　B. 4π　　　　C. 6π　　　　D. 8π

二、填空题

6. 一个几何体的三视图如图所示,主视图是边长为2的等边三角形,俯视图是正六边形,那么该几何体的左视图的面积为_____.

7. 若一个几何体的三视图如图所示,则该几何体为_____.

8. 已知一个平面图形的直观图恰好是一个边长为1的正方形 $O'A'B'C'$,如图所示,则原平行四边形的面积是_____.

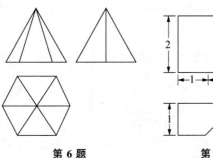

第6题

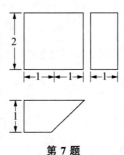

第7题

第8题

三、解答题

9. 画出底面边长为 2，侧棱长为 $\sqrt{6}$ 的正四棱锥的三视图.

10. 如图所示，该物体是由棱长为 1 的四个完全相同的正方体组成的，画出该物体的三视图.

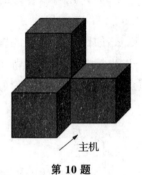

第 10 题

【课堂拓展训练】

一、选择题

1. 下列说法中正确的是（　　）.
   A. 平行四边形的直观图是平行四边形　　B. 直角三角形的直观图是直角三角形
   C. 正方形的直观图是菱形　　　　　　　D. 梯形的直观图是平行四边形

2. 一个几何体的三视图形状都相同，大小均相等，那么这个几何体不可能是（　　）.
   A. 球　　　　B. 三棱锥　　　　C. 正方体　　　　D. 圆柱

3. 将一个长方体沿如图所示的相邻三个面的对角线截去一个棱锥后，得到的几何体的主视图为（　　）.

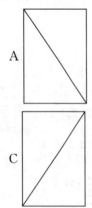

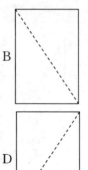

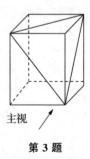

第 3 题

4. 如图所示，已知某几何体的三视图，则这个几何体的名称是(　　).

  A. 三棱锥   B. 三棱柱

  C. 圆柱   D. 不确定

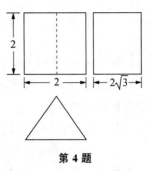

第 4 题

二、解答题

5. 一个边长为 a 的正三角形 ABC，用斜二测画法作出它水平放置时的平面直观图 $A'B'C'$，并求这个三角形 $A'B'C'$ 的面积.

6. 如图所示，已知简单组合体的三视图如图所示，说明该组合体的结构.

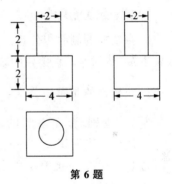

第 6 题

7.3　空间几何体的表面积和体积

【学习目标导航】

1. 理解直棱柱、圆柱、正棱锥、圆锥的平面展开图.
2. 掌握直棱柱、正棱锥的侧面积公式，会求直棱柱、正棱锥的表面积.
3. 掌握圆柱、圆锥的侧面积公式，会求圆柱、圆锥的表面积.
4. 掌握柱体、锥体的体积公式，会求柱体、锥体的体积.
5. 掌握球的表面积和体积公式，会求球的表面积和体积.
6. 培养能运用公式进行计算的能力.

7.3.1 空间几何体的表面积

【知识要点预习】

1. 直棱柱的侧面展开图是_____，这个_____的长等于直棱柱的底面周长 c，宽等于直棱柱的高 h．

因此直棱柱的侧面积公式是：$S_{直棱柱侧}=$ _____．

2. 正棱锥的侧面展开图是由若干个全等的三角形构成的，这些三角形的面积之和就是正棱锥的侧面积．设正棱锥的底面周长为 c，斜高为 h'．

因此正棱锥的侧面积公式是：$S_{正棱锥侧}=$ _____．

3. 圆柱的侧面展开图是_____，这个_____的长等于圆柱的底面周长 c，_____等于圆柱的母线长 l．

因此圆柱的侧面积公式是：$S_{圆柱侧}=$ _____ $=$ _____．

4. 圆锥的侧面展开图是_____，这个_____的弧长等于圆锥的底面周长 c，半径等于圆锥的母线长 l．

因此圆锥的侧面积公式是：$S_{圆锥侧}=$ _____ $=$ _____．

5. 特别地，直棱柱、正棱锥、圆柱和圆锥的表面积都等于_____之和．

【知识要点梳理】

1. 直棱柱的侧面积公式：$S_{直棱柱侧}=ch$，其中直棱柱的底面多边形的周长为 c，直棱柱的高为 h．特别地，直棱柱的表面积：$S_{直棱柱表}=S_{直棱柱侧}+S_{底}$．

2. 正棱锥的侧面积公式：$S_{正棱锥侧}=\dfrac{1}{2}ch'$，其中正棱锥的底面正多边形的周长为 c，斜高为 h'．特别地，正棱锥的表面积：$S_{正棱锥表}=S_{正棱锥侧}+S_{底}$．

3. 圆柱的侧面积公式：$S_{圆柱侧}=cl=2\pi rl$．其中圆柱的底面周长为 c，母线长为 l，底面圆的半径为 r．特别地，圆柱的表面积：$S_{圆柱表}=S_{圆柱侧}+S_{底}$．

4. 圆锥的侧面积公式：$S_{圆锥侧}=\dfrac{1}{2}cl=\pi rl$．其中圆锥的底面周长为 c，母线长为 l，底面圆的半径为 r．特别地，圆锥的表面积：$S_{圆锥表}=S_{圆锥侧}+S_{底}$．

5. 球的表面积公式：$S_{球}=4\pi R^2$，其中球的半径为 R．

【知识盲点提示】

1. 注意柱体和锥体的侧面积公式的区别，注意求其表面积时，柱体增加两个底的面积，锥体增加一个底的面积．

2. 掌握柱体和锥体侧面展开前后的关系，直棱柱和圆柱的侧面展开图是矩形，正棱锥的侧面展开图是若干个全等的等腰三角形，圆锥的侧面展开图是扇形．

3. 理解立体图形与平面图形的关系，圆柱的轴截面是矩形，圆锥的轴截面是等腰三角形，利用好圆柱、圆锥的轴截面是解决圆柱和圆锥问题的重要方法．

【课堂基础训练】

一、选择题

1. 经过长方体一个顶点的三条棱棱长分别为 3，4，5，则该长方体的表面积为(　　).

　　A. 94　　　　B. 47　　　　C. 50　　　　D. 100

2. 棱长都是 1 的正三棱柱，其侧面积等于(　　).

　　A. 2　　　　B. 3　　　　C. 4　　　　D. $3+\dfrac{\sqrt{3}}{2}$

3. 棱长都是 1 的三棱锥，其表面积等于(　　).

　　A. $\sqrt{3}$　　　　B. $2\sqrt{3}$　　　　C. $\dfrac{3\sqrt{3}}{4}$　　　　D. $3\sqrt{3}$

4. 若一个圆锥的轴截面是等边三角形，其面积为 $\sqrt{3}$，则这个圆锥的全面积等于(　　).

　　A. 3π　　　　B. $3\sqrt{3}\pi$　　　　C. 6π　　　　D. 9π

5. 将一个棱长为 a 的正方体切成 27 个全等的小正方体，则表面积增加了(　　).

　　A. $6a^2$　　　　B. $12a^2$　　　　C. $18a^2$　　　　D. $24a^2$

6. 正六棱柱的高为 5，底面多边形的面积为 $6\sqrt{3}$，则这个六棱柱的侧面积为(　　).

　　A. 30　　　　B. $30\sqrt{3}$　　　　C. 60　　　　D. $60\sqrt{3}$

7. 与正方体各面都相切的球，它的表面积与正方体的表面积之比为(　　).

　　A. $\dfrac{\pi}{2}$　　　　B. $\dfrac{\pi}{3}$　　　　C. $\dfrac{\pi}{4}$　　　　D. $\dfrac{\pi}{6}$

8. 已知圆柱的一个底面的面积是 S，且其侧面展开图是一个正方形，则这个圆柱的侧面积是(　　).

　　A. $4\pi S$　　　　B. $4\pi S$　　　　C. $4\pi S$　　　　D. $\dfrac{2\sqrt{3}}{3}\pi S$

9. 过球的一条半径的中点，作与该半径垂直的平面，则所得的截面的面积与球的表面积之比为(　　).

　　A. $\dfrac{3}{16}$　　　　B. $\dfrac{9}{16}$　　　　C. $\dfrac{3}{8}$　　　　D. $\dfrac{9}{32}$

10. 一个长方体的顶点都在一个球的表面上，长方体一个顶点上三条棱的长度分别为 3，4，5，则这个球的表面积为(　　).

　　A. 10π　　　　B. 25π　　　　C. 50π　　　　D. 400π

二、填空题

11. 已知直棱柱的底面是边长为 a 的菱形，侧棱长为 h，则该直棱柱的侧面积为_____.

12. 已知正四棱锥的棱长都是 1，则该棱锥的表面积等于_____.

13. 若圆锥的底面半径为 1，母线长为 3，则该圆锥的侧面积等于_____．

14. 已知底面半径为 1 的圆柱，其侧面展开图是正方形，则此圆柱的侧面积是_____．

15. 一个几何体的正视图和左视图是两个相同的正方形，俯视图是半径为 1 的圆，则这个几何体表面积等于_____．

16. 棱长为 1 的正方体的外接球和内切球的表面积之比等于_____．

三、解答题

17. 已知圆柱的底面半径为 4 cm，轴截面的面积为 24 cm²，求圆柱的全面积．

18. 如图所示，已知三棱锥 $O-ABC$ 的棱长都是 1，D 是 OA 的中点．求三棱锥 $D-ABC$ 的表面积．

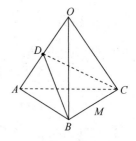

第 18 题

19. 如图所示，在长方体 $ABCD-A_1B_1C_1D_1$ 中，已知 $AB=AA_1=3$，$AD=1$，且 M、N 是棱 DC 的两个三等分点，分别用经过 AM 和 BN 的竖直平面截长方体．

(1) 求棱柱 $AMNB-A_1M_1N_1B_1$ 的侧面积；

(2) 求棱柱 $AMNB-A_1M_1N_1B_1$ 的表面积；

(3) 求两个三棱柱 $AMD-A_1M_1D_1$ 与 $BNC-B_1N_1C_1$ 的侧面积之和．

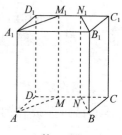

第 19 题

20. 某工厂需要制作一个圆形排风管，管身为中空的圆柱形，长度为 5 m，管口直径为 0.8 m，若管身材料每平方米需要花费 16 元，计算出订制管身材料大约需要花费多少元．（不考虑排风管的壁厚，精确到 1）

【课堂拓展训练】

一、填空题

1. 若圆锥的底面半径为 2，圆锥的表面积等于 12π，则该圆锥的侧面展开图的圆心角等于_____．

2. 已知直棱柱的侧面积为 8，底面是菱形，侧面是正方形，则该直棱柱的高为_____．

3. 若圆锥的侧面积是其底面积的 2 倍，则这个圆锥的轴截面是三角形，圆锥的侧面展开图的圆心角为_____．

4. 两个圆柱体的高相等，若第一个圆柱的底面半径等于第二个圆柱的底面直径，则第一个圆柱的侧面积是第二个圆柱侧面积的_____倍．

5. 已知一个正三棱锥侧面都是直角三角形，若其底面边长为 $\sqrt{2}a$，则该正三棱锥的表面积是_____．

6. 一个球被一个平面所截，这个截面面积为 16π，球心到截面的距离为 3，则这个球的表面积是_____．

二、解答题

7. 一个几何体的正视图和左视图是两个相同的正方形，俯视图是半径为 1 的圆，求这个几何体的表面积．

8. 已知扇形 AOB 是圆锥的侧面积展开图，$\angle AOB = 120°$，$AB = 4\sqrt{3}$，求这个圆锥的全面积．

第 8 题

9. 有一个圆柱体的零件,高为 10 cm,底面直径为 6 cm,零件的一端有一个圆柱形的直孔,如图所示,圆柱孔的直径为 4 cm,孔深 5 cm,如果将这个零件接触空气的部分涂上防锈漆,一共需要涂多少平方厘米?(π＝3.14)

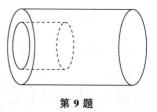

第 9 题

10.《九章算术》中,将底面是直角三角形的直三棱柱称为"堑堵".已知某三视图如图所示,俯视图中间的实线平分矩形的面积,求该"堑堵"的侧面积.

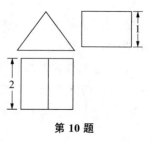

第 10 题

7.3.2 空间几何体的体积

【知识要点预习】

1. 祖暅原理:夹在两个平行平面间的两个几何体,被平行于这两个平面的任意平面所截,如果截得的两个截面的面积总相等,那么这两个几何体的体积_____.

2. 若柱体(棱柱、圆柱)的底面积为 S,高为 h,根据祖暅原理,可以得到柱体(棱柱、圆柱)的体积计算公式:$V_{柱体}=$_____.

3. 若锥体(棱锥、圆锥)的底面积为 S,高为 h,可以得到锥体(棱锥、圆锥)的体积计算公式:$V_{锥体}=$_____.

4. 若球的半径为 R,则球的体积公式:$V_{球}=$_____.

【知识要点梳理】

1. 柱体(棱柱、圆柱)的体积计算公式:$V_{柱体}=Sh$.其中柱体(棱柱、圆柱)的底面积为 S,高为 h.

2. 锥体(棱锥、圆锥)的体积计算公式:$V_{锥体}=\dfrac{1}{3}Sh$. 其中锥体(棱锥、圆锥)的底面积为 S,高为 h.

3. 球的体积公式:$V_{球}=\dfrac{4}{3}\pi R^3$. 其中球的半径为 R.

【知识盲点提示】

1. 对比公式,注重柱体和锥体的联系和区别.
2. 会求柱体和锥体的高是计算体积的关键.

【课堂基础训练】

一、选择题

1. 经过长方体一个顶点的三条棱棱长分别为 3,4,5,则该长方体的体积为(　　).
   A. 60　　　　B. 120　　　　C. 30　　　　D. 180

2. 圆柱内有一个球 O,该球与圆柱的上、下底面及母线均相切,把圆柱体积记为 V_1,球的体积记为 V_2,则 $\dfrac{V_1}{V_2}$ 的值为(　　).

   A. 1　　　　B. 2　　　　C. $\dfrac{4}{3}$　　　　D. $\dfrac{3}{2}$

3. 一个柱体和一个锥体的底面积和高分别相等,则此柱体和锥体的体积之比为(　　).
   A. 1:1　　　　B. 2:1　　　　C. 3:1　　　　D. 3:2

4. 若一个圆锥的轴截面是等边三角形,其面积为 $\sqrt{3}$,则这个圆锥的体积等于(　　).

   A. π　　　　B. $\sqrt{3}\pi$　　　　C. 3π　　　　D. $\dfrac{\sqrt{3}}{3}\pi$

5. 底面周长为 2π 的圆柱,轴截面是正方形,则它的体积等于(　　).
   A. π　　　　B. 2π　　　　C. 3π　　　　D. 4π

6. 8 个半径为 1 的铁球,熔化成一个球,则这个球的半径为(　　).
   A. 2　　　　B. 3　　　　C. 4　　　　D. 8

7. 已知正方体的外接球的体积是 $\dfrac{32}{3}\pi$,那么正方体的棱长等于(　　).

   A. $2\sqrt{2}$　　　　B. $\dfrac{2\sqrt{3}}{3}$　　　　C. $\dfrac{4\sqrt{2}}{3}$　　　　D. $\dfrac{4\sqrt{3}}{3}$

8. 圆柱的侧面展开图是长为 12,宽为 8 的矩形,则这个圆柱的体积等于(　　).

   A. $\dfrac{288}{\pi}$　　　　B. $\dfrac{192}{\pi}$　　　　C. $\dfrac{288}{\pi}$ 或 $\dfrac{192}{\pi}$　　　　D. 不确定

9. 已知长方体中过一个顶点的三条棱的长度之比为 1:2:3,体对角线长为 $2\sqrt{14}$,则这个长方体的体积等于(　　).
   A. 6　　　　B. 12　　　　C. 24　　　　D. 48

10. 一个几何体的三视图如图所示，则它的体积等于( ).

A. $2\sqrt{2}$ B. $2\sqrt{3}$

C. $4\sqrt{2}$ D. $4\sqrt{3}$

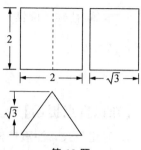

第 10 题

二、填空题

11. 已知圆锥的底面半径为 1，高为 3，则该圆锥的体积是_____.

12. 已知圆锥的高与底面圆半径相等，若底面圆的面积为 1，则该圆锥的体积为_____.

13. 若一个球的体积与其表面积的数值恰好相等，则该球的直径是_____.

14. 若一个圆锥的侧面展开图是面积为 8π 的半圆面，则该圆锥的体积为_____.

15. 设一个球形西瓜，切下一刀后所得切面圆的半径为 4，球心到切面圆的距离为 3，则该西瓜的体积等于_____.

16. 如图所示，棱长为 1 的正方体 $ABCD-A_1B_1C_1D_1$ 中，三棱锥 $A-A_1BD$ 的体积等于_____.

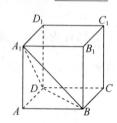

第 16 题

三、解答题

17. 已知圆柱的轴截面 $ABCD$ 是边长为 2 的正方形，如图所示，M 是下底面圆周上不与 A，B 重合的点，$AM=MB$，求三棱锥 $D-AMB$ 的体积.

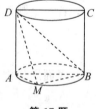

第 17 题

18. 已知一个圆锥和一个棱锥的顶点相同，棱锥的底面是圆锥底面边长为 1 的内接正方形，两个锥体的高都是 $\dfrac{\sqrt{2}}{2}$，如图所示.

(1) 求棱锥和圆锥的侧面积之比；

(2) 求棱锥和圆锥的体积之比.

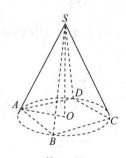

第 18 题

19. 如图所示，由圆柱和圆锥组合而成的几何体的三视图如图所示，求该几何体的体积.

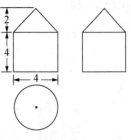

第 19 题

20. 一个零件，上面是圆锥体，下面是圆柱体，它们的底面半径都是 2 cm，高都是 3 cm，求出这个零件的体积.

【课堂拓展训练】

一、填空题

1. 正方体的体积为 64 cm³，则它的表面积是_____.
2. 已知底面半径为 1 的圆柱，其侧面展开图是正方形，则此圆柱的体积是_____.
3. 将半径为 1 的四个球，下层放三个上层放一个，使四个球两两相切，垒放在一个平面上，四个球心围成的锥的体积是_____.
4. 若一个圆锥的侧面展开图是圆心角为 90°，面积为 16π 的扇形，则该圆锥的体积为_____.
5. 已知三个球的半径之比为 1∶2∶3，那么最大球的体积是其余两球体积和的_____倍.
6. 把一张 3 cm×4 cm 的硬纸卷成一个圆柱的侧面，则这个圆柱的体积为_____.

二、解答题

7. 一个四棱锥的三视图如图所示，求出它的体积.

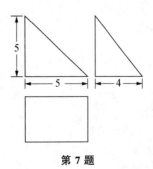

第 7 题

8. 实训课上,需要把一根底面半径为 2 cm,高为 3 cm 的圆柱形材料打磨成两个与该圆柱同底,高为圆柱的一半的圆锥体形状的零件,则打磨掉的材料的体积是多少?(精确到 0.01 cm³)

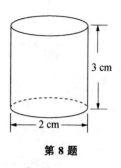

第 8 题

9. 把一个直径为 40 cm 的大铁球熔化成直径为 8 cm 的小铁球,若不记损耗,计算可作成小铁球的个数.

10. 伟大的阿基米德去世后,敌军将领马塞拉斯给他建了一块墓碑以示纪念.墓碑上刻着如图所示的几何图案,圆柱容球的图形中,圆锥的底和高与圆柱相同.试求出圆锥、球、圆柱的体积之比.

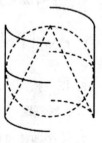

第 10 题

第7章单元测试题 A 卷

注意事项：

1. 本试卷分第Ⅰ卷(选择题)和第Ⅱ卷(非选择题)两部分，满分 120 分，考试时间 120 分钟．考试结束后，将本试卷和答题卡一并交回．

2. 本次考试允许使用函数型计算器，凡使用计算器的题目，最后结果精确到 0.01．

第Ⅰ卷(选择题，共 45 分)

一、选择题(本大题共 15 小题，每小题 3 分，共 45 分．在每小题列出的四个选项中，只有一项符合题目要求，请将符合题目要求的选项选出)

1. 正方体的面数、顶点数和棱数分别是(　　)．
   A. 4，6，8 　　B. 6，8，12 　　C. 8，6，4 　　D. 12，8，6

2. 已知{正四棱柱}、{长方体}、{直四棱柱}、{正方体}，这些集合的关系是(　　)．
   A. {正方体}⊆{直四棱柱}⊆{长方体}⊆{正四棱柱}
   B. {正方体}⊆{长方体}⊆{直四棱柱}⊆{正四棱柱}
   C. {正方体}⊆{正四棱柱}⊆{长方体}⊆{直四棱柱}
   D. {正方体}⊆{长方体}⊆{正四棱柱}⊆{直四棱柱}

3. 正方体的边长是 3，则这个正方体的对角线长是(　　)．
   A. $2\sqrt{3}$ 　　B. $2\sqrt{6}$ 　　C. $3\sqrt{3}$ 　　D. $3\sqrt{6}$

4. 正四棱锥的底面是(　　)．
   A. 平行四边形　　B. 矩形　　C. 菱形　　D. 正方形

5. 用一个平面去截一个几何体，得到的截面是圆面，则这个几何体不可能是(　　)．
   A. 棱柱　　B. 圆柱　　C. 圆锥　　D. 球

6. 圆锥的轴截面面积是 12，高是 3，则圆锥母线长是(　　)．
   A. $\sqrt{21}$ 　　B. 5 　　C. $\sqrt{27}$ 　　D. 6

7. 三视图主要包括(　　)．
   A. 主视图、右视图、俯视图　　B. 正视图、右视图、仰视图
   C. 正视图、左视图、仰视图　　D. 主视图、左视图、俯视图

8. 直观图中 y 轴坐标长度是斜二测画法中 y 轴坐标长度的(　　)．
   A. 一半　　B. 等长　　C. 二倍　　D. 无法确定

9. 正四棱柱的底面边长是 2，侧棱长是 6，则这个正四棱柱的侧面积是(　　)．
   A. 96　　B. 48　　C. 24　　D. 12

10. 棱长都是 1 的正四棱锥，则它的全面积是(　　)．
    A. $4\sqrt{3}+1$ 　　B. $3\sqrt{3}+1$ 　　C. $2\sqrt{3}+1$ 　　D. $\sqrt{3}+1$

11. 圆柱的底面直径是 2，母线长是 2，则该圆柱的侧面积是（　　）.
   A. 2π　　　　　　B. 4π　　　　　　C. 6π　　　　　　D. 8π

12. 圆锥的底面半径是 1 cm，母线长是 2 cm，则该圆锥的全面积是（　　）.
   A. 3π　　　　　　B. 4π　　　　　　C. 3π cm^2　　　　D. 4π cm^2

13. 圆柱体的底面半径是 2，轴截面为正方形，则这个柱体的体积是（　　）.
   A. 16π　　　　　 B. 12π　　　　　 C. 8π　　　　　　D. 4π

14. 正三棱锥的底面边长是 1，高是 3，则它的体积是（　　）.
   A. $\dfrac{\sqrt{2}}{6}$　　　　B. $\dfrac{\sqrt{3}}{6}$　　　　C. $\dfrac{\sqrt{2}}{4}$　　　　D. $\dfrac{\sqrt{3}}{4}$

15. 一个球的半径是 3，则这个球的体积是（　　）.
   A. 24π　　　　　 B. 36π　　　　　 C. 48π　　　　　 D. 60π

第Ⅱ卷（非选择题，共 75 分）

二、填空题（本大题共 15 小题，每小题 2 分，共 30 分，请将答案填在答题卡相应题号的横线上）

16. 在棱锥中，面数最少的棱锥有_____个顶点.

17. 直棱柱的侧棱与底面相互_____.

18. 长方体的长宽高分别是 5，4，3，则它的对角线长是_____.

19. 直棱柱的侧棱是 8，侧面积是 48，则直棱柱的底面周长是_____.

20. 正四棱锥的底面边长和侧棱长都是 2，则它的高是_____.

21. 圆柱的轴截面是正方形，其底面半径是 1，则这个圆柱的侧面积是_____.

22. 圆锥的母线长是 2，侧面展开图是半圆，则该圆锥的底面积是_____.

23. 用面积是 1 的正方形一边为轴，旋转一周所得几何体的侧面积是_____.

24. 半径是 4 的半圆形纸片围成一个圆锥（纸片不重叠），则该圆锥的高是_____.

25. 球的直径是 2，则球的表面积是_____.

26. 几何体的三视图都是边长是 1 的正三角形，则该几何体的表面积是_____.

27. 圆柱的底面半径是 2，轴截面对角线是 5，则该圆柱的体积是_____.

28. 圆锥的高与底面半径都是 1，则该圆锥的体积是_____.

29. 同底同体积的圆柱与圆锥的高之比是_____.

30. 球的内接正方体的体积是 1，则球的体积是_____.

三、解答题（本大题共 7 小题，共 45 分，请在答题卡相应的题号处写出解答过程）

31.（6 分）已知长方体的长、宽、高分别是 4 cm、3 cm、2 cm，求长方体的对角线的长及表面积.

32.（6分）已知圆柱的底面半径为 4 cm，轴截面的面积为 24 cm²，求圆柱的母线长及侧面积.

33.（6分）已知一个棱长都是1的正三棱锥，求它的表面积及体积.

34.（6分）如图所示，正六棱锥底面边长是1，侧棱长是2，求正六棱锥的斜高 SH 及高 SO.

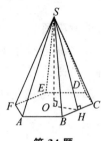

第34题

35.（7分）已知圆柱的底面直径和母线与球的直径相等，求该圆柱的侧面积与球的表面积之比.

36.（7分）图所示为棱长等于1的正方体 $ABCD - A_1B_1C_1D_1$，求三棱锥 $B_1 - A_1C_1B$ 的侧面积及体积.

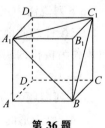

第36题

37.（7分）几何体的三视图如图所示，求几何体的体积．

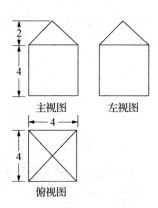

第7章单元测试题 B 卷

注意事项：

1. 本试卷分第Ⅰ卷（选择题）和第Ⅱ卷（非选择题）两部分，满分120分，考试时间120分钟．考试结束后，将本试卷和答题卡一并交回．

2. 本次考试允许使用函数型计算器，凡使用计算器的题目，最后结果精确到0.01．

第Ⅰ卷（选择题，共45分）

一、选择题（本大题共15小题，每小题3分，共45分．在每小题列出的四个选项中，只有一项符合题目要求，请将符合题目要求的选项选出）

1. 几何体①冰箱；②足球；③漏斗；④量筒；⑤金字塔中是多面体的是（　　）．

  A. ①和⑤　　　　B. ②和③　　　　C. ③和④　　　　D. ①和④

2. 面数最少的多面体的棱数为（　　）．

  A. 4　　　　　　B. 5　　　　　　C. 6　　　　　　D. 7

3. 下列说法中正确的是（　　）．

  A. 棱柱的侧面都是矩形　　　　　　B. 棱柱的侧棱都相等

  C. 棱柱的棱都平行　　　　　　　　D. 棱柱的侧棱总与底面垂直

4. 下列说法中正确的是（　　）．

①三棱柱的侧面为三角形；②四棱锥的各个侧面都是三角形；③四面体的任何一个面都可以作为棱锥的底面；④棱锥的各侧棱长都相等．

  A. ①②　　　　　B. ①③　　　　　C. ②④　　　　　D. ②③

5. 下列命题中为假命题的是（　　）．

  A. 以矩形的一边所在直线为旋转轴，其余三边旋转形成的曲面所围成的几何体是圆柱

B. 以直角三角形的一条边所在直线为旋转轴，其余两边旋转形成的曲面围成的几何体是圆锥

C. 以直角三角形的一条直角边所在直线为旋转轴，其余两边旋转形成的曲面围成的几何体是圆锥

D. 以等腰三角形的底边上的高所在直线为旋转轴，其余各边旋转形成的曲面围成的几何体是圆锥

6. 圆锥的底面直径为 6，高为 3，则圆锥母线长为( ).
   A. $3\sqrt{5}$ B. $3\sqrt{3}$ C. $3\sqrt{2}$ D. 3

7. 用斜二测画法作直观图时，x' 轴和 y' 轴所成的 $\angle x'O'y'$ 大小一定为( ).
   A. $45°$ B. $90°$ C. $135°$ D. $45°$ 或 $135°$

8. 几何体的三视图形状都相同，大小均相等，那么这个几何体不可能是( ).
   A. 球   B. 圆柱   C. 三棱锥   D. 正方体

9. 正三棱柱的棱长是 6，则这个正三棱柱的侧面积是( ).
   A. 72   B. 108   C. $72+9\sqrt{3}$ D. $108+9\sqrt{3}$

10. 棱长都是 1 的正三棱锥，它的表面积是( ).
    A. $4\sqrt{3}$ B. $3\sqrt{3}$ C. $2\sqrt{3}$ D. $\sqrt{3}$

11. 圆柱的底面积是 4，其侧面展开图是一个正方形，则这个圆柱的侧面积是( ).
    A. 20π B. 16π C. 12π D. 8π

12. 圆柱体的底面半径是 2 cm，轴截面为正方形，则这个柱体的体积是( ).
    A. 16π cm³   B. 8π cm³   C. 16π cm²   D. 8π cm²

13. 圆锥的底面半径是 3，表面积是 24π，则该圆锥的母线长是( ).
    A. 8   B. 6   C. 5   D. 4

14. 同底同高的圆柱与半球的表面积之比是( ).
    A. 1∶1   B. 2∶1   C. 3∶2   D. 4∶3

15. 同底同高的圆锥与半球的体积之比是( ).
    A. 1∶1   B. 1∶2   C. 2∶3   D. 3∶4

第Ⅱ卷(非选择题，共 75 分)

二、填空题(本大题共 15 小题，每小题 2 分，共 30 分，请将答案填在答题卡相应题号的横线上)

16. 组合体是由多面体和_____组合而成的.

17. 棱长为 2 的正方体，它的对角线长是_____.

18. 长方体的长、宽、高分别是 5、4、3，则它的表面积是_____.

19. 正三棱柱的侧棱是 8，侧面积是 48，则正三棱柱的底面积是_____.

20. 正五棱锥的底面边长和侧棱长都是 2，则它的侧面积是_____.

21. 圆柱的母线长是 2 cm，底面半径是 1 cm，则这个圆柱的侧面积是_____.

22. 圆锥的母线长是 3，侧面展开图为 $120°$ 的扇形，则该圆锥的底面积是_____.

23. 若圆柱的轴截面为面积是 1 的正方形,则它的侧面积是_____.

24. 若圆锥的轴截面是边长是 4 的正三角形,则该圆锥的表面积是_____.

25. 若正方体的体积是 8,则正方体内切球的表面积是_____.

26. 几何体的主视图和左视图为边长是 1 的正三角形,俯视图是圆形,则该几何体的表面积是_____.

27. 棱长都是 2 的正三棱柱的体积是_____.

28. 棱长都是 2 的正四棱锥的体积是_____.

29. 同底同高的圆柱与圆锥的体积之比是_____.

30. 球的外切正方体的体积是 1,则球的体积是_____.

三、解答题(本大题共 7 小题,共 45 分,请在答题卡相应的题号处写出解答过程)

31. (6 分) 已知长方体的长、宽、高之比是 12∶4∶3,其对角线是 13 cm,求长方体的长、宽、高及表面积.

32. (6 分) 已知正三棱锥的侧面是边长为 4 cm 的正三角形,求正三棱锥的斜高 SE 和高 SO.

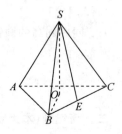

第 32 题

33. (6分)已知圆锥的轴截面是等边三角形,其面积为$\sqrt{3}$,如图所示,求它的表面积及体积.

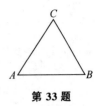

第33题

34. (6分)已知正四棱锥的底面面积为16 cm²,侧棱长为5 cm,如图所示,求正四棱锥的侧面积及体积.

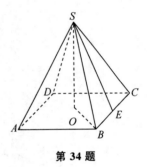

第34题

35. (7分)已知圆柱的轴截面$ABCD$是边长为2的正方形,如图所示,M是下底面圆周上不与A,B重合的点,$AM=MB$,求圆柱与三棱锥$D-AMB$的体积比值.

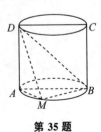

第35题

36.(7分)在数控加工实训课上,需要把一根底面直径为 2 cm,高为 3 cm 的圆柱形材料加工成一个与该圆柱同底的球,求被铣床铣掉的材料的体积.(精确到 0.01 cm³)

37.(7分)已知几何体的三视图如图所示,求几何体的体积.

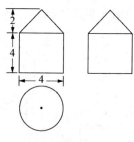

第 37 题

第 8 章 概率与统计初步

知识导图

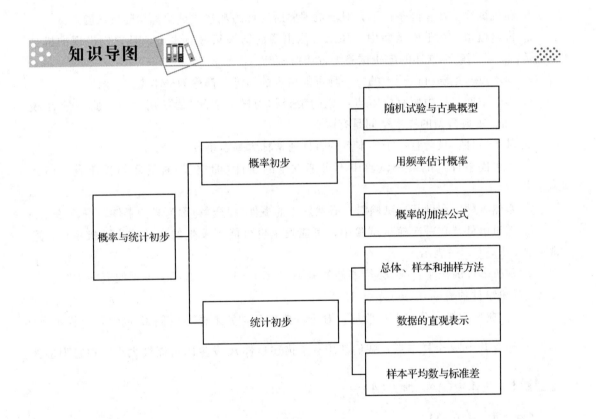

8.1 概率初步

【学习目标导航】
1. 了解随机事件的概念、概率性质及频率与概率的区别与联系.
2. 理解古典概型及其特征，互斥事件与对立事件.
3. 掌握古典概型的概率计算公式，概率加法公式.

8.1.1 随机试验与古典概型

【知识要点预习】

1. 随机事件概率的性质：

(1)必然事件的概率 $P(\Omega)=$ _____.

(2)不可能事件的概率 $P(\varnothing)=$ _____.

(3)随机事件的概率 $P(A)$ 的范围为 _____.

2. 古典概型的概率计算公式 $P(A)=$ _____.

【知识要点梳理】

1. 随机试验：在相同条件下，对随机现象所进行的观察或试验称为随机试验.

2. 古典概型：在随机试验中，如果可能出现的结果只有有限个，且它们出现的机会是均等的，我们就称这样的随机试验为古典概型.

3. 样本点：把随机试验中的每一种可能出现的结果，都称为样本点.

4. 样本空间：把由所有样本点组成的集合称为样本空间（通常用大写希腊字母 Ω 表示），显然，古典概型的样本空间是有限集.

5. 基本事件：只含有一个样本点的事件通常称为基本事件.

6. 不可能事件：把某一试验中不可能发生的事件（即空集）称为不可能事件，用 $\varnothing$ 表示.

7. 必然事件：在做某一试验时，必然发生的事件（即全集）称为必然事件，用 Ω 表示.

8. 随机事件：在一次随机试验中，可能发生也可能不发生的事件称为随机事件，通常用 A，B，C，…表示.

9. 随机事件的概率：(1)必然事件的概率 $P(\Omega)=1$. (2)不可能事件的概率 $P(\varnothing)=0$. (3)随机事件的概率 $0 \leqslant P(A) \leqslant 1$.

10. 古典概型概率公式：一般地，对于古典概型，如果样本空间 Ω 包含 n 个样本点，事件 A 包含其中 m 个样本点，我们就用 $\dfrac{m}{n}$ 来描述事件 A 发生的可能性大小，称它为事件 A 的概率，记作 $P(A)$，即 $P(A)=\dfrac{m}{n}$.

【知识盲点提示】

计算古典概型的概率时，分清事件 A 所包含的样本点的个数与样本点的总数.

【课堂基础训练】

一、选择题

1. 下列试验中能构成事件的是( ).

  A. 掷一次硬币   B. 射击一次

  C. 标准大气压下，水烧到 100℃ D. 买彩票中大奖

2. 下列事件中是必然事件的有( ).

(1)某人买彩票中奖;(2)2+3>8;(3)若 a、$b \in \mathbf{R}$,那么 $a \cdot b = b \cdot a$;(4)同性电荷相互排斥.

  A.(1)(3)   B.(2)(3)   C.(1)(4)   D.(3)(4)

3. 在1,2,3,4,5,6这6个数字中,任取2个数字,那么"这2个数字的和大于13"这一事件是( ).

  A. 必然事件   B. 不可能事件   C. 随机事件   D. 以上均不正确

4. 下列事件中是随机事件的有( ).

(1)将一颗质地均匀的骰子先后抛掷2次,其中向上的点数之和是5.(2)异性电荷相互吸引.(3)天气温度在−20℃时下雨.(4)连续两次掷一次硬币,两次都出现正面朝上.

  A.(1)(4)   B.(1)(3)   C.(2)(3)   D.(3)(4)

5. 一个随机事件 $A = \{x_1, x_2\}$ 发生的充要条件是( ).

  A. x_1 发生   B. x_2 发生

  C. x_1,x_2 中有一个发生   D. x_1,x_2 都发生

6. 抛掷两枚骰子,点数之和是11的概率是( ).

  A. $\dfrac{1}{18}$ B. $\dfrac{1}{36}$ C. $\dfrac{1}{9}$ D. $\dfrac{1}{6}$

7. 袋中有6个黄球,5个白球,4个红球,从中任取一球,则取到白球的概率为( ).

  A. $\dfrac{4}{5}$ B. $\dfrac{3}{5}$ C. $\dfrac{1}{3}$ D. $\dfrac{4}{15}$

8. 某公园的东、西、南、北方向上各有一个入口,周末小刘和小王随机从一个入口进入该公园游玩,则小刘和小王恰好从同一个入口进入该公园的概率是( ).

  A. $\dfrac{1}{4}$ B. $\dfrac{1}{2}$ C. $\dfrac{1}{6}$ D. $\dfrac{1}{16}$

9. 10张奖券,有3张一等奖,4张二等奖,其他为"谢谢支持",从中抽取1张,中奖率为( ).

  A. $\dfrac{3}{10}$ B. $\dfrac{2}{5}$ C. $\dfrac{7}{10}$ D. $\dfrac{1}{3}$

10. 某校高三年级有6个班,小明和小东两个人从外地转学到该校高三年级插班,学校让其各自选择班级,他们刚好选在同一班的概率是( ).

  A. $\dfrac{1}{4}$ B. $\dfrac{1}{6}$ C. $\dfrac{2}{5}$ D. $\dfrac{3}{8}$

二、填空题

1. 从1,2,3,4这四个数中一次随机地取2个数,则其中一个数是另一个数的2倍的概率为_____.

2. 四位数 $7x08$(其中百位上的数字 x 可取0,1,2,…,9),则这个四位数字能被3整除的概率为_____.

3. 抛掷两枚骰子,点数之和为9的概率为_____.

4. 在一个不透明的袋子里装有 2 个红球，1 个白球，这 3 个球除颜色不同外，其他都相同，小张同学摸出 1 个球后放回袋子，再摸 1 个，则小张同学恰好摸到 1 个红球的概率为_____．

5. 用数字 1，2，3，4，5 组成没有重复数字的两位数，其中能被 5 整除的概率为_____．

6. 从 1，2，3，4 中任取两个不同的数，这两个数差的绝对值为 2 的概率为_____．

三、解答题

1. 判断下列事件中，哪些是不可能事件，哪些是随机事件？

(1) 在标准大气压下且温度低于 0℃时，冰融化；

(2) 若 $a>b$，则 $a-b>0$；

(3) 导体通电后发热；

(4) 某电话机在 2 min 内收到 3 次呼叫；

(5) 抛一块石头下落；

(6) 常温下，焊锡熔化；

(7) 某人投掷篮球，投一次投中；

(8) 从 come 这个单词中，任取一个字母，取到 m．

2. 有 100 张电影票，编号分别为 1，2，3，…，100，某人任意抽取了 1 张，求：

(1) 抽到 5 号电影票的概率；

(2) 抽到前 5 号电影票的概率．

3. 某商场举行有奖促销活动，抽奖规则如下：从装有形状、大小完全相同的 2 个红球，3 个白球的箱子中，任意抽取 2 球．若取出的 2 球颜色相同，则中奖，否则不中奖．

(1) 写出这个随机试验所有样本点的个数；

(2) 求中奖的概率．

4. 将一颗质地均匀的骰子向桌面先后抛掷 2 次，求：

(1) 一共有多少种不同的结果；

(2) 其中向上的点数之积为 12 的结果有多少种；

(3) 向上的点数之积为 12 的概率．

【课堂拓展训练】

一、填空题

1. 同时抛掷两枚骰子，向上点数不相同的概率为_____．

2. 据人口普查统计，育龄妇女生男生女是等可能的，如果某育龄妇女生育二胎，则两胎均为女孩的概率为_____．

3. 给出下列四个命题：(1)"3 个球全部放入两个盒子，其中必有一个盒子有一个以上的球"是必然事件；(2)"当 x 为某一实数时，可使 $x^2<0$"是不可能事件；(3)"明天要下雨"是必然事件；(4)"从 50 个灯泡中取出 3 个，3 个都是次品"是随机事件．其中正确的命题有_____．

4. 一个正方形及其内切圆，随机向正方形内抛一颗豆子，假设豆子落在正方形内，则豆子落在内切圆内的概率为_____.

5. 一个正方形及其外接圆，在圆内随机取一点，该点取自正方形的概率为_____.

6. 已知集合 $A=\{2,3\}$，$B=\{1,2,3\}$，从 A，B 中各任意取一个数，则两数之和为 4 的概率为_____.

二、解答题

1. 如果某种彩票中奖的概率为 $\dfrac{1}{1\ 000}$，那么买 1 000 张彩票一定能中奖吗？请用概率的意义解释.

2. 在乒乓球比赛中，裁判员利用扔硬币来决定由谁先发球，请用概率的知识解释其公平性.

3. 某旅游爱好者计划从 3 个亚洲国家 A_1，A_2，A_3 和 3 个欧洲国家 B_1，B_2，B_3 中选择 2 个国家去旅游，求这 2 个国家都是亚洲国家的概率.

4. 在箱子中装有 10 张卡片，编号为 1，2，3，…，10，从箱子中任取一张卡片，记下它的编号 x，然后放回箱子中，再从箱子中任取一张卡片，记下它的编号 y，试求：

(1) $x+y$ 是 10 的倍数的概率；

(2) $x \cdot y$ 不是 3 的倍数的概率.

8.1.2 用频率估计概率

【知识要点预习】

频率 $p=$ _____.

【知识要点梳理】

1. 用频率估计事件 A 发生的概率的前提：大量重复试验，试验次数越多，获得的数据越多，此时用频率来表示事件 A 发生的概率越精确.

2. 频率与概率.

(1) 区别：频率本身是随机的，是一个变量，在试验前不能确定，做同样次数的重复试验得到事件发生的频率会不同，而概率是一个确定的数，是客观存在的，与每次的试验无关.

(2) 联系：频率是概率的近似值，随着试验次数的增加，频率会越来越接近于频率，在实际问题中，通常事件发生的概率未知，常用频率作为它的估计值；两者均介于 0～1.

【知识盲点提示】

理解频率的随机性，概率的确定性.

【课堂基础训练】

一、选择题

1. 下列说法中正确的是(　　).

A. 任何事件中的概率总是在(0，1)

B. 频率是客观存在的，与试验次数无关

C. 随着试验次数的增加，频率一般会越来越接近于概率

D. 概率是随机的，在试验前不能确定

2. 在一副(54 张)扑克牌中，摸到 A 的频率是(　　).

　A. $\dfrac{1}{4}$　　　　B. $\dfrac{2}{27}$　　　　C. $\dfrac{1}{13}$　　　　D. 无法估计

3. 在一个不透明的口袋中装有红色、白色的玻璃球共 40 个，除颜色外其他完全相同，小明通过屡次摸球试验发现，其中摸到的白色球的频率稳定在 0.85 左右，那么口袋中红色球可能有(　　).

　A. 34 个　　　　B. 30 个　　　　C. 10 个　　　　D. 6 个

二、填空题

1. 通过试验的方法，用频率估计概率的大小，必须要求试验在_____条件下进行.

2. 某灯泡厂在一次质量检查中，从 2 000 个灯泡中随机抽取了 200 个，其中 20 个不合格，则出现不合格灯泡的频率是_____，在这 2 000 个灯泡中，估计有_____个为不合格品.

三、填空题

1. 一个口袋中有 9 个红球和若干个白球，在不允许将球倒出来的情况下，小刘采用如下的方法估算其中白球的个数. 从口袋中随机摸出一球，记下颜色，然后把它放回口袋中，摇匀后再随机摸出一球，记下颜色，小刘重复上述过程共 100 次，其中 40 次摸到白球.

(1)求口袋中白球的个数；

(2)有一个游乐场，要根据上述红球、白球的比例配置彩球池，假设彩球池共有 1 200 个球，那么需要准备多少个红球.

【课堂拓展训练】

一、选择题

1. 在一张边长为 4 cm 的正方形纸上做扎针随机试验，纸上有一个半径为 1 cm 的圆形阴影区域，则针头扎在阴影区域的概率为(　　).

　A. $\dfrac{1}{4}$　　　　B. $\dfrac{1}{16}$　　　　C. $\dfrac{\pi}{4}$　　　　D. $\dfrac{\pi}{16}$

2. 在针尖落地试验中正确的是(　　).

　A. 甲做了 5 000 次，得出针尖触地的机会约为 0.46，于是他断定在做第 5 001 次试验时，针尖肯定不会触地

　B. 乙认为一次一次做速度太慢，他拿来了大把材料、形状、大小完全一样的针，随意朝上轻轻抛出，然后统计针尖触地的次数，这样大大提高试验速度

　C. 老师安排每位同学回家做试验，针随便选取

　D. 老师安排每位同学回家做试验，统一发放完全一样的针，对于每位同学的结

果，老师挑选他满意的进行统计，他不满意的就不统计

3. 连续抛掷一枚质地均匀的硬币 2 023 次，当抛掷第 2 022 次时，正面朝上的概率为（   ）．

A. $\dfrac{1}{2\,023}$　　　B. $\dfrac{2\,022}{2\,023}$　　　C. $\dfrac{1}{2}$　　　D. 以上都不正确

二、填空题

1. 下表记录了一名球员在罚球线上投篮的结果．

投篮次数 n	100	150	300	500	800	1000
投中次数 m	60	96	174	302	484	602
投中频率 $\dfrac{m}{n}$	0.600	0.640		0.604	0.605	0.602

计算出表格中的频率_____，估计这名球员在罚球线上投篮一次，投中的概率为_____．

2. 在一个城市中随机调查了 4 000 人，其中有 500 人看电视台的早间新闻，在该城市随便问一人，他看早间新闻的概率为_____．

三、解答题

1. 近年来，某市为了促进生活垃圾的分类处理，将生活垃圾分为不可回收物，可回收物和其他垃圾三类，并分别设置了相应的垃圾箱，为调查居民生活垃圾分类投放情况，现随机抽取了该市三类垃圾箱中总计 1 000 t 生活垃圾，数据统计如下：（单位：t）

项目	可回收物箱	不可回收物箱	其他垃圾箱
可回收物	240	30	30
不可回收物	100	400	100
其他垃圾	20	20	60

(1) 试估计可回收物投放正确的概率；

(2) 试估计生活垃圾投放错误的概率．

8.1.3　概率的加法公式

【知识要点预习】

1. 互斥事件的概率加法公式：
$P(A\cup B)=$_____．$P(A_1\cup A_2\cup\cdots\cup A_n)=$_____．

2. 对立事件的概率计算公式：$P(A\cup \overline{A})=$_____$=$_____．

【知识要点梳理】

1. 互斥事件：事件 A 与事件 B 不可能同时发生，则称 A 与 B 互斥（互不相容），从集

合角度看，$A\cap B$ 是不可能事件，即 $A\cap B=\varnothing$.

2. 互斥事件的和：一般地，事件 C 发生则事件 A 和 B 至少有一个发生，事件 C 称为事件 A 与事件 B 的并（或和），记作 $C=A\cup B$.

3. 对立事件：一般地，如果事件 A 和事件 B 在任何一次试验中有且仅有一个发生，即 $A\cup B=\Omega$，且 $A\cap B=\varnothing$，那么称事件 A 与 B 互为对立．由定义可知，互斥事件是对立事件的必要不充分条件即互斥事件不一定是对立事件，对立事件一定是互斥事件．

4. 概率加法公式：如果 A,B 是任意两个互斥事件，则 $P(A\cup B)=P(A)+P(B)$，如果事件 $A_1,A_2,\cdots,A_n$ 两两互斥，则 $P(A_1\cup A_2\cup\cdots\cup A_n)=P(A_1)+P(A_2)+\cdots+P(A_n)$. 求概率的步骤：(1) 确定所求事件的互斥事件谁发生；(2) 先求发生事件的概率，再求和．

5. 对立事件概率公式：对立事件的概率和为 1，即 $P(A)+P(\overline{A})=1$，通常直接求某一事件概率比较复杂时，可以先转化为求其对立事件的概率，即 $P(A)=1-P(\overline{A})$.

【知识盲点提示】

1. 对互斥事件，对立事件概率的理解，分清楚两者关系．
2. 互斥事件、对立事件的概率计算．
3. 理解"至多""至少""恰好"的含义．

【课堂基础训练】

一、选择题

1. 一个口袋中有 6 个红球，7 个黄球，5 个白球，且除颜色外，其他完全相同，现从中任取一球，取到红球或白球的概率为（　　）．

A. $\dfrac{7}{18}$　　　B. $\dfrac{1}{3}$　　　C. $\dfrac{5}{18}$　　　D. $\dfrac{11}{18}$

2. 一批 100 件产品中，有 3 件次品，从中任抽 2 件，2 件都是次品的对立事件为（　　）．

A. 2 件都是正品　　　　　　B. 至多有一件是正品
C. 至少有一件是正品　　　　D. 2 件都是次品

3. 某人进行射击训练，射击 2 次，则事件"至少有一次击中"的互斥事件是（　　）．

A. 至多有一次击中　　　　　B. 2 次都击中
C. 2 次都未击中　　　　　　D. 只有一次击中

4. 在 200 件产品中，有 195 件正品，5 件次品，现从中任取 2 件，则在以下事件中，是互斥事件不是对立事件的是（　　）．

(1) 至少有一件次品和至少有一件正品　　(2) 最多有一件次品和至少有一件正品
(3) 恰有一件次品和恰有 2 件次品　　　　(4) 恰有 2 件正品和恰有 2 件次品

A. (1)(2)　　　B. (2)(3)　　　C. (3)(4)　　　D. (2)(4)

5. 一袋中装有大小相同，编号为 1，2，3，4，5，6，7，8 的 8 个小球，从中有放回地每次取 1 个球，共取 2 次，则取得 2 球的编号之和不小于 15 的概率为（　　）．

A. $\dfrac{3}{32}$　　　B. $\dfrac{1}{64}$　　　C. $\dfrac{3}{64}$　　　D. $\dfrac{1}{3}$

6. 甲乙两人下棋，甲获胜的概率为 0.2，两人下成和棋的概率为 0.35，则甲不输的概率为( ).

A. 0.55　　　　B. 0.35　　　　C. 0.65　　　　D. 0.2

7. 在一个袋子中装有分别标注数字 1，2，3，4，5 的 5 个小球，这些小球除标注的数字外完全相同，现从中随机取出 2 个小球，则取出的小球标注的数字之和为 3 或 6 的概率为( ).

A. $\dfrac{1}{10}$　　　　B. $\dfrac{1}{5}$　　　　C. $\dfrac{1}{12}$　　　　D. $\dfrac{3}{10}$

8. 小明从外地回家，他乘坐火车，轮船，汽车，飞机的概率分别为 0.4，0.2，0.1，0.3，则他乘坐火车或飞机的概率为( ).

A. 0.3　　　　B. 0.7　　　　C. 0.5　　　　D. 0.8

9. 如果事件 A，B 互斥，那么( ).

A. $A \cup B$ 是必然事件　　　　　　　　B. $\overline{A} \cup \overline{B}$ 是必然事件

C. $\overline{A}$ 与 $\overline{B}$ 一定互斥　　　　　　　　D. $\overline{A}$ 与 $\overline{B}$ 一定不互斥

10. 抛掷一质地均匀的骰子的试验，事件 A 表示"不小于 5 的点数出现"，事件 B 表示"小于 5 的奇数点出现"，则一次试验中，事件 A，B 至少有一个发生的概率为( ).

A. $\dfrac{1}{2}$　　　　B. $\dfrac{1}{3}$　　　　C. $\dfrac{5}{6}$　　　　D. $\dfrac{2}{3}$

二、填空题

1. 抛掷一枚骰子，观察掷出的点数，则出现奇数点或 6 点的概率为_____.

2. 给出下列四个命题：

(1)互斥事件一定是对立事件　　　　(2)对立事件不一定是互斥事件

(3)互斥事件不一定是对立事件　　　　(4)对立事件一定是互斥事件

其中正确的命题是_____.

3. 同时抛掷两枚骰子，则掷出的点数之和为 7 或 9 的概率为_____.

4. 若甲、乙两人下棋，和棋的概率为 $\dfrac{1}{3}$，乙获胜的概率是 $\dfrac{1}{2}$，则甲获胜的概率为_____.

5. 某产品有一等品 30 个，二等品 58 个，三等品 12 个，其中一等品和二等品为合格品，三等品为不合格品，现从中任取一个，是合格品的概率为_____.

6. 冰箱里放了大小、形状相同的 3 罐可乐，2 罐橙汁，4 罐冰茶，小明从中任意取出 1 罐饮用，取出可乐或橙汁的概率为_____.

三、解答题

1. 某射手在一次射击训练中，射中 10 环、9 环、8 环、7 环的概率分别为 0.19、0.21、0.23、0.28，计算该射手在一次射击中(1)射中 10 环或 9 环的概率；(2)射中少于 7 环的概率.

2. 玻璃盒中装有红球 1 个、白球 1 个、黑球 1 个，从中任取 2 个球，求恰有一个红球的概率.

3. 某班成绩如下：

分数	[0, 50)	[50, 60)	[60, 70)	[70, 80)	[80, 100]
概率	0.1	0.2	0.3	0.1	0.3

求下列事件的概率：(1)这次考试及格的概率；(2)成绩在[50, 80]的概率.

4. 从1，2，3，…，8这8个数中任取两个数，判断下列事件是否为互斥事件，若为互斥事件，是否为对立事件.

(1)恰有一个偶数和两个数都是奇数；

(2)至少有一个是奇数和两个都是奇数；

(3)至少有一个是奇数和两个都是偶数；

(4)至少有一个是奇数和至少有一个是偶数.

【课堂拓展训练】

一、填空题

1. 一人进行打靶训练，连续射击2次，则事件"2次都中靶"的对立事件为_____.

2. 袋中有红白绿三种颜色的球，它们的数量比为5∶3∶2，从中任取一球，它是红球或绿球的概率为_____.

3. 某小组有4名女生，3名男生，从中选取2人去参加活动，有以下事件：(1)恰有1名女生和恰有2名女生；(2)至少有1名女生和2名都是女生；(3)至少有1名男生和至少有1名女生；(4)至少有1名女生和都是男生，其中互斥事件共有_____组.

4. 从甲、乙、丙、丁4人中随机选取两人，丙丁两人中恰好有一人被选中的概率为_____.

5. 袋中分别有红球3个，白球2个，蓝球1个，从中任取2个，有以下事件：(1)至少有一个白球和都是白球；(2)至少有一个白球和至少有一个红球；(3)恰有一个白球和白球、蓝球各一个；(4)至少有一个白球和红球、蓝球各一个，以上为互斥但不对立事件的是_____.

6. 已知随机事件 A，B，C 中，A 与 B 互斥，B 与 C 对立，且 $P(A)=0.3$，$P(C)=0.6$，则 $P(A \cup B)=$_____.

二、解答题

1. 一只袋子中装有7个红球，3个白球，从中无放回地任意抽取2次，每次只取1个，取到2个红球的概率为 $\dfrac{7}{15}$，取到2个白球的概率为 $\dfrac{1}{15}$，求(1)取到2个同色球的概率；(2)至少取到一个红球的概率.

2. 同时抛掷两枚骰子，求(1)没有5点或6点的概率；(2)至少有一个5点或6点的概率.

3. 袋中有12个小球，分别为红球、黑球、蓝球、黄球，从中任取一球，已知得到红

球的概率为 $\frac{1}{3}$，得到黑球和蓝球的概率为 $\frac{5}{12}$，得到蓝球或黄球的概率也是 $\frac{5}{12}$，试求得到黑球、蓝球、黄球的概率分别是多少？

4．经统计，在某银行一个营业窗口等候的人数及相应概率如下：

排队人数	0	1	2	3	4	5 人及以上
概率	0.1	0.15	0.25	0.35	0.11	0.04

（1）至多 2 人排队等候的概率是多少？
（2）至少 3 人排队等候的概率是多少？

8.2　统计初步

【学习目标导航】

1．了解总体、样本、样本容量的概念；了解数据的直观表示方法．

2．理解简单随机抽样的含义及其解决问题的过程；理解系统抽样的特点和适用范围及其步骤；理解分层随机抽样的特点和适用范围．

3．掌握样本平均数、标准差（方差）的计算公式，会用样本估计总体的离散程度；掌握两种简单随机抽样方法；掌握各层样本比例分配方法．

8.2.1　总体、样本和抽样方法

【知识要点预习】

常用的随机抽样方法有_____、_____、_____．

【知识要点梳理】

1．总体：把考察对象的某一数值指标的全体作为总体，构成总体的每一个元素作为个体．

2．样本：从总体中抽出若干个体所组成的集合称为样本．

3．样本总量：样本中包含的个体数目称为样本容量．

4．随机抽样方法．

（1）简单随机抽样．

一般地，设一个总体含有 N（N 为正整数）个个体，从中逐个抽取 n（$1 \leqslant n \leqslant N$）个个体作为样本，如果抽取是放回的，且每次抽取时总体内的各个个体被抽到的概率都相等，我们把这样的抽样方法称为放回简单随机抽样；如果抽取是不放回的，且每次抽取时总体内未进入样本的各个个体被抽到的概率都相等，我们把这样的抽样方法称为不放回简单随机抽样．放回简单随机抽样和不放回简单随机抽样统称简单随机抽样．

常用的简单随机抽样方法有抽签法和随机数表法．

提示：①抽取样本时，逐个不放回随机抽取 n 个个体与一次性批量随机抽取 n 个个体是等价的；②抽签法简单易行，适用于总体中个体数不多的情形；③如果生成的随机数重复，跳过不取．

(2) 系统抽样．

实际抽样中，总体包含的个体数目往往很大，这时，可将总体分成均衡的若干部分，然后按照预先订制的规则，从每一部分抽取一个个体，得到所需要的样本，这种抽样的方法称为系统抽样．

系统抽样的步骤：①编号：将总体中的 N 个个体按 1 到 N 进行编号；②确定分段间隔：将总体平均分成 n 段，设分段间隔为 k，若总体中包含的个体数目 N 能被样本容量 n 整除，则 $k = \dfrac{N}{n}$；③确定样本：在第一段用简单随机抽样从编号 1 到 k 中抽取一个数 $s(1 \leqslant s \leqslant k)$ 作为起始编号，然后顺次抽取编号为 $s+k, s+2k, \cdots, s+(n-1)k$ 的个体，这样就得到了容量为 n 的样本．

提示：当总体中包含的个体数目 N 不能被样本容量 n 整除，取分段间隔为 $k = \dfrac{N}{n}$ 的整数部分，并随机从总体中剔除 $N - kn$ 个个体，然后对余下的个体重新编号，并接着按上述步骤进行抽样．

(3) 分层抽样．

一般地，当对于要考察的问题来说，总体可以分成有明显差别的、互不重叠的几部分时，每部分可称为层，在各层中按层在总体中所占比例进行随机抽样的方法称为分层随机抽样（简称分层抽样）．

提示：分层抽样适用于个体之间差别较大的情况，只要选取的分层变量合适，便各层差异明显，层内差异不大．分层抽样的效果一般会好于简单随机抽样．

【知识盲点提示】

分清楚简单随机抽样、系统抽样、分层抽样的适用范围．

【课堂基础训练】

一、选择题

1. 为了检查某城市汽车尾气排放执行情况，在该城市的主要干道上抽取车牌末尾数为 5 的汽车检查，这种抽样方法为(　　)．

　　A. 抽签法　　　　B. 系统抽样法　　　C. 随机数表法　　　D. 分层抽样法

2. 在"世界读书日"前夕，为了了解某地 5 000 名居民某天的阅读时间，从中抽取了 200 名居民的阅读时间进行统计分析．在这个问题中，5 000 名居民的阅读时间的全体是(　　)．

　　A. 总体　　　　　　　　　　　　　　B. 个体

　　C. 样本的容量　　　　　　　　　　　D. 从总体中抽取的一个样本

3. 要从已编号(1~71)的 71 枚最新研制的某型导弹中随机抽取 7 枚来进行发射试验，用每部分选取的号码间隔一样的系统抽样方法确定所选取的 7 枚导弹的编号可能是( ).

　　A. 5，10，15，20，25，30，35　　　　B. 4，14，24，34，44，54，64

　　C. 2，3，4，5，6，7，8　　　　　　　　D. 16，24，32，40，48，56，64

4. 将 A，B，C 三种性质的个体按 1∶2∶4 的比例进行分层抽样调查，若抽取的样本容量为 21，则 A，B，C 三种性质的个体分别抽取( ).

　　A. 12，3，6　　　B. 3，12，6　　　C. 3，6，12　　　D. 12，6，3

5. 某中学一共有 20 个班，编号为 1 至 20，某项调查要从中抽取 5 个班作为样本，现用抽签法抽取样本，每次抽取一个号码，共抽 5 次. 设 10 班第一次被抽到的可能性为 a，第二次被抽到的可能性为 b，则( ).

　　A. $a=\dfrac{1}{4}, b=\dfrac{1}{19}$　　　　　　B. $a=\dfrac{1}{20}, b=\dfrac{1}{19}$

　　C. $a=\dfrac{1}{4}, b=\dfrac{1}{4}$　　　　　　　D. $a=\dfrac{1}{20}, b=\dfrac{1}{20}$

6. 以下情况最适宜系统抽样法的是( ).

　　A. 从甲厂生产的 300 台电视中，抽取 10 台入样

　　B. 从乙厂生产的 300 台电视中，抽取 100 台入样

　　C. 某市的四个区共有 3 000 名学生，且 4 个区的学生人数之比为 3∶2∶8∶2，从中抽取 200 名入样

　　D. 30 台电视机，其中甲生产 18 台，乙生产 12 台，抽取 10 台入样

7. 某牛奶生产线上每隔 30 min 抽取一袋进行检验，该抽样方法记为①；从某中学的 30 名数学爱好者中抽取 3 人了解学生学业负担情况，该抽样方法记为②，则( ).

　　A. ①②均是系统抽样　　　　　　　B. ①②均是简单随机抽样

　　C. ①是系统抽样，②是简单随机抽样　　D. ①是简单随机抽样，②是系统抽样

8. 简单随机抽样和分层抽样之间的共同点是( ).

　　A. 都是从总体中逐个抽取的

　　B. 抽样过程中每个个体被抽到的机会是相等的

　　C. 将总体分成几层，然后各层按照比例抽取

　　D. 两者之间没有共同点

9. 某商场有四类食品，其中粮食类，植物油类，动物性食品类及果蔬类分别有 40 种，10 种，30 种，20 种，现从中抽取一个容量为 20 的样本进行食品安全检测，若采用分层抽样的方法抽取样本，则抽取的植物油类与果蔬类食品之和是( ).

　　A. 6　　　　　　B. 5　　　　　　C. 7　　　　　　D. 4

10. 抽签中确保样本代表性的关键是( ).

　　A. 制签　　　　B. 搅拌均匀　　　C. 逐一抽取　　　D. 抽取不放回

二、填空题

1. 某中学高一年级有 1 400 人，高二年级有 1 320 人，高三年级有 1 280 人，从该中学学生中抽取一个容量为 n 的样本，每人被抽到的机会为 0.02，则 $n=$ _____.

2. 为了检验某种产品的质量,决定从 1 001 件产品中抽取 10 件进行检查,用随机数法抽取样本的过程中,所编的号码的位数最少是_____位.

3. 防疫站对学生进行身体健康调查. 红星中学共有学生 1 600 名,采用分层抽样法抽取一个容量为 200 的样本. 已知女生比男生少抽了 10 人,则该校的女生人数应是_____.

4. 若总体中含有 1 645 个个体,按 1 到 1 645 进行编号,采用系统抽样的方法从中抽取容量为 35 的样本,则编号后确定编号分为_____段,分段间隔 $k=$_____,每段有_____个个体.

5. 为了了解一次期中考试中 1 653 名学生的成绩,决定利用系统抽样方法抽取一个容量为 50 的样本,则总体中应随机剔除的个体数目为_____.

6. 一个总体有 100 个个体,随机编号为 0,1,2,…,99,依编号顺序平均分成 10 个小组,组号依次为 1,2,3,…,10,现用系统抽样方法抽取一个容量为 10 的样本,规定如果在第 1 组随机抽取的号码为 8,那么在第 8 组中抽取的号码为_____.

三、解答题

1. 一个地区有 5 个乡镇,人口 3 万人,其中人口比例为 3∶2∶5∶2∶3,从 3 万人中抽取一个 300 人的样本,分析某种疾病的发病率,已知这种疾病与不同的地理位置及水土有关,问:应采取什么样的方法?并写出具体过程.

2. 某电视台举行颁奖典礼,邀请 20 名港台、内地艺人演出,其中从 30 名内地艺人中随机选出 10 人,从 18 名香港艺人中随机挑选 6 人,从 10 名台湾艺人中随机挑选 4 人,试用抽签法确定选中的艺人,并确定他们的表演顺序.

3. 某工厂有工人 1 000 名,现从中抽取 100 人进行体检,试写出抽样方案.

4. 某单位有工程师 6 人,技术员 12 人,技工 18 人,要从这些人中抽取一个容量为 n 的样本,如果采用系统抽样和分层抽样方法抽取,不用剔除个体,如果样本容量增加 1 个,则在系统抽样时,需要在总体中先剔除 1 个个体,求样本容量 n.

【课堂拓展训练】

一、填空题

1. 为了了解参加运动会的 2 000 名运动员的年龄情况,从中抽取 20 名运动员的年龄进行统计分析. 就这个问题,下列说法中正确的有_____.(填写序号)

(1)2 000 名运动员是总体;

(2)每名运动员是个体;

(3)所抽取的 20 名运动员是一个样本;

(4)样本容量为 20;

(5)这个抽样方法可采用随机数法抽样;

(6)每个运动员被抽到的机会相等.

2. 利用简单随机抽样,从 n 个个体中抽取一个容量为 10 的样本. 若第二次抽取时,余下的每个个体被抽到的可能性为 $\dfrac{1}{3}$,则 $n=$_____.

3. 某城区有农民、工人、知识分子家庭共计2 000户, 其中农民家庭1 800户, 工人家庭100户, 知识分子家庭100户, 现要从中抽取容量为40的样本, 调查家庭收入情况, 则在整个抽样过程中, 可以用到的抽样方法有_____.

4. 某学校高一、高二、高三年级的学生人数之比为3∶3∶4, 现用分层抽样的方法从该高中三个年级的学生中抽取容量为50的样本, 则应从高二年级抽取_____名学生.

5. 采用系统抽样, 从含有2 000个个体的总体(编号0~1 999)抽取一个容量为100的样本, 若在第一段采用随机抽样得到的起始个体编号为13, 则前6个入样编号为_____.

6. 某厂生产A, B, C三种型号的产品, 产品数量之比为2∶3∶5, 现用分层抽样的方法抽取一个样本容量为m的样本, 样本中A型号的产品有16件, 则$m=$_____.

二、解答题

1. 某班有学生60人, 现将所有学生按1, 2, 3, …, 60随机编号, 若采用系统抽样方法抽取一个容量为5的样本抽样, 已知编号为4, a, 28, b, 52号学生在样本中, 求$a+b$.

2. 为了对某课题进行讨论研究, 用分层抽样的方法从三所高校A, B, C的相关人员中, 抽取若干人组成研究小组, 有关数据见下表(单位: 人).

高校	相关人数	抽取人数
A	x	1
B	36	y
C	54	3

(1) 求x, y;

(2) 若从高校B相关的人中选2人作专题发言, 应采用什么抽样法, 请写出合理的抽样过程.

3. 从一群玩游戏的小孩中随机抽出k人, 一人分一个苹果后, 让他返回继续游戏, 过了一会儿, 再从中任取m人, 发现其中有n个小孩曾分过苹果, 估计参加游戏的小孩的人数.

4. 为了考察某校的教学水平, 将对这个学校高三年级的部分学生的本学年考试成绩进行考察, 为了全面地反映实际情况, 采用以下两种方式进行抽查(已知该校高三年级共有20个教学班, 并且每个班内的学生已经按随机方式编好了学号, 假定该校每班学生人数都相同): ①从全年级20个班中任意抽取一个班, 再从该班中任意抽取20人, 考察他们的学习成绩; ②把学生按成绩分成优秀、良好、普通三个级别, 从其中共抽取100名学生进行考察, 其中优秀生150人, 良好生600人, 普通生250人. 根据上面的叙述, 试回答下列问题:

(1)上面两种抽取方式中,其总体、个体、样本分别指什么?每一种抽取方式抽取的样本中,其样本容量分别是什么?

(2)上面两种抽取方式中各自采用何种抽样方法?

(3)在第二种抽取方式中,优秀生、良好生、普通生人数各为多少?

8.2.2 数据的直观表示

【知识要点预习】

数据的直观表示可以用_____、_____、_____、_____、_____来表示.

【知识要点梳理】

1. 柱形图:可以形象地比较各种数据之间的数量关系.

2. 折线图:可以了解数据随时间的变化.

3. 扇形图:可以形象地表示出各部分数据在全部数据中所占的比例情况.

4. 茎叶图:可以看出一组数的分布情况,从而可能得到一些额外的信息.

5. 频率分布直方图:可以清楚地看出数据分布的总体态势,但直方图本身得不出原始数据内容.

6. 绘制频率分布直方图的步骤:(1)计算极差,即计算这组数据的最大值和最小值的差;(2)决定组距与组数;(3)决定分点与分组;(4)列频率分布表,一般分为五列:分组、个数累计、频数、频率、$\dfrac{\text{频率}}{\text{组距}}$,其中个数累计应是样本容量,频率合计为1;(5)绘制频率分布直方图,一般纵轴表示频率与组距的比值,横轴表示样本数据.

需要注意的是:(1)数据落在各小组内的频率是小长方形的面积;(2)所有小长方形的面积之和为1.

【知识盲点提示】

1. 分清楚各种数据直观图的特点.

2. 频率分布直方图的频率用小长方形的面积表示,所有小长方形面积之和为1.

【课堂基础训练】

一、选择题

1. 下列说法中正确的是(　　).

　　A. 一般样本容量越大,所分组数越多;样本容量越小,所分组数越小

　　B. 频率分布直方图的横轴表示样本数据,纵轴表示频率

　　C. 频率分布直方图的横轴表示样本数据,图中各个小长方形面积之和等于1

　　D. $\dfrac{\text{极差}}{\text{组距}}=\text{组数}$

2. 一个频率分布表(样本容量为30)不小心被损坏了一部分,若样本中数据在[20,60)上的频率为0.8,则估计样本在[40,50),[50,60)内的数据个数共为(　　).

分组	[10,20)	[20,30)	[30,40)
频数	3	4	5

A. 15　　　　　　B. 16　　　　　　C. 17　　　　　　D. 19

3. 某公司 2022 年总投资 500 万元,图所示是各类项目的投资比例的情况,如果在 1 万元以上的项目投资中,少于 3 万元的项目投资占 $\frac{8}{21}$,那么不少于 3 万元的项目投资金额为(　　).

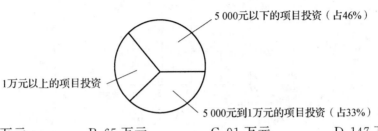

A. 56 万元　　　　B. 65 万元　　　　C. 91 万元　　　　D. 147 万元

二、填空题

1. 数据的直观表示可用 _____、_____、_____、_____、_____ 来表示.

2. 将容量为 100 的某个样本数据分为 10 组,并填写频率分布表,若前七组频率之和为 0.79,而剩下的三组的频率依次相差 0.05,则剩下的三组中频率最高的一组频率为 _____.

三、解答题

为增强市民节能环保意识,某市面向全市征召义务宣传志愿者,现从符合条件的 500 名志愿者中随机抽取 100 名志愿者,他们的年龄情况如下表所示.

单位:岁

分组	频数	频率
[20,25)	5	0.05
[25,30)	①	0.20
[30,35)	35	②
[35,40)	30	0.30
[40,45]	10	0.10
合计	100	1.00

(1) 频率分布表中的①②位置应填什么数据?
(2) 估计这 500 名志愿者年龄在 [30,35) 的人数.
(3) 画出频率分布直方图.

【课堂拓展训练】

一、选择题

1. 图所示为一容量为 100 的样本频率分布直方图,则由图中数据可知,样本落在 $[15,20]$ 内的频数为(　　).

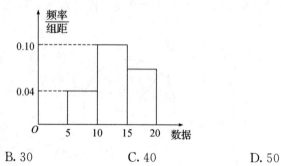

A. 20　　　　　B. 30　　　　　C. 40　　　　　D. 50

2. 图所示是 2022 年某市青年歌手大奖赛中 7 位评委为甲、乙两名选手打出的分数的茎叶图(图中 m 为数字 0~9 中的一个),去掉一个最高分和一个最低分后,甲、乙两名选手得分的平均数分别为 a_1,a_2,则一定有(　　).

```
          甲 | 乙
        0 | 7 | 9
  5 4 5 5 1 | 8 | 4 4 6 4 7
          m | 9 | 3
```

A. $a_1 > a_2$　　　　　　　B. $a_1 < a_2$

C. $a_1 = a_2$　　　　　　　D. a_1,a_2 的大小与 m 有关

3. 为了了解高一年级学生的体能情况,某校抽取部分学生进行一分钟跳绳次数测试,绘制出频率分布直方图后,发现各小矩形的面积之比为 2∶4∶17∶15∶9∶3,第二组的频数为 12,则第二小组的频率和样本容量各为(　　).

A. 0.08,75　　B. 0.02,150　　C. 0.08,150　　D. 0.02,75

二、填空题

1. 将容量为 n 的样本中的数据分成 6 组,绘制频率分布直方图,若第一组至第六组的频率之比为 2∶3∶4∶6∶4∶1,且前三组数据的频数之和等于 27,则 $n=$ _____.

2. 青年歌手大奖赛共有 10 名选手参赛,并邀请了 7 名评委,如图所示的茎叶图是 7 名评委对参加最后一次决赛的两位选手甲、乙评定的成绩,去掉一个最高分和最低分后,甲、乙选手剩余数据的平均成绩分别为 _____、_____.

```
            甲 | 乙
          8 5 | 7 | 9
      8 6 5 4 | 8 | 4 4 4 6 7
            2 | 9 | 3
```

三、解答题

为了了解一大片经济林的生长情况,人们随机测量其中的 100 株树木的底部周长(单

位：cm)得到以下数据：

135	98	102	110	99	121	110	96	100	103
125	97	117	113	110	92	102	109	104	112
105	124	87	131	97	102	123	104	104	128
109	123	111	103	105	92	114	108	104	102
129	126	97	100	115	111	106	117	104	109
111	89	110	121	80	120	121	104	108	118
129	99	90	99	121	123	107	111	91	100
99	101	116	97	102	108	101	95	107	101
102	108	117	99	118	106	119	97	126	108
123	119	98	121	101	113	102	103	104	108

(1)用表格整理数据；

(2)绘制频率分布直方图.

8.2.3 样本平均数与标准差

【知识要点预习】

总体方差公式_____．总体标准差公式_____．

样本方差公式_____．样本标准差公式_____．

【知识要点梳理】

1. 总体平均数：一般地总体中有 N 个个体，它们的变量分别是 X_1，X_2，$\cdots$，X_N，则 $\overline{X}=\dfrac{X_1+X_2+\cdots+X_N}{N}$ 为总体均值，又称总体平均数．

2. 样本平均数：从总体中抽取一个容量为 n 的样本，它们的变量值分别为 x_1，x_2，$\cdots$，x_n，则 $\overline{x}=\dfrac{x_1+x_2+\cdots+x_n}{n}$ 为样本均值，又称样本平均数．

样本平均数具有随机性，样本平均数只是总体平均数的近似值．

3. 极差：数据中最大值与最小值的差称为极差．在一定程度上刻画了数据的离散程度．

4. 总体方差与总体标准差：如果总体中所有个体的变量分别为 X_1，X_2，$\cdots$，X_N，总体平均数为 $\overline{X}$，则称 $S^2=\dfrac{(X_1-\overline{X})^2+(X_2-\overline{X})^2+\cdots+(X_N-\overline{X})^2}{N}$ 为总体方差．$S=\sqrt{S^2}$ 为总体标准差．

5. 样本方差与样本标准差：如果一个样本中所有个体的变量分别为 x_1，x_2，$\cdots$，

x_n,样本平均数为$\overline{x}$,则称$s^2=\dfrac{(x_1-\overline{x})^2+(x_2-\overline{x})^2+\cdots+(x_n-\overline{x})^2}{n}$为样本方差. $s=\sqrt{s^2}$为样本标准差.

样本标准差具有随机性,样本标准差只是总体标准差的近似值.

【知识盲点提示】

1. 标准差刻画了数据的离散程度或波动幅度,标准差越大,数据的离散程度越大;标准差越小,数据的离散程度越小. 标准差大小不会超过极差.

2. 标准差,方差为0时,样本各数据相等,说明数据没有波动幅度,数据没有离散性.

3. 标准差,方差的取值范围为$[0,+\infty)$.

【课堂基础训练】

一、选择题

1. 下列说法中正确的是(　　).

  A. 方差是标准差的开方　　　　　　　　B. 方差越大,数据越集中

  C. 方差是标准差的平方　　　　　　　　D. 方差可以为任意实数

2. 甲乙两组各5名学生在一次英语听力测试中的成绩如下:(单位:分)

甲组:9,13,x,23,27　　　　乙组:9,16,y,17,24

已知甲组的平均数为17,乙组的平均数为16.6,则x,y的值为(　　).

  A. 12,16　　　　B. 12,17　　　　C. 13,16　　　　D. 13,17

3. 若一组数据2,3,4,x的极差为6,则x的值是(　　).

  A. -2　　　　B. 8　　　　C. 9　　　　D. 8或-2

4. 若一组数据12,15,x,13,14的平均数为13,则这组数据的标准差是(　　).

  A. 2　　　　B. $\sqrt{2}$　　　　C. 10　　　　D. $\sqrt{10}$

5. 某运动员在参加比赛之前,教练对他30次的训练成绩进行统计分析,判断他的成绩是否稳定,则教练需要知道他这30次成绩的(　　).

  A. 平均数　　　　B. 极差　　　　C. 频数　　　　D. 方差

6. 甲乙两名射击运动员,在一次连续10次的射击中,他们所射中环数的平均数一样,但方差不同,正确评价他们的水平(　　).

  A. 因为他们射中环数的平均数一样,所以他们水平相同

  B. 虽然射中环数的平均数一样,但方差较大的潜力较大,更有前途

  C. 虽然射中环数的平均数一样,但方差较小的,发挥较稳定,更有前途

  D. 虽然射中的环数的平均数一样,但方差较小的,发挥不稳定,忽高忽低

7. 某班有48名学生,在一次考试中统计出平均数为70,方差为75,后来发现有2名同学的成绩有误,甲实得80分却记为50分,乙实得70分却记为100分,更正后平均分

和方差分别是( ).

  A. 70, 104 B. 70, 50 C. 70, 25 D. 65, 25

8. 从某项综合能力测试中抽取 100 人的成绩，统计如表：

分数	5	4	3	2	1
人数	20	10	30	30	10

则这 100 人成绩的标准差为( ).

  A. $\sqrt{3}$ B. $\dfrac{2\sqrt{10}}{5}$ C. 3 D. $\dfrac{8}{5}$

9. 某公司 10 位员工的月工资（单位：元）为 $x_1, x_2, \cdots, x_{10}$，其均值和方差分别为 $\bar{x}$ 和 s^2，若从下月起每位员工的月工资增加 200 元，则这 10 位员工下月工资的均值和方差分别为( ).

  A. $\bar{x}, s^2 + 200^2$ B. $\bar{x} + 200, s^2 + 200^2$
  C. $\bar{x}, s^2$ D. $\bar{x} + 200, s^2$

10. 若一组数据的平均数为 6，方差为 2，将这一组数据的每一个数乘以 3 以后得到一组新数据，则这一组新数据的平均数和方差分别为( ).

  A. 6, 2 B. 18, 2 C. 18, 18 D. 18, 9

二、填空题

1. 估计总体的离散程度有 _____, _____, _____, _____, _____, _____ 等方法.

2. 样本中有 5 个个体，其值分别为 3, 2, -1, 0, 1, 则样本方差为 _____.

3. 甲乙丙丁四人参加运动会选拔赛，四人的平均成绩和方差如下表所示.

项目	甲	乙	丙	丁
平均环数	8.3	8.8	8.8	8.7
方差	3.5	2.2	3.6	5.4

若要从这四人中选择一人去参加运动会比赛，最佳人选是 _____.

4. 若 $a_1, a_2, \cdots, a_{20}$ 这 20 个数据的平均数为 b，方差为 0.20，则数据 $a_1, a_2, \cdots, a_{20}, b$ 这 21 个数据的方差约为 _____.

5. 已知样本 9, 10, 11, x, y 的平均数是 10，标准差为 $\sqrt{2}$，则 $xy=$ _____.

6. 已知一组数据 7, 7, 10, 9, 9, 12, 则该组数据的标准差为 _____.

三、解答题

1. 某校甲乙两个班级各有 5 名学生进行投篮练习，每人投 10 次，投中的次数分别为：

学生	1号	2号	3号	4号	5号
甲班	8	7	9	8	8
乙班	6	9	8	8	9

求这两组数据中的方差较小的一个.

2. 甲乙两机床同时加工直径为 100 cm 的零件,为检验质量,各从中抽取 6 件测量,其数据为:

甲:100,98,99,100,103,100

乙:99,100,102,99,100,100

(1)分别计算两组数据的平均数和方差;

(2)根据计算结果判断哪台机床加工零件的质量稳定些.

3. 某公司共有 36 名职工,为了了解该公司职工的年龄构成情况,随机采访了 9 位代表,得到数据分别为 36,36,37,40,37,44,43,43,44,若采用样本估计总体,求年龄在 $(\bar{x}-s,\bar{x}+s)$ 内的人数占公司人数的百分比.

4. 随机从甲乙两班中各抽取十名同学,测量他们的身高(单位:cm)获得如下的数据:

甲:182,179,171,179,168,170,168,163,168,162

乙:181,178,179,173,176,168,170,165,159,162

(1)判断哪个班的平均身高比较高;

(2)计算乙班的样本方差.

【课堂拓展训练】

一、填空题

1. 已知某个数据的平均数为 6,方差为 4,现又加入一个新数据 6,此时这 8 个数据的方差为_____.

2. 某人 5 次上班途中花的时间(单位:min)分别为 $x,y,10,11,9$,已知这组平均数为 10,方差为 2,则 $|x-y|$ 的值为_____.

3. 样本 $x_1,x_2,\cdots,x_{10}$ 的平均数为 5,方差为 7,则 $3x_1-3,3x_2-3,\cdots,3x_{10}-3$ 的平均数和方差分别为_____,_____.

4. 下列说法中正确的是_____.(填序号)

(1)极差与方差都反映了数据的集中程度;

(2)方差比较小时,数据比较分散;

(3)样本的平均数和标准差一起能反映数据取值的信息,一般地,绝大部分数据在 $[\bar{x}-2s,\bar{x}+2s]$ 内.

5. 下列说法中正确的是_____.(填序号)

(1)一组数据的方差必须是正数;

(2)将一组数据中的每个数据都加上或者减去同一个常数,方差不变;

(3)在频率分布直方图中,每个小长方形的面积等于相应小组的频率;

(4)样本各数据相等,标准差为 0.

6. 已知一组数据 8,9,10,11,m 的平均数为 10,则这组数据的标准差为_____.

二、解答题

1. 甲乙两位同学参加数学竞赛培训,现分别从他们在培训期间参加的若干次预赛成绩中随机抽取了 8 次,数据分别为:

甲:82,79,78,81,93,88,84,95

乙:85,90,80,75,83,80,95,92

试问:甲乙两人的成绩谁更稳定些?

2. 在一次考试中,为了了解学生的成绩,从所有学生成绩中抽取 20 名学生的成绩进行分析,其中数学学科的频率分布直方图如图所示:

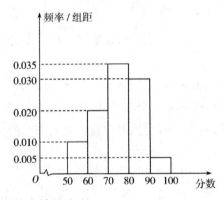

据此估计本次考试中数学成绩的方差.

3. 某车间 20 名工人年龄数据如下表所示.

年龄/岁	19	28	29	30	31	32	40
工人数	1	3	3	5	4	3	1

(1)求这 20 名工人年龄的极差;(2)求这 20 名工人年龄的方差.

4. 从某企业生产的某种产品中抽取 100 件,测量这些产品的一项质量指标值. 由测量结果得如下频数分布表.

质量指标值分组	[75,85)	[85,95)	[95,105)	[105,115)	[115,125]
频数	6	26	38	22	8

(1)作出这些数据的频率分布直方图;

(2)估计这种产品质量指标值的平均数及方差.(提示:计算时同一组中的数据用该组区间的中点值作代表.)

第8章单元测试题A卷

注意事项:

1. 本试卷分第Ⅰ卷(选择题)和第Ⅱ卷(非选择题)两部分,满分120分,考试时间120分钟.考试结束后,将本试卷和答题卡一并交回.
2. 本次考试允许使用函数型计算器,凡使用计算器的题目,最后结果精确到0.01.

第Ⅰ卷(选择题,共45分)

一、选择题(本题共15个小题,每个小题3分,共45分,每个小题只有一个正确答案)

1. 从装有2个红球和2个黑球的袋子内任取2个球,下列选项中是互斥而不对立的两个事件的是( ).
   - A. 至少1个红球与都是黑球
   - B. 恰好有1个红球与恰好有1个黑球
   - C. 至少有1个黑球与至少有1个红球
   - D. 都是红球与都是黑球

2. 将一枚骰子接连抛掷两次,两次掷得的点数之和为8的概率是( ).
   - A. $\dfrac{1}{6}$
   - B. $\dfrac{2}{3}$
   - C. $\dfrac{1}{9}$
   - D. $\dfrac{5}{36}$

3. 在8张奖券中,有1张一等奖,2张二等奖,3张三等奖,从中抽取一张,则中奖的概率为( ).
   - A. $\dfrac{1}{4}$
   - B. $\dfrac{3}{4}$
   - C. $\dfrac{3}{7}$
   - D. $\dfrac{1}{2}$

4. 下列说法中一定正确的是( ).
   - A. 一名篮球运动员号称"百发百中",若罚球三次,不会出现三投都不中的情况
   - B. 一枚硬币掷一次得到正面的概率是0.5,那么掷两次一定会出现一次正面的情况
   - C. 如果彩票中奖的概率是万分之一,则买一万元的彩票一定会中奖一元
   - D. 随机事件发生的概率与试验次数无关

5. 在某餐厅内抽取100人,其中30人在15岁以下,35人在16到25岁,25人在26到45岁,10人在46岁以上,则数0.35是16到25岁人员占总体分布的( ).
   - A. 概率
   - B. 频率
   - C. 累计频率
   - D. 频数

6. 如果一组数中每个数减去同一个非零常数,则这一组数的( ).
   - A. 平均数不变,方差不变
   - B. 平均数变,方差不变
   - C. 平均数不变,方差改变
   - D. 平均数改变,方差改变

7. 在所有的两位数（10～99）中，任取一个数，则这个数能被 2 或 3 整除的概率是（ ）.

   A. $\dfrac{5}{6}$ B. $\dfrac{4}{5}$ C. $\dfrac{2}{3}$ D. $\dfrac{1}{2}$

8. 袋中装有 6 个白球，5 个黄球，4 个红球，从中任取一球取到的不是白球的概率为（ ）.

   A. $\dfrac{2}{5}$ B. $\dfrac{4}{15}$ C. $\dfrac{3}{5}$ D. 非以上答案

9. 有 5 个形状大小相同的球，其中 3 个红色，2 个蓝色．从中任取 2 个球，下列说法中正确的是（ ）.

   A. 恰好取到 1 个红球与至少取到 1 个蓝球是互斥事件

   B. 恰好取到 1 个红球与至多取到 1 个蓝球是互斥事件

   C. 恰好取到 1 个红球与恰好取到 1 个蓝球是对立事件

   D. 至少取到 1 个红球与恰好取到 2 个蓝球是对立事件

10. 设样本数据 $x_1, x_2, \cdots, x_{10}$ 的平均数为 1，则 $x_1+a, x_2+a, \cdots, x_{10}+a$ 的平均数为（ ）.

    A. $10+a$ B. $1+a$ C. $1+10a$ D. 不确定

11. 小明在 100 场篮球比赛中，各场次的得分情况统计如下：

得分	0～9 分	10～19 分	20～29 分	30～39 分	40 分以上
频率	0.04	0.19	0.45	0.20	0.12

用表中信息估计小明在一场篮球比赛中得分在 30 分以上的概率是（ ）.

   A. 0.12   B. 0.68   C. 0.20   D. 0.32

12. 在编号为 1 到 500 的 500 辆车中，用系统抽样的方法抽出 5 辆车进行试验，则选取的车的编号可能是（ ）.

    A. 50，100，150，200，250   B. 13，113，213，313，413

    C. 110，120，130，140，150   D. 12，40，80，160，320

13. 在 5 张电话卡中，有 3 张移动卡和 2 张联通卡，从中任取 2 张，若事件"2 张全是移动卡"的概率是 0.3，那么概率是 0.7 的事件是（ ）.

    A. 至多有一张移动卡   B. 恰有一张移动卡

    C. 都不是移动卡   D. 至少有一张移动卡

14. 已知某运动员每次投篮命中的概率低于 40%，现采用随机模拟的方法估计该运动员三次投篮恰有两次命中的概率：先由计算器算出 0 到 9 之间取整数值的随机数，指定 1，2，3，4 表示命中，5，6，7，8，9，0 表示不命中，再以每三个随机数为一组，代表三次投篮的结果，经随机模拟产生 20 组随机数：907，966，191，925，271，932，812，458，

569,683,431,257,393,027,536,488,730,113,537,989,据此估计,该运动员三次投篮恰有两次命中的概率为(　　).

  A.0.35　　　　　B.0.25　　　　　C.0.20　　　　　D.0.15

15.从数字1,2中有放回地连抽3次,观察3次抽取的数字能否构成三角形,这3个数字能构成三角形的概率为(　　).

  A.$\dfrac{1}{4}$　　　　　B.$\dfrac{1}{8}$　　　　　C.$\dfrac{3}{8}$　　　　　D.$\dfrac{5}{8}$

第Ⅱ卷(非选择题,共75分)

二、填空题(本题共15小题,每个小题2分,共30分)

16.两事件A,B是对立事件是两事件A,B是互斥事件的_____条件.

17.古典概型的主要特点是_____和每一个基本事件发生是等可能的.

18.100件产品中有两件次品,任取三件均是次品的事件是_____事件.

19.任取一个两位数,其个位数是2的概率为_____.

20.某地区降水量在50～100 mm的概率为0.22,在100～150 mm的概率为0.32,则年降水量在50～150 mm的概率为_____.

21.抛掷两枚骰子,出现的两个点数都是奇数的概率为_____.

22.口袋内装有100个大小相同的红球、白球和黑球,其中45个红球,从中摸出1个球,摸出白球的概率为0.23,则摸出黑球的概率为_____.

23.某企业有3个分厂生产同一种电子产品,第一、二、三分厂的产量之比为1∶2∶1,用分层抽样的方法(每个分厂的产品为一层)从3个分厂生产的电子产品中共抽取100件进行使用寿命的测试,由所得的测试结果得出从第一、二、三分厂取出的产品的使用寿命的平均值分别为980 h,1 020 h,1 032 h后,则抽取的100件产品的使用寿命的平均值为_____.

24.某中学高一年级有1 400人,高二年级有1 320人,高三年级有1 280人,从该中心学生中抽取一个容量为n的样本,每个学生被抽到的概率为0.02,则$n=$_____.

25.为了了解参加运动会的3 000名运动员的年龄情况,从中抽取30名运动员的年龄进行统计分析,就这个问题,下列说法中正确的有_____.(填序号)

(1)3 000名运动员是总体;(2)每名运动员是个体;(3)所抽取的30名运动员是一个样本;(4)样本容量为30;(5)这个样本可采取随机数法抽样;(6)每名运动员被抽到的机会相等.

26.下列抽样中,是不放回简单随机抽样的是_____.(填序号)

(1)从100个号签中一次取出5个作为样本;

(2)某连队从200名党员官兵中,挑选出50名最优秀的官兵参加救灾工作;

(3)中国福利彩票30选7,得到两个彩票中奖号码;

(4) 从某班 56 名(30 男，26 女)学生中随机抽取 2 名男生，2 名女生参加乒乓球混双比赛．

27. 在一次教师联欢会上，到会的女教师比男教师多 12 人，从这些教师中随机挑选 1 人表演节目，若选到男教师的概率为 0.45，则参加联欢会的教师共有_____人．

28. 某学校有男、女学生各 500 名，为了了解男女学生在学习兴趣与业余爱好方面是否存在显著差异，拟从全体学生中抽取 100 名学生进行调查，则宜采用的抽样方法是_____．

29. 现有 5 根竹竿，它们的长度(单位：m)分别为 2.5，2.6，2.7，2.8，2.9，若从中一次随机抽取 2 根竹竿，则它们长度恰好相差 0.3 m 的概率为_____．

30. 某高校有甲乙两个数学建模兴趣班，其中甲班 40 人，乙班 50 人，现分析两个班的一次考试成绩，算得甲班的平均成绩是 90 分，乙班的平均成绩是 81 分，则该数学建模兴趣班的平均成绩是_____．

三、解答题(本题共 7 个大题，45 分)

31. (6 分)从一箱产品中随机抽取一件产品，设事件 A：抽到一等品，事件 B：抽到二等品，事件 C：抽到三等品，且已知 $P(A)=0.7$，$P(B)=0.1$，$P(C)=0.05$．求下列事件的概率：(1)事件 D：抽到的是一等品或二等品；(2)事件 E：抽到的是二等品或三等品．

32. (6 分)一个密闭不透明的盒子里有若干个白球，在不允许将球倒出来的情况下，为估计白球的个数，小明向其中放入 8 个黑球，摇匀后从中随机摸出一个球记下颜色，再把它放回盒中，不断重复共摸球 400 次，其中 80 次摸到黑球，试估计盒中白球数目．

33. (6 分)某工厂共有职工 3 000 人，其中中、青、老年职工比例为 5∶3∶2，从所有的职工中抽取一个容量为 400 的样本，应该采取哪种抽样方法比较合理？中、青、老年职工应分别抽取多少人？

34. (7 分)动物学家通过大量的调查估计出，某种动物活到 20 岁的概率是 0.8，活到 25 岁的概率是 0.6，活到 30 岁的概率是 0.3，现年 20 岁的这种动物活到 25 岁的概率为多少？现年 25 岁的这种动物活到 30 岁的概率为多少？

35. (6 分)某日用品按行业质量标准分成五个等级，等级系数 X 依次为 1，2，3，4，5．现从一批该日用品中随机抽取 20 件，对其等级系数进行统计分析，得到频率分布表如下：

X	1	2	3	4	5
频率	a	0.2	0.4	b	c

若所抽取的 20 件日用品中，等级系数为 4 的恰好有 4 件，等级系数为 5 的恰好有 2 件，求 a，b，c 的值．

36. (7 分)黄种人群中各种血型的人所占比例如下表所示．

血型	A	B	AB	O
比例	28	29	8	35

已知同种血型的人可以输血,O 型血可以输给任一种血型的人,任何人的血都可以输给 AB 型血的人,其他不同血型的人不能互相输血,小明是 B 型血,若小明因病需要输血,问:(1)任找一人,其血可以输给小明的概率是多少?(2)任找一个人,其血不可以输给小明的概率是多少?

37.(7 分)甲乙两种冬小麦试验品种连续 5 年的平均单位面积产量如下(单位:t/km^2):

项目	第 1 年	第 2 年	第 3 年	第 4 年	第 5 年
甲	9.8	9.9	10.1	10	10.2
乙	9.4	10.3	10.8	9.7	9.8

若某村要从中引进一种冬小麦大量种植选择哪种,给出你的建议.

第 8 章单元测试题 B 卷

注意事项:

1. 本试卷分第Ⅰ卷(选择题)和第Ⅱ卷(非选择题)两部分,满分 120 分,考试时间 120 分钟.考试结束后,将本试卷和答题卡一并交回.
2. 本次考试允许使用函数型计算器,凡使用计算器的题目,最后结果精确到 0.01.

第Ⅰ卷(选择题,共 45 分)

一、选择题(本题共 15 小题,每个小题 3 分,共 45 分,每个小题只有一个正确答案)

1. 已知 12 件同类产品中,有 10 件是正品,2 件是次品,从中任意抽 3 件的必然事件是( ).

　　A. 3 件都是正品　　　　　　　　B. 至少有一件是正品
　　C. 3 件都是次品　　　　　　　　D. 至多有一件是次品

2. 某校高中生共有 1 000 人,其中高一年级 300 人,高二年级 200 人,高三年级 500 人,现采用分层随机抽样的方法抽取容量为 50 人的样本,那么高一、高二、高三年级抽取的人数分别为( ).

　　A. 15,10,25　　B. 20,10,20　　C. 10,10,30　　D. 15,5,30

3. 从分别写有 1,2,3,4 的四张卡片中无放回随机抽取 2 张,则抽到的 2 张卡片上的数字之积是 4 的倍数的概率为( ).

A. $\dfrac{1}{3}$ B. $\dfrac{1}{4}$ C. $\dfrac{1}{2}$ D. $\dfrac{1}{6}$

4. 有一笔统计资料，共有 11 个数据，如下：2，4，4，5，5，6，7，8，9，11，x. 已知这组数据的平均数为 6，则这组数据的方差为(   ).

A. 6 B. $\sqrt{6}$ C. 66 D. 6.5

5. 样本 $a_1, a_2, \cdots, a_{10}$ 的平均数为 $\dfrac{1}{a}$，样本 $b_1, b_2, \cdots, b_{10}$ 的平均数为 $\dfrac{1}{b}$，则样本 $a_1, b_1, a_2, b_2, \cdots, a_{10}, b_{10}$ 的平均数为(   ).

A. $\dfrac{1}{a}+\dfrac{1}{b}$ B. $\dfrac{1}{2}\left(\dfrac{1}{a}+\dfrac{1}{b}\right)$

C. $2\left(\dfrac{1}{a}+\dfrac{1}{b}\right)$ D. $\dfrac{1}{10}\left(\dfrac{1}{a}+\dfrac{1}{b}\right)$

6. 从 $-1, 1, 2$ 中，任取两个不同的数作为一次函数 $y=kx+b$ 中的 k, b，则一次函数的图像交 x 轴负半轴的概率是(   ).

A. $\dfrac{2}{3}$ B. $\dfrac{1}{6}$ C. $\dfrac{1}{3}$ D. $\dfrac{4}{9}$

7. (1)学校为了了解高二学生的情况，从每班抽取 2 人进行座谈；(2)一次数学竞赛中，某班有 10 人在 110 分以上，40 人在 90～100 分，12 人低于 90 分，现在从中抽取 12 人了解有关情况；(3)运动会服务人员为参加 400 m 决赛的 6 名同学安排跑道. 就这三个事件合适的抽样方法为(   ).

A. 分层抽样，分层抽样，简单随机抽样

B. 系统随机抽样，系统随机抽样，简单随机抽样

C. 分层抽样，简单随机抽样，简单随机抽样

D. 系统随机抽样，分层抽样，简单随机抽样

8. 为了解城市居民的环保意识，某调查机构从一社区的 120 名年轻人，80 名中年人，60 名老年人中，用分层抽样方法抽取容量为 n 的样本进行调查，其中老年人抽取 4 名. 则 $n=$(   ).

A. 18 B. 14 C. 6 D. 8

9. 某单位有 840 名职工，现采用系统抽样方法，抽取 42 人做问卷调查，将 840 人按 1，2，…，840 随机编号，则抽取的 42 人中，编号落入区间 [481，720] 的人数为(   ).

A. 11 B. 12 C. 13 D. 14

10. 在一袋子中装有分别标注数字 1，2，3，4，5 的五个小球，这些小球除标注的数字外完全相同，现从中随机取出 2 个小球，则取出的小球标注的数字之和不是 3 和 6 的概率是(   ).

A. $\dfrac{1}{10}$ B. $\dfrac{7}{10}$ C. $\dfrac{3}{10}$ D. $\dfrac{1}{12}$

11. 一盒中装有各色球 12 个，其中 5 红 4 黑 2 白 1 绿，从中任取 1 球，取到红球或黑球的概率为（　　）．

　　A. $\dfrac{1}{4}$　　　　B. $\dfrac{3}{4}$　　　　C. $\dfrac{5}{12}$　　　　D. $\dfrac{1}{3}$

12. 4 张卡片上分别写有数字 1，2，3，4．从这 4 张卡片中随机抽取 2 张，则抽取的 2 张卡片上的数字之和为奇数的概率为（　　）．

　　A. $\dfrac{1}{3}$　　　　B. $\dfrac{1}{2}$　　　　C. $\dfrac{2}{3}$　　　　D. $\dfrac{3}{4}$

13. 若样本 $1+x_1$，$1+x_2$，…，$1+x_n$ 的平均数是 10，方差为 2，则对于样本 $2+2x_1$，$2+2x_2$，…，$2+2x_n$，下列说法中正确的是（　　）．

　　A. 平均数为 20，方差为 4　　　　B. 平均数为 11，方差为 4

　　C. 平均数为 21，方差为 8　　　　D. 平均数为 20，方差为 8

14. 在抽查某产品尺寸的过程中，将尺寸分成若干组，$[a,b)$ 是其中一组，抽查出的个体数在该组内频率为 m，该组直方图的高为 h，则 $|a-b|$ 的值等于（　　）．

　　A. hm　　　　B. $\dfrac{m}{h}$　　　　C. $\dfrac{h}{m}$　　　　D. 与 m，h 无关

15. 某班级有 50 名学生，其中有 30 名男生和 20 名女生．随机询问了该班 5 名男生和 5 名女生在某次数学测验中的成绩．5 名男生的成绩分别为 86，94，88，92，90．5 名女生的成绩分别为 88，93，93，88，93．下列说法中一定正确的是（　　）．

　　A. 这种抽样方法是一种分层抽样

　　B. 这种抽样方法是一种系统抽样

　　C. 这 5 名男生成绩的方差大于这 5 名女生成绩的方差

　　D. 该班级男生成绩的平均数小于该班级女生成绩的平均数

第Ⅱ卷（非选择题，共 75 分）

二、填空题（本题共 15 小题，每小题 2 分，共 30 分）

16. 若 $A\cap B=\varnothing$，则事件 A 与 B 是_____事件．

17. 100 件产品中有 2 件次品，从中任取 3 件，至少有一正品的事件是_____事件．

18. 从 1，2，3，4，5 中任取两个不同的数，其和为 5 的概率为_____．

19. 碗里放了大小相同的 3 颗红豆，2 颗黄豆，4 颗黑豆，小明从中任取 1 颗，取出红豆或黑豆的概率为_____．

20. 10 件同类产品中，有 8 件正品，2 件次品，任意抽出 3 件，则至少有一件次品的对立事件是_____．

21. 在 $[0,9]$ 上随机取一实数，则该实数在 $[4,7]$ 上的概率为_____．

22. 一家快递公司的投递员承诺在上午 9：00—10：00 将一份文件送到某单位，如果这家单位的接收人员在上午 9：45 离开单位，那么他在离开单位前能拿到文件的概率

为_____.

23. 我国古代数学算经十书之一的《九章算术》有一衰分问题:"今有北乡八千一百人,西乡七千人,南乡五千四百人,凡三乡,发役五百人."意思是用分层抽样法从这三个乡抽出 500 人服役,则南乡应抽出_____人.

24. 对于(1)一定发生的;(2)很可能发生的;(3)可能发生的;(4)不可能发生的;(5)不太可能发生的,这 5 种生活现象,发生的概率由小到大的顺序是_____.(填序号)

25. 在样本频率分布直方图中,共有 11 个小长方形,若中间一个小长方形的面积等于其他 10 个小长方形的面积和的 $\frac{1}{5}$,且样本容量为 180,则中间一组的频数为_____.

26. 从 2 到 8 的 7 个数中随机取 1 个数,则取到质数的概率为_____.

27. 在党史学习教育动员大会上,习近平总书记强调全党同志要做到学史明理,学史增信,学史崇德,学史力行.某单位对 200 名党员进行党史知识测试,得到如图所示的频率分布直方图,则 $a =$ _____.

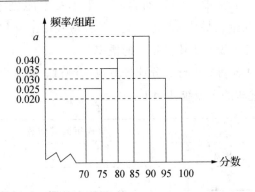

28. 某大学为了了解在校本科生对参加某项社会实践活动的意向,拟采用分层抽样的方法,从该校四个年级的本科生中抽取一个容量为 300 的样本进行调查,已知该校一年级、二年级、三年级、四年级的本科生人数之比 4∶5∶5∶6,则应从一年级本科生中抽取_____名学生.

29. 总体由编号为 01,02,…,19,20 的 20 个个体组成,利用下面的随机数表选取 5 个个体.7816,6572,0802,6314,0702,4369,9728,0198,3204,9234,4935,8200,3623,4869,6938,7481 选取方法是从随机数表第一行的第 5 列和第 6 列数字开始,由左到右依次选取两个数字,则选出来的第 5 个个体的编号为_____.

30. 某小组共 8 人,生物等级考试成绩如下:2 人 70 分,2 人 67 分,3 人 64 分,1 人 62 分,则该小组生物等级考试成绩的方差为_____.

三、解答题(本题共 7 个,共 45 分)

31.(5 分)某校组织一、二、三年级学生代表开会,一、二、三年级代表人数分别为 20、25、35 人.一人从门前经过听到代表发言,求发言人是二年级或者三年级学生代表的概率.

32.(5分)不透明的口袋内装有红球、白球和黄球共有20个,这些球除颜色外,其他都相同.将口袋内的球充分搅拌均匀,从中随机摸出一个球,记下颜色后放回,不断重复该摸球过程,共摸取2 525次球,发现有505次摸到白球,试估计口袋内红球和黄球共有多少个.

33.(7分)为了了解《中华人民共和国道路交通安全法》在学生中的普及情况,调查部门对某校6名学生进行问卷调查,得分情况如下:5,6,7,8,9,10,把这6名学生的得分看成一个总体.(1)求该总体的平均数;(2)用简单随机抽样方法从这6名学生中抽取2名,他们的得分组成就是一个样本,求该样本平均数与总体平均数之差的绝对值不超过0.5的概率.

34.(8分)某学校共有学生2 000名,各年级男、女生人数如下:

项目	高一年级	高二年级	高三年级
女生	x	373	y
男生	370	377	z

已知在全校学生中随机抽取1名,抽到高一年级女生的概率是0.19.(1)求x值;(2)现用分层抽样的方法在全校抽取48名学生,问:应在高三年级抽取多少名?(3)已知$y \geq 245$,$x \geq 245$,求高三年级女生比男生少的概率.

35.(7分)某篮球队对运动员进行3分球投篮成绩测试,每人每天投3分球10次,对甲乙两名队员在5天中进球的个数统计如下:

队员	每人每天进球数				
甲	9	7	10	6	8
乙	7	8	8	8	9

现根据以上结果,从甲乙两名队员中选一人去参加3分投篮比赛,应选哪名队员并说明理由.

36.(6分)从某学校高三年级的一次数学月考成绩中,抽取M名同学的成绩,统计表如下:

分组	频数	频率	频率/组距
(40,50]	3	0.03	0.003
(50,60]	5	0.05	0.005
(60,70]	11	0.11	0.011
(70,80]	37	0.37	0.037
(80,90]	m	n	p
(90,100]	10	0.1	0.01
合计	M	N	P

(1)求出表中 m，n，p，M，N，P 的值；

(2)若该区高三年级学生有 5 000 人，试估计这次考试中高三年级学生的平均分及分数在(60，90]的人数．

37.(7分)某赛季甲乙两名篮球运动员每场得分情况如下：

甲：12，15，24，25，31，31，36，36，37，39，44，49，50；

乙：8，13，14，16，23，26，28，33，38，39，51．

(1)根据甲乙两名运动员得分情况，画出其茎叶图；

(2)根据茎叶图分析甲乙两名运动员的水平．

参考答案

第6章 直线和圆的方程

6.1 坐标中的基本公式

6.1.1 数轴上的距离公式与中点公式

【课堂基础训练】

一、选择题

1. D 解析：数轴上点的表示方法为 $A(x)$. 故选 D.

2. C 解析：数轴上右边的点比左边大. 故选 C.

3. D 解析：用中点坐标公式，$\dfrac{3-6}{2}=-\dfrac{3}{2}$. 故选 D.

二、填空题

4. -2，6 解析：由题知 $a+2=0$，$b-6=0$，解得 $a=-2$，$b=6$.

5. -4，0 解析：向左移动为 -4，向右移动为 0.

三、解答题

6. 解析：(1) 数轴上标出 -3 和 4.

(2) 数轴上标出 0.

(3) 数轴上标出 -2 和 2.

(4) 数轴上标出 -3 和 3.

【课堂拓展训练】

一、选择题

1. B 解析：$|AB|=|-5-0|=5$. 故选 B.

2. C 解析：$|AB|=|m-4|=2$，解得 $m=2$ 或 6. 故选 C.

3. B 解析：距离是正数，故 C 和 D 错误，A，B 中点是 $-\dfrac{9}{2}$，故 A 错误，选 B.

— 1 —

二、填空题

4. 6　解析：由题知 $\dfrac{2+m}{2}=5$，解得 $m=8$，所以 $|AB|=|8-2|=6$.

5. 16　解析：由题知 $\begin{cases} a+b=20 \\ b+c=16 \\ a+c=-4 \end{cases}$ 三个方程加起来得 $2(a+b+c)=32$，解得 $a+b+c=16$.

三、解答题

6. 解析：因为点 A 到原点的距离是 3，点 B 到原点的距离是 5. 所以 A 为 3 或 -3，B 为 5 或 -5.

则 $|AB|=|5-3|=2$，$|AB|=|-5-3|=8$，$|AB|=|5+3|=8$，$|AB|=|-5+3|=2$，综上 $|AB|=8$ 或 2.

6.1.2　平面直角坐标系中的距离公式与中点公式

【课堂基础训练】

一、选择题

1. C　解析：由于点 $P(-5,0)$ 和原点 $(0,0)$ 都在 x 轴上，因此 $|PO|=|-5-0|=5$，故选 C. 注意：使用两点间的距离公式也可求得 $|PO|=\sqrt{(0+5)^2+(0-0)^2}=5$.

2. D　解析：点 $P(x,y)$ 关于 x 轴的对称点是 $(x,-y)$，关于 y 轴的对称点是 $(-x,y)$，关于坐标原点的对称点是 $(-x,-y)$，故选 D.

3. B　解析：因为 $A(-3,4)$，$B(2,3)$，所以线段 AB 的中点是 $\left(\dfrac{-3+2}{2},\dfrac{4+3}{2}\right)$，即 $\left(-\dfrac{1}{2},\dfrac{7}{2}\right)$，故选 B.

4. A　解析：因为 $A(-2,5)$，$B(2,3)$，所以由两点间的距离公式可得 $|AB|=\sqrt{(2+2)^2+(3-5)^2}=2\sqrt{5}$，故选 A.

5. B　解析：点 (x,y) 关于 x 轴的对称点为 $(x,-y)$，故选 B.

6. C　解析：由两点间的距离公式得：$\sqrt{(a-3)^2+(3-5)^2}=2\sqrt{2}$，解得 $a=-2$ 或 $a=2$.

7. C　解析：直径的中点是圆心，线段 AB 的中点是 $\left(\dfrac{-3+1}{2},\dfrac{4-3}{2}\right)$，即 $\left(-1,\dfrac{1}{2}\right)$，故选 C.

8. A　解析：由题可知 B 为 AC 的中点，设 $C(x,y)$，由中点坐标公式得 $\begin{cases}\dfrac{-3+x}{2}=6 \\ \dfrac{4+y}{2}=7\end{cases}$，解得 $\begin{cases}x=15 \\ y=9\end{cases}$，故选 A.

9. D　解析：设点 M 坐标为 $(a，0)$，由两点间的距离公式得：$\sqrt{(a-2)^2+(0-5\sqrt{3})^2}=10$，解得 $a=-3$ 或 $a=7$.

10. B　解析：点 $M(2，-3)$ 关于原点的对称点为 $(-2，3)$，由两点间的距离公式得：$\sqrt{(2+2)^2+(-3-3)^2}=2\sqrt{13}$，故选 B.

二、填空题

11. 2　解析：由两点间的距离公式得 $|AB|=\sqrt{(3-3)^2+(4-2)^2}=2$.

12. $\left(\dfrac{5}{2}，-\dfrac{9}{2}\right)$　解析：由中点坐标公式得 $\left(\dfrac{3+2}{2}，\dfrac{-4-5}{2}\right)$，即 $\left(\dfrac{5}{2}，-\dfrac{9}{2}\right)$.

13. -4 或 8　解析：因为 $|AB|=10$，且 $A(a，-5)$，$B(2，3)$，所以由两点间的距离公式可得 $\sqrt{(2-a)^2+(3+5)^2}=10$，解得 $a=-4$ 或 $a=8$.

14. $(7，6)$　解析：设点 B 的坐标为 $(x，y)$，则由题意可知，点 P 是线段 AB 的中点，由中点公式有 $\begin{cases}\dfrac{-3+x}{2}=2\\\dfrac{4+y}{2}=5\end{cases}$，解得 $\begin{cases}x=7\\y=6\end{cases}$，故点 A 关于点 P 的对称点 B 的坐标是 $(7，6)$.

15. -6　解析：因为 x 轴上的点纵坐标为 0，所以 PQ 的中点的纵坐标为 0，即 $\dfrac{6+b}{2}=0$，解得 $b=-6$.

16. 1 或 3　解析：由两点间的距离公式得 $|AB|=\sqrt{(m-5)^2+(-1-m)^2}=2\sqrt{5}$，解得 $m=1$ 或 3.

三、解答题

17. 解析：由两点间的距离公式得：$\sqrt{(a-2)^2+(4+1)^2}=\sqrt{41}$，解得 $a=-2$ 或 $a=6$.

18. 解析：设 PQ 的四等分点依次为 A，B，C，则 B 为 PQ 的中点 $\left(\dfrac{-4+2}{2}，\dfrac{3-5}{2}\right)$，即 $(-1，-1)$. A 为 PB 的中点 $\left(\dfrac{-4-1}{2}，\dfrac{3-1}{2}\right)$，即 $\left(-\dfrac{5}{2}，1\right)$；$C$ 为 BQ 的中点 $\left(\dfrac{-1+2}{2}，\dfrac{-1+5}{2}\right)$，即 $\left(\dfrac{1}{2}，2\right)$.

19. 解析：设点 D 的坐标为 $(x，y)$，因为平行四边形的两条对角线的中点相同，所以它们的坐标也相同，于是由线段的中点公式有 $\begin{cases}\dfrac{2+x}{2}=\dfrac{1+5}{2}\\\dfrac{-5+y}{2}=\dfrac{0+2}{2}\end{cases}$，解得 $\begin{cases}x=4\\y=7\end{cases}$. 因此，顶点 D 的坐标是 $(4，7)$.

20. 解析：因点 C 是线段 AB 的中点，由中点坐标公式有 $\begin{cases}\dfrac{1-7}{2}=m\\\dfrac{1-6}{2}=n\end{cases}$，解得 $\begin{cases}m=-3\\n=-\dfrac{5}{2}\end{cases}$，则 $m+n=-\dfrac{11}{2}$.

【课堂拓展训练】

一、填空题

1. (1，0)　解析：设点 $A(-3,2)$ 关于点 $M(-1,1)$ 的对称点的坐标为 (x,y)，则由中点公式可得 $\dfrac{-3+x}{2}=-1$，$\dfrac{2+y}{2}=1$，解得 $x=1$，$y=0$，故所求对称点为 $(1,0)$.

2. $\dfrac{1}{2}$　解析：由两点间的距离公式得：$\sqrt{(a-1)^2+(3+1)^2}=\sqrt{(a-4)^2+(3-5)^2}$，解得 $a=\dfrac{1}{2}$.

3. (2，1)　解析：AC 中点为 $D\left(\dfrac{4+1}{2},\dfrac{3-2}{2}\right)$，即 $\left(\dfrac{5}{2},\dfrac{1}{2}\right)$. 设 B 关于 D 的对称点为 (x,y)，由中点公式有 $\begin{cases}\dfrac{3+x}{2}=\dfrac{5}{2}\\\dfrac{0+y}{2}=\dfrac{1}{2}\end{cases}$，解得 $\begin{cases}x=2\\y=1\end{cases}$，故点 A 关于点 P 的对称点 B 的坐标是 $(2,1)$.

4. 5　解析：AB 的中点 D 为 $\left(\dfrac{-1+1}{2},\dfrac{2-4}{2}\right)$，即 $(0,-1)$，则 $|CD|=\sqrt{(3-0)^2+(3+1)^2}=5$.

5. 12　解析：点 $M(8,6)$ 关于 x 轴的对称点为 $M'(8,-6)$，则 $|MM'|=\sqrt{(8-8)^2+(6+6)^2}=12$.

6. 1，4　解析：因点 $M(3,\lambda)$ 关于点 $N(\mu,4)$ 的对称点为 $M'(5,7)$，则 $\begin{cases}\dfrac{3+5}{2}=\mu\\\dfrac{\lambda+7}{2}=4\end{cases}$，解得 $\lambda=1$，$\mu=4$.

二、解答题

7. 解析：因为 $A(-1,3)$，$B(1,-1)$，$C(3,0)$，所以 $|AB|=\sqrt{(1+1)^2+(-1-3)^2}=2\sqrt{5}$，$|BC|=\sqrt{(3-1)^2+(0+1)^2}=\sqrt{5}$，$|AC|=\sqrt{(3+1)^2+(0-3)^2}=5$，而 $|AB|^2+|BC|^2=|AC|^2$，所以 $\angle B$ 为直角，因此，$\triangle ABC$ 是以点 B 为直角顶点的直角三角形.

8. **解析**：由于点 P 在 y 轴上，因此可设点 P 的坐标为 $(0,y)$. 又因为 $|PA|=10$，$A(-4,3)$，所以 $\sqrt{(-4-0)^2+(3-y)^2}=10$，即有 $(y-3)^2=84$，解得 $y=3\pm2\sqrt{21}$，故点 P 的坐标为 $(0,3+2\sqrt{21})$ 或 $(0,3-2\sqrt{21})$.

9. **解析**：由于点 B 在直线 $y=x$ 上运动，因此可设点 B 的坐标为 (a,a). 又因为 $|AB|=\sqrt{10}$，$A(2,0)$，所以 $\sqrt{(a-2)^2+a^2}=\sqrt{10}$，解得 $a=3$ 或 $a=-1$，故点 B 的坐标为 $(3,3)$ 或 $(-1,-1)$.

10. **解析**：设 $A(x_1,y_1)$，$B(x_2,y_2)$，$C(x_3,y_3)$，由题知 $\begin{cases} x_1+x_2=-2 \\ x_3+x_2=8 \\ x_1+x_3=-4 \end{cases}$，三个方程相加得 $2(x_1+x_2+x_3)=2$，$x_1+x_2+x_3=1$，所以 $x_1=-7$，$x_2=5$，$x_3=3$，同理可得 $y_1=7$，$y_2=-5$，$y_3=3$. 所以得 $A(-7,7)$，$B(5,-5)$，$C(3,3)$.

6.2 直线的方程

6.2.1 直线与方程

【课堂基础训练】

一、选择题

1. A **解析**：把点代入方程得 $2m+6=4$，解得 $m=-1$. 故选 A.

2. D **解析**：把 $x=-3$ 代入得 $2\times(-3)+3=-3\neq 3$，不在直线 $y=2x+3$ 上. 故选 D.

3. A **解析**：平行于 y 轴，直线方程为 $x=x_0$. 故选 A.

二、填空题

4. $y=-4$ **解析**：平行于 x 轴，直线方程为 $y=y_0$.

5. $x=-\dfrac{1}{2}$ **解析**：平行于 y 轴，直线方程为 $x=x_0$.

三、解答题

6. **解析**：(1)在；(2)不在；(3)不在；(4)在.

【课堂拓展训练】

一、选择题

1. D **解析**：把点代入方程得 $-2\times(-4)+1=a$，解得 $a=9$. 故选 D.

2. B **解析**：直线 $x=3$ 表示横坐标为 3 的点. 故选 B.

3. A **解析**：直线 $y=3$ 表示纵坐标为 3 的点. 故选 A.

二、填空题

4. 5 **解析**：方程为 $y=5$ 的直线上所有点的纵坐标都为 5.

5. -5 解析：方程为 $x=-5$ 的直线上所有点的横坐标都为 -5.

三、解答题

6. 解析：因为点 $A(-1,2)$，$B(4,3)$ 在方程为 $y=kx+b$ 的直线上，所以
$\begin{cases} -k+b=2 \\ 4k+b=3 \end{cases}$，解得 $\begin{cases} k=\dfrac{1}{5} \\ b=\dfrac{11}{5} \end{cases}$.

6.2.2 直线的倾斜角和斜率

【课堂基础训练】

一、选择题

1. D 解析：斜率不存在指倾斜角为 $90°$ 的直线，故选 D.

2. D 解析：$k=\tan 150°=-\dfrac{\sqrt{3}}{3}$，故选 D.

3. B 解析：$k=\dfrac{y_2-y_1}{x_2-x_1}=\dfrac{4-3}{x+2}=-3$，解得 $x=\dfrac{7}{3}$.

4. A 解析：每一条直线都有唯一确定的倾斜角，故 A 正确；与 y 轴垂直的直线的倾斜角为 $0°$，B 错误；若直线的倾斜角为 α，则 $\sin\alpha\geqslant 0$，C 错误；倾斜角为 $90°$ 的直线没有斜率，D 错误.

5. C 解析：直线 $x=1$，表示垂直于 x 轴的直线，斜率不存在，倾斜角为 $90°$，故选 C.

6. A 解析：垂直于 y 轴的直线，平行于 x 轴，倾斜角为 $0°$，$k=0$，故选 A.

7. C 解析：斜率不存在的直线垂直于 x 轴，故选 C.

8. A 解析：$k=\tan\alpha=\dfrac{y_2-y_1}{x_2-x_1}=\dfrac{2\sqrt{3}-\sqrt{3}}{4-1}=\dfrac{\sqrt{3}}{3}$，$\alpha=30°$，故选 A.

9. C 解析：(4) 当 $\alpha\in\left[\dfrac{\pi}{2},\pi\right)$ 时，若 $\alpha=\dfrac{\pi}{2}$，斜率不存在，(4) 错误，其他三项均正确，故选 C.

10. C 解析：$45°\leqslant\alpha<90°$，k 随 α 的增大而增大，所以 $k\geqslant 1$.

二、填空题

11. $\dfrac{4}{5}$ 解析：$k=\dfrac{y_2-y_1}{x_2-x_1}=\dfrac{-1-3}{-2-3}=\dfrac{4}{5}$.

12. $135°$ 解析：$\tan\alpha=-1$，$\alpha=135°$.

13. $30°$ 解析：$k=\tan\alpha=\dfrac{y_2-y_1}{x_2-x_1}=\dfrac{2-1}{\sqrt{3}-0}=\dfrac{\sqrt{3}}{3}$，$\alpha=30°$.

14. $0°$ 解析：与 x 轴平行，倾斜角为 $0°$.

15. $\tan 2$ 解析：$k=\tan\alpha=\tan 2$.

16. 60°或120°　**解析：** $|k|=\sqrt{3}$，$k=\pm\sqrt{3}$，$\alpha=60°$或$120°$.

三、解答题

17. 解析： 直线$k_1=\tan\alpha_1=\tan 60°=\sqrt{3}$，直线$l_2$的倾斜角$\alpha_2=90°+60°=150°$，因此，直线$l_2$的斜率$k=\tan 150°=\tan(180°-30°)=-\tan 30°=-\dfrac{\sqrt{3}}{3}$.

18. 解析： $k=\tan\alpha=\dfrac{y_2-y_1}{x_2-x_1}=\dfrac{a-3}{2-4}=-1$，解得$a=5$.

19. 解析： 因为点$A(1,-4)$，$B(-5,3)$，$C(m,-5)$在同一条直线上，所以$k_{AB}=k_{AC}$，即$\dfrac{3+4}{-5-1}=\dfrac{-5+4}{m-1}$，解得$m=\dfrac{13}{7}$.

20. 解析： (1)存在，$k=\tan 45°=1$；(2)存在，$k=\dfrac{2-2}{3+1}=0$；(3)不存在；(4)不存在.

【课堂拓展训练】

一、填空题

1. 0　**解析：** $k=\tan 135°=-1=\dfrac{a-3}{1+2}$，解得$a=0$.

2. 12　**解析：** 因为$A(-2,3)$，$B(-1,7)$，$C\left(\dfrac{1}{4},a\right)$三点共线，所以$k_{AB}=k_{AC}$，即$\dfrac{7-3}{-1-(-2)}=\dfrac{a-3}{\dfrac{1}{4}-(-2)}$，解得$a=12$.

3. 90°　**解析：** 因为两坐标横坐标相等，故斜率不存在，倾斜角为$90°$.

4. 36°　**解析：** $k=\dfrac{\sin 36°}{\cos 36°}=\tan 36°=\tan\alpha$，因为$0°\leqslant\alpha<180°$，所以$\alpha=36°$.

5. $\left[0,\dfrac{\pi}{4}\right)\cup\left(\dfrac{3\pi}{4},\pi\right)$　**解析：** $-1<k<1$拆分两部分$(-1,0)\cup[0,1)$，在各自小区间范围内k随α的增大而增大.

6. $k_3<k_4<k_1<k_2$　**解析：** 因为α_1，α_2为锐角，$\alpha_1<\alpha_2$，所以$k>0$，$k_1<k_2$；因为α_3，α_4为钝角，$\alpha_3<\alpha_4$，所以$k<0$，$k_3<k_4$，综上$k_3<k_4<k_1<k_2$.

二、解答题

7. 解析： 由$\sin^2\alpha+\cos^2\alpha=1$得$\cos^2\alpha=1-\left(\dfrac{4}{5}\right)^2=\dfrac{9}{25}$，$\cos\alpha=\pm\dfrac{3}{5}$. 则$k=\tan\alpha=\dfrac{\sin\alpha}{\cos\alpha}=\pm\dfrac{4}{3}$.

8. 解析： 设$A(a,0)$，$B(0,b)$，因为$P(-1,-1)$为AB的中点，所以$\dfrac{a+0}{2}=-1$，

即 $a=-2$，所以 $k=\dfrac{-2+1}{0+1}=-1$，则 $\alpha=135°$.

9. 解析：因为 $B(2,-3)$，$C(-5,m)$，且 D 为线段 BC 的中点，所以点 D 的坐标为 $\left(\dfrac{2-5}{2},\dfrac{-3+m}{2}\right)$，即 $\left(-\dfrac{3}{2},\dfrac{m-3}{2}\right)$. 由于直线 AD 的倾斜角为 $\dfrac{\pi}{4}$，因此直线 AD 的斜率为 $k_{AD}=\tan\dfrac{\pi}{4}=1$. 又因为点 A 的坐标是 $(1,5)$，所以由斜率公式有 $k_{AD}=\dfrac{\dfrac{m-3}{2}-5}{-\dfrac{3}{2}-1}=1$，解得 $m=8$. 于是点 D 的坐标为 $\left(-\dfrac{3}{2},\dfrac{5}{2}\right)$. 故线段 AD 的长 $|AD|=\sqrt{\left(-\dfrac{3}{2}-1\right)^2+\left(\dfrac{5}{2}-5\right)^2}=\dfrac{5\sqrt{2}}{2}$.

10. 解析：当 $m=3$ 时，斜率不存在，倾斜角 α 是直角. 当 $m\neq 3$ 时，$k=\dfrac{4-2}{m-3}=\dfrac{2}{m-3}$，当 $m>3$ 时，$k>0$，倾斜角 α 为锐角；当 $m<3$ 时，$k<0$，倾斜角 α 为钝角.

6.2.3 直线方程的几种形式

【课堂基础训练】

一、选择题

1. D　解析：直线的点斜式方程为 $y-y_0=k(x-x_0)$，故选 D.

2. D　解析：化为点斜式方程 $y-(-3)=-(x-2)$，故选 D.

3. C　解析：$k=\dfrac{7-3}{4-2}=2$，点斜式方程 $y-3=2(x-2)$，故选 C.

4. B　解析：平行于 x 轴，倾斜角为 0，所以 $k=0$，故选 B.

5. C　解析：已知在 y 轴上的截距，设为截距式 $y=kx+b$，$b=-2$，代入点 $(1,2)$，解得 $k=4$，故选 C.

6. B　解析：令 $x=0$，求得在 y 轴上的截距为 2；令 $y=0$，求得在 x 轴上的截距为 -10，故选 B.

7. C　解析：直线的斜率 $k=\tan\alpha=-\dfrac{\sqrt{3}}{3}$，$\alpha=150°$，故选 C.

8. B　解析：$AB<0$，$k=-\dfrac{A}{B}>0$；$BC>0$，$b=-\dfrac{C}{B}<0$，故选 B.

9. C　解析：根据倾斜角的范围，$k=\tan\alpha<0$，所以 $-(m-2)<0$，解得 $m>2$，故选 C.

10. B　解析：设已知直线倾斜角为 α，$k=\tan\alpha=\sqrt{3}$，所以 $\alpha=60°$，$2\alpha=120°$，$\tan 2\alpha=-\sqrt{3}$，故选 B.

二、填空题

11. $x+y-3=0$　　解析：由题知 $k=\tan 135°=-1$.

12. $135°$　　解析：$k=-\dfrac{A}{B}=-1=\tan\alpha$，$\alpha=135°$.

13. $\dfrac{3}{8}$　　解析：令 $x=0$，求得在 y 轴上的截距为 -1；令 $y=0$，求得在 x 轴上的截距为 $\dfrac{3}{4}$，$S=\dfrac{1}{2}|ab|$.

14. $4x+3y-12=0$　　解析：直线过点 $(3,0)$，$(0,4)$，$k=-\dfrac{4}{3}$.

15. 二　　解析：$k>0$，递增；$b<0$，与 y 轴交点在下方.

16. $y=2$，$x=-5$　　解析：倾斜角为 $0°$，$k=\tan 0°=0$；倾斜角为 $90°$，k 不存在.

三、解答题

17. 解析：(1) $k=\tan 150°=-\dfrac{\sqrt{3}}{3}$，由点斜式方程得 $y-4=-\dfrac{\sqrt{3}}{3}(x+2)$，整理得 $x+\sqrt{3}y+2-4\sqrt{3}=0$.

(2) $k=-6$，在 x 轴上的截距为 -2，过点 $(-2,0)$，代入点斜式方程 $y=-6(x+2)$，得直线方程 $6x+y+12=0$.

(3) $y=-\dfrac{4}{3}x+4$.

18. 解析：设 BC 中点为 M，由中点坐标公式得 $M(1,0)$，BC 边上的中线 AM 的斜率 $k=5$，由点斜式方程 $y=5(x-1)$，得直线方程 $5x-y-5=0$.

19. 解析：设已知直线的倾斜角为 α，$k=\tan\alpha=-\sqrt{3}$，$\alpha=120°$. 所以 $\dfrac{1}{4}\alpha=30°$. 直线 l 的斜率 $k_l=\tan 30°=\dfrac{\sqrt{3}}{3}$，由点斜式方程 $y-3=\dfrac{\sqrt{3}}{3}(x+1)$，得 $x-\sqrt{3}y+1+3\sqrt{3}=0$.

20. 解析：设直线与 x 轴的交点为 $(a,0)$，与 y 轴的交点为 $(0,b)$，由中点坐标公式 $\dfrac{a+0}{2}=3$，$\dfrac{0+b}{2}=2$，得 $a=6$，$b=4$. 直线过点 $(6,0)$，$(0,4)$ 可得一般式方程为 $2x+3y-12=0$.

【课堂拓展训练】

一、填空题

1. $4x-3y-10=0$　　解析：$\cos\alpha=\dfrac{3}{5}<0$，$\alpha\in\left(0,\dfrac{\pi}{2}\right)$，得 $\tan\alpha=\dfrac{4}{3}$，代入方程 $y+2=\dfrac{4}{3}(x-1)$.

2. $3x+y=0$ 或 $x+y-2=0$　　解析：横纵截距相等，$a=b$. 直线过点 $(a,0)$，$(0,$

a). $a=0$ 时，直线过原点，$y=-3x$；$a\neq 0$ 时，$k=-1$，$x+y-2=0$.

3. $3x+2y-12=0$　解析：B 在 y 轴正半轴，设坐标为 $(0,b)$，$b>0$. $A(2,3)$，$|AO|=|AB|$，取 OB 中点 M，$AM\perp OB$，所以 $M\left(0,\dfrac{b}{2}\right)$. $\dfrac{b}{2}=3$，$b=6$，$B(0,6)$，直线 AB 所在方程为 $3x+2y-12=0$.

4. 充分不必要条件　解析：代入 $k=-1$，$a=b=-3$；$y=kx+2k-1$ 在坐标轴上截距相等，$2k-1=\dfrac{1-2k}{k}$，解得 $k=-1$ 或 $\dfrac{1}{2}$.

5. 三　解析：$AB<0$，$k=\dfrac{A}{B}<0$；$AC<0$，A，C 异号，$b=\dfrac{C}{B}>0$.

6. $\dfrac{4}{3}$　解析：$k=-\dfrac{(m^2-2m-3)}{(2m^2+m-1)}=1$，解得 $m=-1$ 或 $\dfrac{4}{3}$. 代入直线方程检验，$m\neq -1$.

二、解答题

7. 解析：$\sin\alpha=\dfrac{3}{5}$，$\alpha\in(0,\pi)$，由 $\sin^2\alpha+\cos^2\alpha=1$，得 $\cos\alpha=\pm\dfrac{4}{5}$. 所以 $k=\tan\alpha=\pm\dfrac{3}{4}$. 直线方程 $3x-4y-12=0$ 或 $3x+4y+12=0$.

8. 解析：过点 $(0,-4)$，$b=-4$，$S=\dfrac{1}{2}|ab|=5$，解得 $a=\pm\dfrac{5}{2}$. 利用两点求 $k=\pm\dfrac{8}{5}$. 直线方程为 $8x-5y-80=0$ 或 $8x+5y+80=0$.

9. 解析：直线在两坐标轴上的截距之和等于 12，则 $a+b=12$，$b=12-a$，直线过点 $(a,0)$，$(0,12-a)$，$A(-3,4)$，$\dfrac{4-0}{-3-a}=\dfrac{4-(12-a)}{-3-0}$，解得 $a=9$ 或 -4. 所以直线方程为 $x+3y-9=0$ 或 $4x-y+16=0$.

10. 解析：直线在 x 轴上的截距是在 y 轴上截距的 2 倍，则 $a=2b$. 直线过点 $(2b,0)$ $(0,b)$. $b=0$ 时直线过原点，$y=\dfrac{2}{5}x$，化为一般式方程 $2x-5y=0$；$b\neq 0$ 时，$k=-\dfrac{1}{2}$，得 $y-2=-\dfrac{1}{2}(x-5)$，化为一般式方程 $x+2y-9=0$.

6.2.4　直线与直线的位置关系

【课堂基础训练】

一、选择题

1. D　解析：A. $l_1/\!/l_2$，$k_1=k_2$，$b_1\neq b_2$；B. k 不一定存在；C. 重合，故选 D.

2. C　解析：与 x 轴平行斜率 $k=0$，$y-4=0$，故选 C.

3. B　解析：两直线平行，斜率相等，$k_1=k_2$，$-\dfrac{1}{3}=\dfrac{1}{m+5}$，解得 $m=-8$，故选 B.

4. B 解析：与已知直线平行的直线设为 $x-y+m=0$，代入点$(1,2)$，得 $m=1$，故选 B.

5. D 解析：两条直线平行，$\dfrac{1}{a-2}=\dfrac{a}{3}\neq\dfrac{6}{2a}$，解得 $a=3$ 或 -1，代入 $\dfrac{a}{3}\neq\dfrac{6}{2a}$，舍掉 3，故选 D.

6. D 解析：化成一般式 $2x+y-5=0$，$\dfrac{3}{2}\neq\dfrac{2}{1}$，故选 D.

7. B 解析：斜率 k 不存在，直线垂直于 x 轴，斜率 $k=0$，直线平行于 x 轴，所以两直线相交，故选 B.

8. A 解析：$k_1k_2=-1$，两条直线垂直；两条垂直的直线，可以有一条斜率不存在，另一条斜率为零，故选 A.

9. B 解析：求出 l_2 与 y 轴的交点 $\left(0,\dfrac{4}{3}\right)$，$l_1$，$l_2$ 交于 y 轴上的同一点，代入 l_1 得 $C=-4$，故选 B.

10. A 解析：两条直线 $l_1\perp l_2$，$2m-15+3m=0$，解得 $m=3$，故选 A.

二、填空题

11. 平行 解析：两条直线的斜率相等，$k_1=k_2=-1$.

12. $m=-1$ 解析：两条直线平行，斜率相等 $\dfrac{m-1}{-2-m}=-2$，解得 $m=-1$.

13. $(-1,0)$ 解析：求两条直线的交点，联立方程组 $\begin{cases}x+4y+1=0\\4x-y+4=0\end{cases}$，解得 $\begin{cases}x=-1\\y=0\end{cases}$.

14. $3x-2y-8=0$ 解析：设与已知直线平行的直线为 $3x-2y+m=0$，代入点 $(2,-1)$，求得 $m=-8$.

15. $7x+y-13=0$ 解析：与已知直线垂直的直线为 $7x+y+n=0$，代入点 $(-2,1)$，得 $n=-13$.

16. $x-2y-1=0$ 解析：两条直线垂直，$k_1k_2=-1$，$k_1=-2$，$k_2=\dfrac{1}{2}$. 垂直平分线过中点，由中点坐标公式得 $(3,1)$，代入点斜式方程 $y-1=\dfrac{1}{2}(x-3)$.

三、解答题

17. 解析：(1) $k_1=k_2=-2$，$b_1=-3$，$b_2=5$，$b_1\neq b_2$，$l_1/\!/l_2$.

(2) $k_1=-\dfrac{4}{3}$，$k_2=\dfrac{3}{4}$，$k_1\neq k_2$，两条直线相交，联立方程组 $\begin{cases}4x+3y-2=0\\3x-4y+5=0\end{cases}$，解得 $\begin{cases}x=-\dfrac{7}{25}\\y=\dfrac{26}{25}\end{cases}$.

11

(3) $k_1=\dfrac{3}{2}$，$k_2=3$，$k_1\neq k_2$，两条直线相交，联立方程组 $\begin{cases}y=\dfrac{3}{2}x+1\\3x-y=0\end{cases}$，解得 $\begin{cases}x=\dfrac{2}{3}\\y=2\end{cases}$.

18. 解析：(1)与直线 BC 平行，斜率相等，$k=-2$. 经过点 $A(6,1)$，由点斜式方程 $y-1=-2(x-6)$，得 $2x+y-13=0$.

(2) BC 边上的高线 AD 垂直于 BC，$kk_{AD}=-1$，$k_{AD}=\dfrac{1}{2}$，由点斜式方程 $y-1=\dfrac{1}{2}(x-6)$，得 $x-2y-4=0$.

19. 解析：联立方程组 $\begin{cases}2x+3y-5=0\\x-4y+3=0\end{cases}$ 交点 P，点 P 的坐标为 $(1,1)$，与直线 $2x-y+3=0$ 垂直，设方程为 $x+2y+n=0$，代入点 P 得 $n=-3$，所以直线方程为 $x+2y-3=0$.

20. 解析：(1) $l_1\parallel l_2$，$k_1=k_2=3$，$-\dfrac{1}{m}=3$，$m=-\dfrac{1}{3}$.

(2) $l_1\perp l_2$，$k_1k_2=-1$，$k_2=-\dfrac{1}{3}=-\dfrac{1}{m}$，$m=3$.

【课堂拓展训练】

一、填空题

1. $k\neq -9$ 解析：两条直线相交，$k_1\neq k$，$k_1=\dfrac{1}{3}\neq -\dfrac{3}{k}$，解得 $k\neq -9$.

2. 充要条件 解析：$l_1\parallel l_2$，$\dfrac{1}{a-2}=\dfrac{a}{3}\neq \dfrac{2}{6a}$，则 $a=3$ 或 -1. 代入检验得 $a=3$.

3. $\sin\alpha=\dfrac{2\sqrt{5}}{5}$ 解析：$k=\tan\alpha$，两条直线垂直，$kk_m=-1$，$k_m=\dfrac{1}{2}$，所以 $k=-2=\dfrac{\sin\alpha}{\cos\alpha}$，$\alpha\in(0,\pi)$，$\sin\alpha>0$，由 $\sin^2\alpha+\cos^2\alpha=1$，得 $\sin\alpha=\dfrac{2\sqrt{5}}{5}$.

4. $2x+3y-4=0$ 解析：联立方程组 $\begin{cases}x+y-1=0\\x-y+3=0\end{cases}$，求得交点坐标 $(-1,2)$. 与直线 $2x+3y-6=0$ 平行的直线设为 $2x+3y+m=0$，代入 $(-1,2)$，得 $m=-4$.

5. $-\dfrac{1}{2}$ 解析：联立方程组 $\begin{cases}2x+3y+8=0\\x-y-1=0\end{cases}$，解得 $\begin{cases}x=-1\\y=-2\end{cases}$，代入 $x+ky=0$，求得 $k=-\dfrac{1}{2}$.

6. $(2,-1)$ 解析：关于 $x+y=0$ 对称，x，y 交换位置，再加负号.

二、解答题

7. 解析：l_1 与直线 $x+3y+7=0$ 垂直，设为 $3x-y+n=0$. 在 x 轴、y 轴上的截距

分别为 $a=-\dfrac{n}{3}$,$b=n$,两坐标轴围成的面积 $S=\dfrac{1}{2}|ab|=6$,得 $n=\pm 6$,所以直线方程为 $3x-y+6=0$ 或 $3x-y-6=0$.

8. 解析：直线平行，则斜率相等. $-\dfrac{a}{b}=\dfrac{a+2}{2}=-\dfrac{4}{2}$,解得 $a=-6$, $b=-3$.

9. 解析：联立方程组 $\begin{cases} 4x-2y-1=0 \\ x-2y+5=0 \end{cases}$,求得直线的交点为 $\left(2,\dfrac{7}{2}\right)$,设直线的方程 $y-\dfrac{7}{2}=k(x-2)$, $A(0,4)$, $B(2,0)$ 到直线的距离相等，$\dfrac{\left|-2k+\dfrac{3}{2}\right|}{\sqrt{1+k^2}}=\dfrac{\left|\dfrac{7}{2}\right|}{\sqrt{1+k^2}}$,解得 $k=\dfrac{3}{2}$ 或 -2. 则直线 l 的方程为 $4x+2y-15=0$ 或 $3x-2y+1=0$.

10. 解析：(1) $l_1 \perp l_2$, $2m+(m-1)=0$,解得 $m=\dfrac{1}{3}$.

(2) $l_1 \parallel l_2$, $\dfrac{2}{m}=\dfrac{1}{m-1}\neq 1$,解得 $m=2$ 或 -1,检验得 $m=-1$.

(3) l_1 与 l_2 重合，$\dfrac{2}{m}=\dfrac{1}{m-1}=1$, $m=2$.

6.2.5 点到直线的距离

一、选择题

1. B 解析：直接利用点到直线距离公式可以求值 $d=\dfrac{|-3-1+2|}{\sqrt{1+(-1)^2}}=\sqrt{2}$,故选 B.

2. D 解析：直接利用点到直线距离公式可以求值 $d=\dfrac{|0+0+2|}{\sqrt{1+1}}=\sqrt{2}$,故选 D.

3. C 解析：直接利用点到直线距离公式 $d=\dfrac{|3m-8+8|}{\sqrt{3^2+(-4)^2}}=3$,整理得 $|m|=5$,解得 $m=\pm 5$,故选 C.

4. B 解析：直接利用点到直线距离公式 $d=\dfrac{|a\times 0+0+8|}{\sqrt{a^2+1}}=6$,整理得 $a^2=\dfrac{7}{9}$, $a=\pm\dfrac{\sqrt{7}}{3}$,故选 B.

5. A 解析：两条平行线之间的距离，利用公式 $d=\dfrac{|2-(-2)|}{\sqrt{1+(-1)^2}}=\dfrac{4}{\sqrt{2}}=2\sqrt{2}$,故选 A.

6. B 解析：两条直线平行，先将直线 $3x-4y-3=0$ 化为 $6x-8y-6=0$,然后利用平行直线间的距离公式有 $d=\dfrac{|8-(-6)|}{\sqrt{6^2+(-8)^2}}=\dfrac{14}{10}=1.4$,故选 B.

7. B 解析：直线的斜率为 1,设直线方程为 $y=x+b$,原点到直线的距离为 $\dfrac{\sqrt{2}}{2}$,

$\dfrac{|b|}{\sqrt{1+(-1)^2}}=\dfrac{\sqrt{2}}{2}$,得$|b|=1$,即$b=\pm 1$,所以直线方程为$x-y+1=0$或$x-y-1=0$,故选B.

8. C 解析:直接利用点到直线的距离公式可以直接求解,故选C.

9. A 解析:直接利用$(0,0)$到直线$x+y=0$算距离就可以,故选A.

10. D 解析:设点P的坐标为$(a,0)$,利用点到直线的距离$d=\dfrac{|3\times a-4\times 0+6|}{\sqrt{3^2+(-4)^2}}=\dfrac{|3a+6|}{5}=6$,有$|3a+6|=30$,得$a=8$或$a=-12$.所以,点$P$的坐标为$(-12,0)$或$(8,0)$,故选D.

二、填空题

11. 1 解析:直接利用点到直线的距离公式求值就可以.

12. $\sqrt{5}$ 解析:直线$y=\dfrac{1}{2}x-\dfrac{3}{2}$可化为$x-2y-3=0$,点到直线的距离$d=\dfrac{|2-2\times(-3)-3|}{\sqrt{1+(-2)^2}}=\sqrt{5}$.

13. $\dfrac{4}{7}$或4 解析:利用公式$d=\dfrac{|2(m-1)+3m-3|}{\sqrt{(m-1)^2+m^2}}=\sqrt{5}$,$|5m-5|=3\sqrt{2m^2-2m+1}$,整理得$7m^2-32m+16=0$,解得$a=\dfrac{4}{7}$或$a=4$.

14. $(-4,0)$或$(6,0)$ 解析:设点的坐标为$(a,-a)$,点到直线的距离为$d=\dfrac{|3a-4a-1|}{\sqrt{3^2+(-4)^2}}=1$,$|1-a|=5$,得$a=-4$或$a=6$,所以所求点的坐标为$(-4,0)$或$(6,0)$.

15. $12x+8y-15=0$ 解析:设动点坐标为(a,b),到两条直线的距离相等,所以$\dfrac{|3a+2b-6|}{\sqrt{3^2+2^2}}=\dfrac{|6a+4b-3|}{\sqrt{6^2+4^2}}$,化简$2\times|3a+2b-6|=|6a+4b-3|$,整理得$(6a+4b-12)+(6a+4b-3)=0$,即$12a+8b-15=0$,

所求的动点的轨迹方程为$12x+8y-15=0$.

16. $(-3,17)$ 解析:利用公式$d=\dfrac{|3m-4\times 6+3|}{\sqrt{3^2+(-4)^2}}<6$,整理得$|3m-21|<30$,解得$-3<m<17$.

三、解答题

17. 9 解析:以AB边为底,$A(1,-1)$,$B(-4,3)$,所以直线AB的斜率为$k_{AB}=\dfrac{3-(-1)}{-4-1}=-\dfrac{4}{5}$,直线$AB$的方程为$y-(-1)=-\dfrac{4}{5}(x-1)$,即$4x+5y+1=0$,点$C(5,-6)$到直线$AB$的距离为平行四边形的高,所以$h=\dfrac{|4\times 5+5\times(-6)+1|}{\sqrt{4^2+5^2}}=\dfrac{9}{\sqrt{41}}$,

$|AB|=\sqrt{[1-(-4)]^2+(-1-3)^2}=\sqrt{41}$，由此可以得到平行四边形的面积为 $S=|AB|\cdot h=\dfrac{9}{\sqrt{41}}\times\sqrt{41}=9$.

18. $8x+6y+45=0$ 或 $8x+6y-55=0$　　解析：设与直线 $8x+6y-5=0$ 平行的直线方程为 $8x+6y+c=0$，在已知直线上取一点 $\left(0,\dfrac{5}{6}\right)$，它到直线 $8x+6y+c=0$ 的距离为 5，由点到直线的距离公式，有 $d=\dfrac{\left|8\times0+6\times\dfrac{5}{6}+c\right|}{\sqrt{8^2+6^2}}=\dfrac{|c+5|}{10}=5$，解得 $c=45$ 或 $c=-55$，满足条件的直线方程为 $8x+6y+45=0$ 或 $8x+6y-55=0$.

19. $\dfrac{33}{2}$　　解析：(1)点 $B(-5,1)$，$C(-6,-3)$，BC 的斜率为 $k_{BC}=\dfrac{1-(-3)}{-5-(-6)}=4$，由直线的点斜式方程有 $y-1=4[x-(-5)]$，即 $4x-y+21=0$.

(2)点 $A(2,-4)$ 到直线 $4x-y+21=0$ 的距离为 $d=\dfrac{|4\times2-(-4)+21|}{\sqrt{4^2+(-1)^2}}=\dfrac{33}{\sqrt{17}}$.

(3)点 $B(-5,1)$，$C(-6,-3)$，$|BC|=\sqrt{[-5-(-6)]^2+[1-(-3)]^2}=\sqrt{17}$，所以 △ABC 的面积为 $S=\dfrac{1}{2}|BC|\cdot d=\dfrac{1}{2}\times\sqrt{17}\times\dfrac{33}{\sqrt{17}}=\dfrac{33}{2}$.

20. $x+y=0$ 或 $x+y-2=0$　　解析：直线的倾斜角为 $\dfrac{3\pi}{4}$，所以斜率为 $k=\tan\dfrac{3\pi}{4}=-1$，设直线方程为 $y=-x+b$，即 $x+y-b=0$，由点到直线的距离 $d=\dfrac{|2+(-1)-b|}{\sqrt{1^2+1^2}}=\dfrac{|1-b|}{\sqrt{2}}$，因此有 $\dfrac{|1-b|}{\sqrt{2}}=\dfrac{\sqrt{2}}{2}$，整理得 $|1-b|=1$，解得 $b=0$ 或 $b=2$，所以，满足条件的直线方程为 $x+y=0$ 或 $x+y-2=0$.

【课堂拓展训练】

一、填空题

1. 8　　解析：原点 $(0,0)$ 到直线的距离 $d=\dfrac{|0\times\sin\alpha+0\times\cos\alpha-8|}{\sqrt{\sin^2\alpha+\cos^2\alpha}}=8$.

2. $a=\pm7$　　解析：利用数形结合的方法很容易求出 $a=\pm7$.

3. $b=-1$ 或 $b=3$　　解析：直接利用点到直线距离公式 $d=\dfrac{|0-b+1|}{\sqrt{1^2+(-1)^2}}=\sqrt{2}$，整理得 $|1-b|=2$，由此可以解得 $b=-1$ 或 $b=3$.

4. $m=6$ 或 $m=-14$　　解析：两条平行线之间的距离公式 $d=\dfrac{|m+4|}{\sqrt{2^2+4^2}}=\sqrt{5}$，整理得 $|m+4|=10$，解得 $m=6$ 或 $m=-14$.

5. $3x-4y+40=0$ 或 $3x+4y+40=0$　解析：直线在 y 轴上的截距为10，设直线的斜率为 k，则直线方程为 $y=kx+10$，原点到直线的距离为8，利用点到直线的距离公式 $d=\dfrac{|0\times k-0+10|}{\sqrt{k^2+(-1)^2}}=8$，整理得 $k^2+1=\dfrac{100}{64}$，$k^2=\dfrac{9}{16}$，解得 $k=\pm\dfrac{3}{4}$，所以直线方程为 $y=\pm\dfrac{3}{4}x+10$，即 $3x-4y+40=0$ 或 $3x+4y+40=0$.

6. 9 或 -1　解析：直接利用点到直线的距离公式有 $d=\dfrac{|4a-3\times 3-7|}{\sqrt{4^2+(-3)^2}}=4$，整理得 $|4a-16|=20$，解得 $a=9$ 或 $a=-1$.

7. $x-4y-7=0$　解析：设动点坐标为 $M(x,y)$，根据题意可知：$|MA|=|MB|$，$\sqrt{(x-2)^2+(y-3)^2}=\sqrt{(x-4)^2+(y+5)^2}$，整理得 $x^2-4x+4+y^2-6y+9=x^2-8x+16+y^2+10y+25$，即 $x-4y-7=0$.

8. $(-1,-5)$ 或 $(3,3)$　解析：设点 $A(a,b)$ 在直线 $2x-y-3=0$ 上，所以 $2a-b-3=0$，所以有 $b=2a-3$，点 A 到直线 $3x+y-2=0$ 的距离为 $\sqrt{10}$，则 $d=\dfrac{|3a+b-2|}{\sqrt{3^2+1^2}}=\sqrt{10}$，所以 $|3a+b-2|=10$，即 $|5a-5|=10$，解得 $a=-1$ 或 $a=3$. 故满足条件的点为 $(-1,-5)$ 或 $(3,3)$.

9. $3x-y-14=0$　解析：设所求直线方程为 $3x-y+c=0$，两直线关于点 $A(2,1)$ 对称，故点 A 到两条直线距离相等，所以 $\dfrac{|3\times 2-1+4|}{\sqrt{3^2+(-1)^2}}=\dfrac{|3\times 2-1+c|}{\sqrt{3^2+(-1)^2}}$，整理得 $|5+c|=9$，解得 $c=-14$ 或 $c=4$(舍). 故所求直线方程为 $3x-y-14=0$.

10. $4x+y-6=0$ 或 $3x+2y-7=0$　解析：设直线的斜率为 k，直线经过点 $P(1,2)$，则直线方程为 $y-2=k(x-1)$，即 $kx-y+2-k=0$，点 $A(2,3)$，$B(4,-5)$ 到直线距离相等，所以，有 $\dfrac{|2k-3+2-k|}{\sqrt{k^2+(-1)^2}}=\dfrac{|4k-(-5)+2-k|}{\sqrt{k^2+(-1)^2}}$，整理得 $|k-1|=|3k+7|$，解得 $k=-\dfrac{3}{2}$ 或 $k=-4$.

满足条件的直线方程为 $y-2=-\dfrac{3}{2}(x-1)$ 或 $y-2=-4(x-1)$，即 $4x+y-6=0$ 或 $3x+2y-7=0$.

6.3 圆的方程

6.3.1 圆的标准方程

【课堂基础训练】

一、选择题

1. D 解析：圆心为(0,0)，半径为 $r=5$，圆的标准方程为 $(x-0)^2+(y-0)^2=5$，即 $x^2+y^2=5$，故选 D.

2. C 解析：圆心为 $(a,b)=(-2,5)$，$r=3$，根据圆的标准方程 $(x-a)^2+(y-b)^2=r^2$ 可以直接求解，即 $(x+2)^2+(y-5)^2=9$，故选 C.

3. B 解析：根据圆的标准方程 $(x-a)^2+(y-b)^2=r^2$，可以直接求解，故选 B.

4. A 解析：根据圆的标准方程 $(x-a)^2+(y-b)^2=r^2$，可以直接求解，故选 A.

5. C 解析：圆心为 $C(-2,3)$，直径为 $2\sqrt{5}$，所以半径为 $r=\sqrt{5}$，由圆的标准方程 $(x-a)^2+(y-b)^2=r^2$，可得圆的标准方程为 $(x+2)^2+(y-3)^2=5$，故选 C.

6. C 解析：圆心为 AB 的中点，利用中点坐标公式 $\left(\dfrac{-5+3}{2},\dfrac{-4+6}{2}\right)=(-1,1)$ 求出圆心，利用两点间距离公式求出半径 $r=\dfrac{1}{2}\sqrt{(-5-3)^2+(-4-6)^2}=\sqrt{41}$，就可以求出圆的方程，故选 C.

7. D 解析：圆心为 $(1,2)$ 且与 y 轴相切，则圆心到 y 轴的距离为半径，即半径 $r=1$，可以求出圆的方程，故选 D.

8. D 解析：圆心 $(1,1)$ 与原点 $(0,0)$ 的距离为半径，利用两点间距离公式就可以求出半径 $r=\sqrt{(1-0)^2+(1-0)^2}=\sqrt{2}$，因此，可以很容易求出圆的方程，故选 D.

9. A 解析：已知圆的圆心为 $(-1,3)$，所求圆与已知圆关于 x 轴对称，故对称圆心为 $(-1,-3)$，对称不会改变圆的半径，所以 $r=1$，根据圆的标准方程就可以求出对称圆，故选 A.

10. D 解析：圆心为 $(6,10)$，已知圆的半径为 $\sqrt{30}$，所以圆的方程为 $(x-6)^2+(y-10)^2=30$，故选 D.

二、填空题

11. $(x-2)^2+y^2=36$ 解析：直接利用圆的标准方程可以求出圆的方程.

12. $(-1,2)$，$r=2$ 解析：由圆的定义可知，圆心为 $(-1,2)$，半径为 $r=2$.

13. $(x+2)^2+(y-5)^2=169$ 解析：以点 $(-2,5)$ 为圆心，过点 $(3,-7)$，所以利用两点间距离公式就可以求出圆的半径 $r=\sqrt{(-2-3)^2+(5+7)^2}=13$，所以圆的方程为 $(x+2)^2+(y-5)^2=169$.

14. $(x-3)^2+(y+2)^2=4$ 解析：圆心为 $(3,-2)$，与 x 轴相切，则半径 $r=2$，所

以圆的方程为$(x-3)^2+(y+2)^2=4$.

15. $(x-5)^2+(y-1)^2=5$　**解析**：$A(4,3)$，$B(6,-1)$，AB为直径，所以圆心为$\left(\dfrac{4+6}{2},\dfrac{3-1}{2}\right)=(5,1)$，半径$r=\dfrac{1}{2}\sqrt{(4-6)^2+(3+1)^2}=\sqrt{5}$，所以圆的方程为$(x-5)^2+(y-1)^2=5$.

16. $(x-4)^2+(y-1)^2=1$　**解析**：与圆$(x-4)^2+(y-1)^2=17$有相同的圆心，则可设所求圆的方程为$(x-4)^2+(y-1)^2=r^2$，将点$M(3,1)$代入，可以得到$r^2=1$，所以所求圆的方程为$(x-4)^2+(y-1)^2=1$.

三、解答题

17. $(x-2)^2+y^2=20$　**解析**：因为圆心在x轴上，设圆心为$C(a,0)$，点$P(-2,2)$，$Q(0,4)$在圆上，由圆的定义$|PC|=|QC|$，$\sqrt{(-2-a)^2+(2-0)^2}=\sqrt{(0-a)^2+(4-0)^2}$，整理得$4a=8$，解得$a=2$，$r=|QC|=\sqrt{2^2+4^2}=2\sqrt{5}$，所以圆的方程为$(x-2)^2+y^2=20$.

18. $(x+1)^2+(y-1)^2=13$　**解析**：圆心在直线$x+y=0$上，设圆心为$C(a,-a)$，由圆的定义有$|PC|=|QC|$，$\sqrt{(2-a)^2+(3+a)^2}=\sqrt{(1-a)^2+(-2+a)^2}$，整理得$8a=-8$，解得$a=-1$，所以，圆心为$(-1,1)$，半径$r=|PC|=\sqrt{(2+1)^2+(3-1)^2}=\sqrt{13}$，所以圆的方程为$(x+1)^2+(y-1)^2=13$.

19. $\left(x+\dfrac{3}{5}\right)^2+\left(y+\dfrac{17}{5}\right)^2=\dfrac{58}{25}$　**解析**：设圆心为$C(a,b)$，半径为r，则圆的方程为$(x-a)^2+(y-b)^2=r^2$，根据题意可列方程组为$\begin{cases}3a+2b-5=0\\\sqrt{(-2-a)^2+(4-b)^2}=r^2\\\sqrt{(0-a)^2+(2-b)^2}=r^2\end{cases}$，整理得$\begin{cases}3a+2b-5=0\\a-b+4=0\end{cases}$，解得$\begin{cases}a=-\dfrac{3}{5}\\b=-\dfrac{17}{5}\end{cases}$，所以$r=|QC|=\sqrt{\dfrac{58}{25}}$，故圆的标准方程为$\left(x+\dfrac{3}{5}\right)^2+\left(y+\dfrac{17}{5}\right)^2=\dfrac{58}{25}$.

20. $(x-4)^2+(y+3)^2=25$　**解析**：设圆心为(a,b)，半径为r，则圆的方程为$(x-a)^2+(y-b)^2=r^2$，将点$A(0,0)$，$B(1,1)$，$C(4,2)$分别代入，有$\begin{cases}(0-a)^2+(0-b)^2=r^2\\(1-a)^2+(1-b)^2=r^2\\(4-a)^2+(2-b)^2=r^2\end{cases}$，解方程组得$\begin{cases}a=4\\b=-3\\r^2=25\end{cases}$，所以圆的方程为$(x-4)^2+(y+3)^2=25$.

【课堂拓展训练】

一、选择题

1. $(x+2)^2+(y-3)^2=13$　**解析**：圆的直径的两个端点在坐标轴上，所以可设$A(x,$

0),$B(0,y)$为直径的两个端点,利用中点坐标公式 $\left(\dfrac{x+0}{2}, \dfrac{0+y}{2}\right)=(-2,3)$,所以 $x=-4$,$y=6$,即 $A(-4,0)$,$B(0,6)$.圆的方程为 $(x+2)^2+(y-3)^2=r^2$,因为点 A,B 在圆上,任意代入一个点,就可以求出圆的方程为 $(x+2)^2+(y-3)^2=13$.

2.$r=\sqrt{5}$ 解析:点 $M(1,2)$ 在圆上,代入圆的方程左边,可以求出 $r^2=5$,所以半径 $r=\sqrt{5}$.

3.5 解析:圆心为 $(0,0)$,利用点到直线的距离 $d=\dfrac{|0\times 3+0\times 4-25|}{\sqrt{3^2+4^2}}=5$.

4.$(x+4)^2+(y-2)^2=16$ 解析:圆心为 $(-4,2)$,与 y 轴相切则半径为 4,所以圆的方程为 $(x+4)^2+(y-2)^2=16$.

5.$b=-13$ 解析:圆心为 $(7,-6)$,直线 $y=x+b$ 经过圆心,代入直线方程,解得 $b=-13$.

6.$\sqrt{82}$ 解析:圆 O_1 的圆心为 $O_1(-6,-9)$,圆 O_2 的圆心为 $O_2(3,-10)$,由两点间距离公式可得 $|O_1O_2|=\sqrt{(-6-3)^2+[-9-(-10)]^2}=\sqrt{81+1}=\sqrt{82}$.

二、解答题

7.$\left(x-\dfrac{1}{2}\right)^2+\left(y-\dfrac{1}{2}\right)^2=\dfrac{13}{2}$ 解析:圆心在直线 $x-y=0$ 上,可设圆心为 $C(a,a)$,则有 $|MC|=|NC|$,利用两点间距离公式 $\sqrt{(3-a)^2+(0-a)^2}=\sqrt{(1-a)^2+(3-a)^2}$,可以很容易求出 $a=\dfrac{1}{2}$,因此半径 $r=|MC|=\sqrt{\left(3-\dfrac{1}{2}\right)^2+\left(0-\dfrac{1}{2}\right)^2}=\sqrt{\dfrac{13}{2}}$,所以圆的方程为 $\left(x-\dfrac{1}{2}\right)^2+\left(y-\dfrac{1}{2}\right)^2=\dfrac{13}{2}$.

8.$(x-3)^2+(y+3)^2=18$ 或 $(x+3)^2+(y-3)^2=18$ 解析:设圆的圆心为 $C(a,-a)$,因为圆经过原点 $(0,0)$,所以圆的半径 $r=\sqrt{(a-0)^2+(-a-0)^2}=\sqrt{2a^2}=\sqrt{2}|a|=3\sqrt{2}$,所以 $|a|=3$,所以 $a=3$ 或 $a=-3$.

当 $a=3$ 时,圆心为 $(3,-3)$,此时圆的标准方程为 $(x-3)^2+(y+3)^2=18$.

当 $a=-3$ 时,圆心为 $(-3,3)$,此时圆的标准方程为 $(x+3)^2+(y-3)^2=18$.

9.$(x+1)^2+(y-2)^2=27$ 解析:要求直线与直线的交点,联立方程组 $\begin{cases} x+2y-3=0 \\ 3x+4y-5=0 \end{cases}$,解得 $\begin{cases} x=-1 \\ y=2 \end{cases}$,故圆的标准方程为 $(x+1)^2+(y-2)^2=27$.

10.$(x-2)^2+(y+3)^2=5$ 解析:圆心为 $C(2,b)$.设圆的方程为 $(x-2)^2+(y-b)^2=r^2$,圆经过点 $A(-2,0)$,$B(-4,0)$,代入圆的方程中得到方程组:$\begin{cases} (0-2)^2+(-2-b)^2=r^2 \\ (0-2)^2+(-4-b)^2=r^2 \end{cases}$,整理得 $4b=-12$,从而 $b=-3$,有 $r^2=5$.所以圆的标准方程为 $(x-2)^2+(y+3)^2=5$.

6.3.2 圆的一般方程

【课堂基础训练】

一、选择题

1. D 解析：圆的一般方程中，$D=4$，$E=-2$，圆心坐标为 $\left(-\dfrac{D}{2}, -\dfrac{E}{2}\right)=(-2, 1)$，故选 D．

2. C 解析：$D=6$，$E=8$，$F=0$，$r=\dfrac{\sqrt{D^2+E^2-4F}}{2}=\dfrac{\sqrt{36+64}}{2}=5$，故选 C．

3. B 解析：$D=2$，$E=-4$，$F=-a$，$r=\dfrac{\sqrt{D^2+E^2-4F}}{2}=\dfrac{\sqrt{4+16+4a}}{2}=3$，得 $a=4$，故选 B．

4. C 解析：要表示圆，则需要满足 $D^2+E^2-4F>0$，题目中 $D=-1$，$E=1$，$F=m$，有 $(-1)^2+1^2-4m>0$，得 $m<\dfrac{1}{2}$，故选 C．

5. A 解析：已知圆的圆心为 $\left(-\dfrac{D}{2}, -\dfrac{E}{2}\right)=(2, -3)$，所以所求圆的方程为 $(x-2)^2+(y+3)^2=r^2$，因为圆经过点 $(-1, 1)$，将点代入圆的方程的左边，得 $r^2=25$，所以圆的方程为 $(x-2)^2+(y+3)^2=25$，故选 A．

6. A 解析：要研究点与圆的位置关系，将点的坐标代入圆的左边，计算得到的值与等号右边的值比较，大于则点在圆外，等于则点在圆上，小于则点在圆内，故选 A．

7. D 解析：圆心 $(1, -2)=\left(-\dfrac{a}{2}, -\dfrac{b}{2}\right)$，得 $a=-2$，$b=4$，故选 D．

8. D 解析：$D=2$，$E=-4$，$F=-6$，$\left(-\dfrac{D}{2}, -\dfrac{E}{2}\right)=(-1, 2)$，$r=\dfrac{\sqrt{D^2+E^2-4F}}{2}=\dfrac{\sqrt{4+16+24}}{2}=\sqrt{11}$，故选 D．

9. C 解析：表示圆，则 $(\lambda-1)^2+4\lambda^2-4\lambda>0$，整理得 $5\lambda^2-6\lambda+1>0$，解得 $\lambda>1$ 或 $\lambda<\dfrac{1}{5}$，故选 C．

10. B 解析：圆心为 $(2, 3)$，利用点到直线的距离公式 $d=\dfrac{|3\times 2-3\times 4+31|}{\sqrt{3^2+(-4)^2}}=5$，故选 B．

二、填空题

11. $r=2$ 解析：圆心为 $(-1, 2)=\left(-\dfrac{a}{2}, -\dfrac{b}{2}\right)$，得 $a=2$，$b=-4$，配方有 $(x+1)^2+(y-2)^2=4$，得 $r^2=4$，$r=2$．

12. $b=-5$ 解析：圆心为 $(2, -3)$，将点代入直线 $y=x+b$ 中，解得 $b=-5$．

13. $m=9$ 解析：圆心为$(5,-3)$，半径$r=\dfrac{\sqrt{(-10)^2+6^2-4m}}{2}=\dfrac{\sqrt{136-4m}}{2}$，因为圆与$y$轴相切，所以圆的半径为5，可得$\dfrac{\sqrt{136-4m}}{2}=5$，从而得$m=9$.

14. $\sqrt{5}$ 解析：圆的圆心为$(-3,1)$，圆过点$(-2,3)$，所以所求圆的半径$r=\sqrt{(-3+2)^2+(1-3)^2}=\sqrt{5}$.

15. $5\sqrt{5}$ 解析：圆的圆心为$(2,1)$，利用点到直线的距离可以得$d=\dfrac{|1\times 2-2\times 1+25|}{\sqrt{1^2+(-2)^2}}=5\sqrt{5}$.

16. $m<-1$或$m>3$ 解析：要表示圆，则满足$(1-m)^2-4>0$，解得$m<-1$或$m>3$.

17. 是，圆心$(4,1)$，半径$r=\sqrt{5}$ 解析：圆的方程中，$D=-8$，$E=-2$，$F=12$，$D^2+E^2-4F=(-8)^2+(-2)^2-4\times 12=20>0$，所以该方程表示的是圆．圆心为$\left(-\dfrac{D}{2},-\dfrac{E}{2}\right)=(4,1)$，半径$r=\dfrac{\sqrt{(-8)^2+(-2)^2-4\times 12}}{2}=\dfrac{\sqrt{20}}{2}=\sqrt{5}$.

18. 解析：(1) $D=-10$，$E=0$，$F=9$，$\left(-\dfrac{D}{2},-\dfrac{E}{2}\right)=(5,0)$，$r=\dfrac{\sqrt{(-10)^2-4\times 9}}{2}=\dfrac{\sqrt{64}}{2}=4$；

(2) $D=-2$，$E=4$，$F=1$，$\left(-\dfrac{D}{2},-\dfrac{E}{2}\right)=(1,-2)$，$r=\dfrac{\sqrt{(-2)^2+4^2-4\times 1}}{2}=\dfrac{\sqrt{4}}{2}=1$；

(3) $D=0$，$E=6$，$F=-11$，$\left(-\dfrac{D}{2},-\dfrac{E}{2}\right)=(0,-3)$，$r=\dfrac{\sqrt{0^2+6^2-4\times(-11)}}{2}=\dfrac{\sqrt{80}}{2}=2\sqrt{5}$.

19. $x^2+y^2-2x=0$ 解析：圆经过三点$A(1,-1)$，$B(2,0)$，$C(0,0)$，设圆的方程为$x^2+y^2+Dx+Ey+F=0$，将三点坐标分别代入圆的方程，得到关于D，E，F的三元一次方程组，$\begin{cases}1+(-1)^2+D-E+F=0\\2^2+0+2D+F=0\\F=0\end{cases}$，解得$\begin{cases}D=-2\\E=0\\F=0\end{cases}$，圆的方程为$x^2+y^2-2x=0$.

20. $x^2+y^2-7x-3y+2=0$ 解析：圆经过三点$A(1,-1)$，$B(1,4)$，$C(4,-2)$，设圆的方程为$x^2+y^2+Dx+Ey+F=0$，将三点坐标分别代入圆的方程，得到方程组，

21

$$\begin{cases} 1+(-1)^2+D-E+F=0 \\ 1^2+16+D+4E+F=0 \\ 4^2+(-2)^2+4D-2E+F=0 \end{cases}, 解得 \begin{cases} D=-7 \\ E=-3 \\ F=2 \end{cases}, 所以圆的方程为 x^2+y^2-7x-3y+2=0.$$

【课堂拓展训练】

1. $(x-1)^2+(y+1)^2=25$ **解析**：直线与直线的交点为$(5,2)$，所以圆的半径$r=\sqrt{(5-1)^2+(2+1)^2}=5$，圆的方程为$(x-1)^2+(y+1)^2=25$.

2. $(x+1)^2+(y-1)^2=5$ **解析**：已知圆的圆心为$(1,-1)$，半径为$r=\sqrt{5}$，关于直线$x-y=0$的对称圆的圆心为$(-1,1)$，故所求圆的方程为$(x+1)^2+(y-1)^2=5$.

3. $(x-1)^2+y^2=18$ **解析**：已知圆的半径为$r=6$，面积为$S=36\pi$，所求的圆的面积为18π，设所求的圆的半径为r'，所求圆的面积$S'=\pi r'^2=18\pi$，所以$r'^2=18$，解得$r'=3\sqrt{2}$，所以圆的方程为$(x-1)^2+y^2=18$.

4. $(x+6)^2+(y+8)^2=31$ **解析**：圆的圆心为$(-1,-2)$，半径为$r=3$，圆心到直线的距离为$d=\dfrac{|-1\times 3+(-4)\times(-2)+20|}{\sqrt{3^2+(-4)^2}}=5$，故圆上的点到直线的最大值为$5-3=2$，最小值为$5+3=8$.

5. **分析**：圆的圆心为$(3,4)$，所以$m=-6$，$n=-8$，已知圆的半径为$r=\dfrac{\sqrt{(-6)^2+(-8)^2-4\times(-6)}}{2}=\sqrt{31}$，所以圆的方程为$(x+6)^2+(y+8)^2=31$.

6. $(x-5)^2+(y-6)^2=9$ **解析**：三角形的周长为12，$|AB|=6$，所以两条腰长的和为6，所以半径为3，因此，圆的方程为$(x-5)^2+(y-6)^2=9$.

7. $x^2+(y-1)^2=9$ 或 $x^2+(y-7)^2=9$ **解析**：因为圆心在y轴上，设圆的圆心为$(0,b)$，由圆与直线$y=4$相切，$|b-4|=r=3$，即$b=1$或$b=7$，故所求圆的方程为$x^2+(y-1)^2=9$ 或 $x^2+(y-7)^2=9$.

8. $x^2+(y+2)^2=1$ **解析**：圆$(x+2)^2+y^2=1$的圆心为$(-2,0)$，其关于点$M(-1,-1)$的对称点为$(0,-2)$，所以对称圆的圆心为$(0,-2)$，半径$r=1$，所以对称圆的方程为$x^2+(y+2)^2=1$.

9. $(x-2)^2+(y+3)^2=5$ **解析**：因为圆与y轴的交点为$A(0,-4)$，$B(0,-2)$，所以AB的垂直平分线必过圆心，直线AB的垂直平分线为$y=-3$，圆心在直线$2x-y-7=0$上，也在直线$y=-3$上，因此圆心在两条直线的交点．因此联立方程组为$\begin{cases} 2x-y-7=0 \\ y=-3 \end{cases}$，解得$\begin{cases} x=2 \\ y=-3 \end{cases}$，所以圆心为$(2,-3)$．半径$r=\sqrt{(2-0)^2+[-3-(-2)]^2}=\sqrt{5}$，所以圆的方程为$(x-2)^2+(y+3)^2=5$.

10. (1) $x+y-3=0$；(2) $(x+3)^2+(y-6)^2=40$ 或 $(x-5)^2+(y+2)^2=40$.

解析：(1) 因为$A(-1,0)$，$B(3,4)$，直线MN为线段AB的垂直平分线，$k_{AB}=\dfrac{4-0}{3-(-1)}=1$，所以直线$MN$的斜率为$k_{MN}=-1$，$AB$的中点为$\left(\dfrac{-1+3}{2},\dfrac{0+4}{2}\right)=(1,$

2)，所以直线 MN 的方程为 $y-2=-1(x-1)$，即 $x+y-3=0$.

(2)因为 MN 过圆心，所以 $|MN|=2r$，$r=\dfrac{|MN|}{2}=\dfrac{4\sqrt{10}}{2}=2\sqrt{10}$，设圆心为 $C(a,b)$，则 $\begin{cases}a+b-3=0\\ \sqrt{(a+1)^2+b^2}=2\sqrt{10}\end{cases}$，解得 $\begin{cases}a=-3\\ b=6\end{cases}$ 或 $\begin{cases}a=5\\ b=-2\end{cases}$.

当 $\begin{cases}a=-3\\ b=6\end{cases}$ 时，圆心为 $(-3,6)$，此时圆的方程为 $(x+3)^2+(y-6)^2=40$.

当 $\begin{cases}a=5\\ b=-2\end{cases}$ 时，圆心为 $(5,-2)$，此时圆的方程为 $(x-5)^2+(y+2)^2=40$.

6.4 直线与圆的位置关系

一、选择题

1. B　解析：由直线与圆相切 $\Leftrightarrow d=r$，故 $d=\dfrac{|3\times3+4\times0+k|}{\sqrt{3^2+4^2}}=r=2$，解得 $|k+9|=10$，即 $k=-19$ 或 1，故选 B.

2. D　解析：圆心为 $(1,0)$，半径为 $r=1$，由直线与圆相切 $\Leftrightarrow d=r$，故 $d=\dfrac{|(1+a)\times1+0+1|}{\sqrt{(1+a)^2+1^2}}=r=1$，化简得 $|a+2|=\sqrt{(1+a)^2+1}$，两边平方得 $a^2+4a+4=1+2a+a^2+1$，解得 $a=-1$，故选 D.

3. A　解析：圆心为 $(-1,0)$，半径为 $r=1$，利用点到直线的距离 $d=\dfrac{|3\times(-1)+4\times0+5|}{\sqrt{3^2+4^2}}=\dfrac{2}{5}$，此时，$d<r$，所以直线与圆是相交的且不过圆心，故选 A.

4. C　解析：点 $P(x_0,y_0)$ 在圆 $x^2+y^2=r^2$ 上，则过该点的圆的切线方程为 $x_0x+y_0y=r^2$. 由此可以直接代入求出此时的切线方程为 $3x+4y-25=0$，故选 C.

5. A　解析：圆心为 $(2,-2)$，半径为 $r=\sqrt{2}$，圆心到直线的距离 $d=\dfrac{|2-(-2)-5|}{\sqrt{1^2+(-1)^2}}=\dfrac{\sqrt{2}}{2}$，由弦长公式 $l_{弦长}=2\sqrt{r^2-d^2}=2\sqrt{(\sqrt{2})^2-\left(\dfrac{\sqrt{2}}{2}\right)^2}=2\times\dfrac{\sqrt{6}}{2}=\sqrt{6}$，故选 A.

6. B　解析：圆心为 $(0,0)$，圆的半径为 $r=1$，圆心到直线 $3x+4y-25=0$ 的距离为 $d=\dfrac{|-25|}{\sqrt{3^2+4^2}}=5$. 所以圆上的点到直线的最小距离为 $d-r=5-1=4$，故选 B.

7. C　解析：圆心为 $(1,-2)$，到 x 轴的距离 $d=2$，由弦长公式 $l_{弦长}=2\sqrt{r^2-d^2}=2\sqrt{(2\sqrt{5})^2-2^2}=8$，故选 C.

8. D　解析：因为直线与圆有两个不同的交点，则 $d<r$，$\dfrac{|0\times k-0+2|}{\sqrt{1+k^2}}<1$，化简得

$\sqrt{1+k^2}>2$,解得 $k<-\sqrt{3}$ 或 $k>\sqrt{3}$,故选 D.

9. C　解析：圆心为$(-1,-2)$,半径为 $r=2\sqrt{2}$,圆心到直线的距离 $d=\dfrac{|-1+(-2)+1|}{\sqrt{1^2+1^2}}=\dfrac{2}{\sqrt{2}}=\sqrt{2}$. 由此可知,圆上的点到直线的距离为 $\sqrt{2}$ 的点的个数为 3 个,故选 C.

10. A　解析：圆心$(-2,1)$到直线 $x+y+3=0$ 的距离 $d=\dfrac{|-2+1+3|}{\sqrt{1^2+1^2}}=\dfrac{2}{\sqrt{2}}=\sqrt{2}$,因为相切,所以半径 $r=\sqrt{2}$. 故圆的方程为$(x+2)^2+(y-1)^2=2$,故选 A.

二、填空题

11. 4　解析：圆心为$(0,0)$,半径为 $r=2\sqrt{5}$,圆心到直线 $x-\sqrt{3}y+8=0$ 的距离 $d=\dfrac{|0+\sqrt{3}\times 0+8|}{\sqrt{1^2+(-\sqrt{3})^2}}=\dfrac{8}{2}=4$,由弦长公式 $l_{弦长}=2\sqrt{r^2-d^2}=2\sqrt{(2\sqrt{5})^2-4^2}=4$.

12. 4　解析：圆心为$(-1,4)$,圆外点 $P(0,2)$,则 $d=\sqrt{(-1-2)^2+(4-0)^2}=5$,半径为 $r=3$,圆心到则切线长为：$l_{切线长}=\sqrt{d^2-r^2}=\sqrt{5^2-3^2}=4$.

13. 60°　解析：圆心$(6,0)$,半径为 $r=3$,然后可以借助数形结合画图,两条切线的夹角为 60°.

14. $\sqrt{6}$　解析：圆心为$(1,-1)$,半径为 $r=\sqrt{2}$,圆心到直线的距离为 $d=\dfrac{|1+1-1|}{\sqrt{1+(-1)^2}}=\dfrac{\sqrt{2}}{2}$,由弦长公式为：$l_{弦长}=2\sqrt{r^2-d^2}=2\sqrt{2-\dfrac{1}{2}}=2\times\dfrac{\sqrt{6}}{2}=\sqrt{6}$.

15. $a=0$ 或 $a=4$　解析：圆心为$(a,0)$,半径为 $r=2$,到直线 $x-y=2$ 的距离 $d=\dfrac{|a-0-2|}{\sqrt{1+(-1)^2}}=\dfrac{|a-2|}{\sqrt{2}}$,由弦长公式有：$l_{弦长}=2\sqrt{r^2-d^2}=2\sqrt{2^2-\left(\dfrac{|a-2|}{\sqrt{2}}\right)^2}=2\sqrt{2}$,所以 $4-\dfrac{(a-2)^2}{2}=2$,$(a-2)^2=4$,化简得 $a-2=2$ 或 $a-2=-2$,解得 $a=0$ 或 $a=4$.

16. $3x-y-5=0$　解析：圆心为$(1,-2)$,最长弦过圆心,所以所求的直线方程过点$(1,-2)$和点$(2,1)$,直线的斜率为 $k=\dfrac{1+2}{2-1}=3$,由点斜式方程得 $y-1=3(x-2)$,即 $3x-y-5=0$.

三、解答题

17. $F=-14$　解析：圆 $x^2+y^2-10x+2y+F=0$ 的圆心为$(5,-1)$,因为圆与直线相切,所以 $d=r$,圆心到直线 $y=3x+4$ 的距离 $d=\dfrac{|5\times 3-(-1)+4|}{\sqrt{3^2+(-1)^2}}=\dfrac{20}{\sqrt{10}}=2\sqrt{10}$,又因为 $r=\dfrac{\sqrt{(-10)^2+2^2-4F}}{2}=2\sqrt{10}$,化简得 $\sqrt{100+4-4F}=4\sqrt{10}$,解得 $F=-14$.

18.(1)$a=-\dfrac{3}{4}$;(2)$x-y+2=0$ 或 $7x-y+14=0$.

解析:(1)圆心为(0,4),半径为 $r=2$,圆与直线相切,$r=d$,$d=\dfrac{|a\times 0+4+2a|}{\sqrt{a^2+1}}=2$,化简得$(4+2a)^2=4(a^2+1)$,解得 $a=-\dfrac{3}{4}$.

(2)由弦长公式 $|AB|=2\sqrt{r^2-d^2}$,有 $2\sqrt{2}=2\sqrt{4-d^2}$,化简得 $d^2=2$.又因为 $\dfrac{|4+2a|}{\sqrt{1+a^2}}=\sqrt{2}$,化简得 $16+16a+4a^2=2a^2+2$,解得 $a=-1$ 或 $a=-7$,所以直线 l 的方程为 $x-y+2=0$ 或 $7x-y+14=0$.

19.$y=2$ 或 $4x-3y-6=0$ 解析:圆 C:$x^2+y^2-2x-2y+1=0$ 的圆心为(1,1),半径为 $r=1$,设切线的斜率为 k,切线经过点 $P(3,2)$,所以切线方程为 $y-2=k(x-3)$,即 $kx-y-3k+2=0$.因为直线与圆相切,所以 $d=r$,有 $\dfrac{|k-1-3k+2|}{\sqrt{(-1)^2+k^2}}=1$,化简得 $|1-2k|=\sqrt{1+k^2}$,解得 $k=\dfrac{4}{3}$ 或 $k=0$.所以所求的切线方程为 $y=2$ 或 $4x-3y-6=0$.

20. 解析:圆心(3,0),半径 $r=2$,圆心到直线的距离为 $d=\dfrac{|3-0+3|}{\sqrt{1+m^2}}=\dfrac{6}{\sqrt{1+m^2}}$,直线与圆相交,则 $d<r$,故有 $\dfrac{6}{\sqrt{1+m^2}}<2$,化简得 $\sqrt{1+m^2}>3$,解得 $m<-2\sqrt{2}$ 或 $m>2\sqrt{2}$.直线与圆相切,则 $d=r$,故有 $\dfrac{6}{\sqrt{1+m^2}}=2$,化简得 $\sqrt{1+m^2}=3$,解得 $m=-2\sqrt{2}$ 或 $m=2\sqrt{2}$.直线与圆相离,则 $d>r$,故有 $\dfrac{6}{\sqrt{1+m^2}}>2$,化简得 $\sqrt{1+m^2}<3$,解得 $-2\sqrt{2}<m<2\sqrt{2}$.

【课堂拓展训练】

1.$m=-3$ 或 $m=7$ 解析:圆心为(0,2),半径为 $r=\sqrt{5}$,利用点到直线的距离 $d=\dfrac{|2\times 0-2+m|}{\sqrt{2^2+(-1)^2}}=\sqrt{5}$,整理得 $|m-2|=5$,解得 $m=-3$ 或 $m=7$.

2.$x+y-3=0$ 解析:圆心为 $C(4,1)$,点 $A(3,0)$ 在圆内,过点 A 的最短弦垂直于圆心与点 A 的连线.$k_{CA}=\dfrac{1-0}{4-3}=1$,所以所求最短弦的斜率为 $k=-1$,由点斜式直线方程为 $y-3=-1(x-0)$,即 $x+y-3=0$.

3.$3x-y-5=0$ 解析:点 $P(2,1)$ 在圆 $(x+1)^2+(y-2)^2=10$ 上,圆心为 $C(-1,2)$,$k_{PC}=\dfrac{2-1}{-1-2}=-\dfrac{1}{3}$,切线的斜率为 $k=3$,所以切线方程为 $y-1=3(x-2)$,即 $3x-y-5=0$.

25

4. **点在圆外**　**解析**：圆心为$(0,0)$，半径为$r=1$，圆与直线相交，$d<r$，即$d=\dfrac{1}{\sqrt{a^2+b^2}}<1$，解得$a^2+b^2>1$，所以点$P(a,b)$在圆$x^2+y^2=1$外．

5. $(x-5)^2+(y-10)^2=4$ 或 $(x-1)^2+(y-2)^2=4$　**解析**：圆心在直线$2x-y=0$上，设圆心为$(a,2a)$，因为相切，所以$d=r$，$d=\dfrac{|3a-4\times 2a+15|}{\sqrt{3^2+(-4)^2}}=2$，整理得$|15-5a|=10$，解得$a=5$或$a=1$，

当$a=5$时，圆心为$(5,10)$，此时圆的标准方程为$(x-5)^2+(y-10)^2=4$；

当$a=1$时，圆心为$(1,2)$，此时圆的标准方程为$(x-1)^2+(y-2)^2=4$．

6. **相切**　**解析**：圆心为$(0,0)$，半径$r=\sqrt{2}$，圆心到直线的距离$d=\dfrac{|0\times\sin 10°+0\times\cos 10°-\sqrt{2}|}{\sqrt{(\sin 10°)^2+(\cos 10°)^2}}=\sqrt{2}$．因为$d=r$，所以直线与圆相切．

7. $x=3$ 或 $4x-3y=0$　**解析**：点$P(5,5)$在圆$(x-2)^2+(y-1)^2=1$外，故过点P的圆的切线有两条．圆心为$(2,1)$，半径为$r=1$，①过点$P(3,4)$且垂直于x轴的直线与圆相切，所以一条切线方程为$x=3$．

②设另一条切线的斜率为k，则切线方程为$y-4=k(x-3)$，即$kx-y-3k+4=0$，因为相切，所以由$d=r$可知：$\dfrac{|2k-1-3k+4|}{\sqrt{k^2+(-1)^2}}=1$，整理得$|3-k|=\sqrt{1+k^2}$，即$k^2-6k+9=k^2+1$，解得$k=\dfrac{4}{3}$．此时的切线方程为$y-4=\dfrac{4}{3}(x-3)$，即$4x-3y=0$．

综上：过点P的切线方程为$x=3$或$4x-3y=0$．

8. $x-2y+5=0$ 或 $2x-y-5=0$　**解析**：设直线的斜率为k，直线经过点$P(5,5)$，则直线方程为$y-5=k(x-5)$，即$kx-y-5k+5=0$，圆心为$(0,0)$，半径为$r=5$，圆心到直线L的距离$d=\dfrac{|-5k+5|}{\sqrt{k^2+(-1)^2}}=\dfrac{|5-5k|}{\sqrt{k^2+1}}$，由弦长公式$AB=2\sqrt{r^2-d^2}=4\sqrt{5}$，解得$d=\sqrt{5}$．所以$\dfrac{|5-5k|}{\sqrt{k^2+1}}=\sqrt{5}$，整理得$2k^2-5k+2=0$，解得$k=\dfrac{1}{2}$或$k=2$．所以直线$L$的方程为$y-5=\dfrac{1}{2}(x-5)$或$y-5=2(x-5)$，即$x-2y+5=0$或$2x-y-5=0$．

9. $m=3$　**解析**：设直线与圆的交点分别为$A(x_1,y_1)$，$B(x_2,y_2)$，联立$\begin{cases}x^2+y^2+x-6y+m=0\\x+2y-3=0\end{cases}$，整理得$5x^2+10x+4m-27=0$或$5y^2-20y+12+m=0$，由韦达定理：$y_1y_2=\dfrac{12+m}{5}$，$x_1x_2=\dfrac{4m-27}{5}$，$\overrightarrow{OA}=(x_1,y_1)$，$\overrightarrow{OB}=(x_2,y_2)$，因为$OA\perp OB$，所以$x_1x_2+y_1y_2=0$，即$\dfrac{4m-27}{5}+\dfrac{12+m}{5}=0$，整理得$5m-15=0$，解得$m=3$．故当$m=3$时，$OA\perp OB$．

10. $(x-1)^2+(y+2)^2=2$ 或 $(x-9)^2+(y+18)^2=338$　**解析**：圆心在直线 $2x+y=0$ 上，设圆心为 $C(a,-2a)$，圆经过点 $A(2,-1)$，圆的半径为 $r=|AC|=\sqrt{(a-2)^2+[-2a-(-1)]^2}=\sqrt{5a^2-8a+5}$，圆与直线相切，故圆心到直线的距离 $d=r$.

$d=\dfrac{|a-(-2a)-1|}{\sqrt{1+(-1)^2}}=\dfrac{|3a-1|}{\sqrt{2}}$，有 $\dfrac{|3a-1|}{\sqrt{2}}=\sqrt{5a^2-8a+5}$，整理得 $a^2-10x+9=0$，解得 $a=1$ 或 $a=9$.

①当 $a=1$ 时，圆心为 $(1,-2)$，半径为 $r=\sqrt{5a^2-8a+5}=\sqrt{2}$，此时圆的标准方程为 $(x-1)^2+(y+2)^2=2$.

②当 $a=9$ 时，圆心为 $(9,-18)$，半径为 $r=\sqrt{5a^2-8a+5}=\sqrt{5\times 81-8\times 9+5}=\sqrt{338}$，此时圆的标准方程为 $(x-9)^2+(y+18)^2=338$.

6.5　直线与圆的方程的应用

【课堂基础训练】

一、选择题

1. A　**解析**：两条直线垂直，则有 $(2-m)\times(-1)+m\cdot m=0$，即 $m^2+m-2=0$，解得 $m=-2$ 或 $m=1$. 因此，$m=-2$ 是两条直线垂直的充分条件，故选 A.

2. C　**解析**：设过点 $A(3,7)$ 且与直线 $x+2y-7=0$ 垂直的直线方程为 $2x-y+c=0$，将点 A 代入，解得 $c=1$. 所以垂线方程为 $2x-y+1=0$，联立方程组 $\begin{cases}x+2y-7=0\\2x-y+1=0\end{cases}$，解得 $\begin{cases}x=1\\y=3\end{cases}$，即交点为 $(1,3)$，该交点为点 A 与其对称点的中点，所以由中点坐标公式可求出对称点的坐标为 $(-1,-1)$，故选 C.

3. B　**解析**：直线过点 $P(0,2)$，所以纵截距为 $b=2$，设直线的横截距为 a，直线与坐标轴围成的直角三角形的面积为 $S=\dfrac{1}{2}|a|\cdot|b|=3$，解得 $a=3$ 或 $a=-3$.

当 $a=3$，$b=2$ 时，直线方程为 $2x+3y-6=0$；

当 $a=-3$，$b=2$ 时，直线方程为 $2x-3y+6=0$，故选 B.

二、填空题

4. $(7,-3)$　**解析**：设点 Q 的坐标为 (x,y)，则 PQ 的中点为 $\left(\dfrac{x-5}{2},\dfrac{y+1}{2}\right)$，$k_{PQ}=\dfrac{y-1}{x+5}$，已知直线 $3x-y-4=0$ 的斜率为 $k_1=3$，于是有 $\begin{cases}\dfrac{y-1}{x+5}\times 3=-1\\3\times\dfrac{x-5}{2}-\dfrac{y+1}{2}-4=0\end{cases}$，解

得 $\begin{cases} x=7 \\ y=-3 \end{cases}$，所以点 Q 的坐标为 $(7,-3)$.

5. $x^2+y^2=9(x\neq\pm 3)$　　解析：BC 的中点为原点，$AC=3$，所以点 A 的轨迹是以原点为圆心，半径为 3 的圆，注意此时的点 A 不能在 x 轴上，因为前提是 $\triangle ABC$，首先要保证能够构成三角形才行.

三、解答题

6. 解析：(1) 圆心为 $(0,1)$，半径为 $r=\sqrt{5}$，圆心到直线的距离为 $d=\dfrac{|0\times m-1+1-m|}{\sqrt{m^2+1}}=\dfrac{|m|}{\sqrt{m^2+1}}<1<r$，即 $d<r$，所以直线与圆总有两个不同的交点.

(2) 因为 $d=\dfrac{|m|}{\sqrt{m^2+1}}$，$r=\sqrt{5}$，$|AB|=2\sqrt{r^2-d^2}=\sqrt{17}\Rightarrow r^2-d^2=\dfrac{17}{4}$，可得 $5-\dfrac{m^2}{m^2+1}=\dfrac{17}{4}$，解得 $m=\sqrt{3}$ 或 $m=-\sqrt{3}$，直线 l：$mx-y+1-m=0$ 的斜率 $k=m$，$k=\pm\sqrt{3}$，所以，直线的倾斜角为 $\dfrac{\pi}{3}$ 或 $\dfrac{2\pi}{3}$.

【课堂拓展训练】

一、选择题

1. D　　解析：设已知直线的垂线方程为 $3x-4y+c=0$，将点 $A(6,4)$ 代入，解得 $c=-2$，所以垂线方程为 $3x-4y-2=0$，联立直线组成方程组 $\begin{cases} 4x+3y-11=0 \\ 3x-4y-2=0 \end{cases}$，解得 $\begin{cases} x=2 \\ y=1 \end{cases}$，所以交点为 $(2,1)$，该点为 AA_0 的中点，因此，容易求出对称点 A_0 的坐标为 $(-2,-2)$，故选 D.

2. A　　解析：圆在 x 轴及 y 轴上截得的弦长都是 4，则可见圆心到 x 轴及 y 轴的距离相等，即圆心坐标为 (a,a) 或 $(a,-a)$，又因为圆心在直线 $x+y+6=0$ 上，故有 $a=-3$ 是成立的，再借助弦长公式 $2\sqrt{r^2-d^2}=4$，$d=3$，解得 $r^2=13$. 故圆的方程为 $(x+3)^2+(y+3)^2=13$，故选 A.

3. D　　解析：圆心为 $(2,4)$，设直线 $x-y+1=0$ 的垂线方程为 $x+y+c=0$，将圆心 $(2,4)$ 代入，解得 $c=-6$，所以垂线方程为 $x+y-6=0$，联立求交点 $\begin{cases} x-y+1=0 \\ x+y-6=0 \end{cases}$，解得 $\begin{cases} x=\dfrac{5}{2} \\ y=\dfrac{7}{2} \end{cases}$，交点为 $\left(\dfrac{5}{2},\dfrac{7}{2}\right)$，该点为中点，借助中点坐标公式，可以求出对称圆的圆心为 $(3,3)$，半径 $r=1$. 所以所求圆的方程为 $(x-3)^2+(y-3)^2=1$，故选 D.

二、填空题

4. $2x-y-11=0$ 或 $2x-y+9=0$　**解析**：设垂直直线方程为 $2x-y+c=0$，因为相切，故有圆心（2，3）到直线的距离为 $r=2\sqrt{5}$，$d=\dfrac{|2\times 2-3+c|}{\sqrt{2^2+(-1)^2}}=2\sqrt{5}$，整理得 $\dfrac{|1+c|}{\sqrt{5}}=2\sqrt{5}$，解得 $c=9$ 或 $c=-11$，故所求直线方程为 $2x-y-11=0$ 或 $2x-y+9=0$.

5. $(x-2)^2+y^2=1$　**解析**：设动点 $M(x，y)$，$P(x_0，y_0)$ 在圆 $x^2+y^2=4$ 上，M 为 PQ 的中点，有 $x=\dfrac{4+x_0}{2}$，$y=\dfrac{0+y_0}{2}$，变形得 $x_0=2x-4$，$y_0=2y$，点 P 在圆上，所以 $x_0^2+y_0^2=4$，即 $(2x-4)^2+(2y)^2=4$，整理得 $(x-2)^2+y^2=1$.

三、解答题

6. $3x-4y-6=0$ 或 $4x-3y-1=0$　**解析**：由入射反射的相关知识可知：点 $A(-2，3)$ 在入射光线上，入射光线被 x 轴反射，所以点 A 关于 x 轴的对称点 $A'(-2，-3)$ 必在反射光线上，点 $A'(-2，-3)$ 在圆外，故过点 $A'(-2，-3)$ 且与圆相切的直线有两条．设反射光线的斜率为 k，则反射光线方程为 $y+3=k(x+2)$，即 $kx-y+2k-3=0$，因为相切，有圆心到直线的距离等于半径，所以 $\dfrac{|3k-2+2k-3|}{\sqrt{k^2+1}}=1$，整理得 $12k^2-25k+12=0$，解得 $k=\dfrac{4}{3}$ 或 $k=\dfrac{3}{4}$.

当 $k=\dfrac{3}{4}$ 时，反射光线为 $y+3=\dfrac{3}{4}(x+2)$，即 $3x-4y-6=0$.

当 $k=\dfrac{4}{3}$ 时，反射光线为 $y+3=\dfrac{4}{3}(x+2)$，即 $4x-3y-1=0$.

第6章单元测试题A卷

一、选择题

1. D　**解析**：直线方程的斜率为 $-\sqrt{3}$，$k=\tan\alpha=-\sqrt{3}$，$\alpha=\dfrac{2\pi}{3}$，故选 D.

2. C　**解析**：令 $x=0$，$y=3$，所以在 y 轴上的截距为 3，故选 C.

3. A　**解析**：设直线方程为 $x-3y+c=0$，因为过点 $(1，2)$，所以 $1-6+c=0$，得 $c=5$，直线方程为 $x-3y+5=0$，故选 A.

4. A　**解析**：$k=\tan\alpha=\dfrac{-3-0}{-3-0}=1$，$\alpha=\dfrac{\pi}{4}$，故选 A.

5. A　**解析**：$|AB|=\sqrt{(x_2-x_1)^2+(y_2-y_1)^2}=\sqrt{(3+1)^2+(-4-2)^2}=\sqrt{52}=$

$2\sqrt{13}$，故选 A.

6. C 解析：因为斜率为 1，设直线方程为 $x-y+c=0$，则 $\frac{|c|}{\sqrt{2}}=\frac{\sqrt{2}}{2}$，得 $c=1$ 或 $c=-1$，所以直线方程为 $x-y+1=0$ 或 $x-y-1=0$，故选 C.

7. C 解析：直线方程为 $y=-\frac{a}{b}x+\frac{c}{b}$，斜率为 $-\frac{a}{b}$，纵截距为 $\frac{c}{b}$，因为 $ab<0$，$bc<0$，所以 $-\frac{a}{b}>0$，$\frac{c}{b}<0$，直线不通过第二象限，故选 C.

8. A 解析：因为三点在同一条直线上，所以 $k_{AB}=k_{BC}$，$\frac{3-2}{-2-1}=\frac{m-3}{4+2}$，解得 $m=1$，故选 A.

9. C 解析：设圆心为 O，切线斜率为 k，则有 $k \cdot k_{OP}=-1$，$k_{OP}=\frac{-4-0}{3-0}=-\frac{4}{3}$，得 $k=\frac{3}{4}$，切线方程为 $y+4=\frac{3}{4}(x-3)$，即 $3x-4y-25=0$，故选 C.

10. B 解析：圆心到直线的距离 $d=\frac{|-25|}{\sqrt{4^2+3^2}}=5$，圆上的点到直线距离最小值为 $d-r=4$，故选 B.

11. C 解析：因为 AB 为直径，所以 AB 的中点为圆心，AB 的中点坐标为 $(-2, 0)$，$|AB|=\sqrt{(-7-3)^2+(1+1)^2}=\sqrt{104}=2\sqrt{26}$，则半径为 $\sqrt{26}$，所以圆的方程 $(x+2)^2+y^2=26$，故选 C.

12. D 解析：圆心到 x 轴的距离 $d=2$，半径 $R=2\sqrt{5}$，弦长 $l=2\sqrt{R^2-d^2}=2\sqrt{20-4}=8$，故选 D.

13. C 解析：直线方程为 $2x-y-1=0$，圆心 $(0, 0)$，半径 $r=1$，圆心到直线的距离 $d=\frac{1}{\sqrt{2^2+1^2}}=\frac{1}{\sqrt{5}}=\frac{\sqrt{5}}{5}<1$，所以直线与圆相交不过圆心，故选 C.

14. C 解析：圆心到 y 轴的距离为 5，因为圆与 y 轴相切，所以半径为 5，则圆的方程为 $(x+5)^2+(y-3)^2=25$，故选 C.

15. D 解析：直线方程为 $x-y-b=0$，半径为 3，因为直线与圆相切，所以 $d=r$，$\frac{|b|}{\sqrt{2}}=3$，得 $b=\pm 3\sqrt{2}$，故选 D.

二、填空题

16. 90 解析：因为直线与 x 轴垂直，所以倾斜角为 90°.

17. 1 解析：$k_{PQ}=\frac{4-m}{m+2}=1$，$m=1$.

18. 平行 解析：直线方程改为 $y=-x-1$ 和 $y=-x+2$，应为两条直线斜率相等，纵截距不相等，所以两条直线平行.

19. $-\dfrac{7}{3}$　解析：将点代入到直线方程得 $a=-\dfrac{7}{3}$.

20. -2　解析：因为两条直线平行，所以 $(a-1)(a+1)=3$，得 $a=2$ 或 $a=-2$，检验，当 $a=2$ 时两条直线重合，所以 $a=-2$.

21. $x+y+2=0$　解析：因为 $k=\tan 135°=-1$，所以直线方程为 $y=-x-2$，即 $x+y+2=0$.

22. $4x+3y-5=0$ 或 $4x-3y-11=0$　解析：当斜率不存在时直线方程为 $x=-3$，点 A 到直线的距离为 5，不成立，当直线斜率存在时，设直线方程为 $y+1=k(x-2)$，即 $kx-y-2k-1=0$，点 A 到直线的距离为 4，得 $\dfrac{|-3k+1-2k-1|}{\sqrt{k^2+1}}=4$，$25k^2=16(k^2+1)$，$k^2=\dfrac{16}{9}$，$k=\pm\dfrac{4}{3}$，所以直线方程为 $4x+3y-5=0$ 或 $4x-3y-11=0$.

23. $2x-3y+7=0$　解析：已知直线斜率为 $-\dfrac{3}{2}$，因为所求直线与已知直线垂直，所以所求直线斜率为 $\dfrac{2}{3}$，方程点斜式为 $y-1=\dfrac{2}{3}(x+2)$，整理得 $2x-3y+7=0$.

24. $4\sqrt{5}$　解析：圆的标准方程为 $(x-3)^2+(y-1)^2=25$，圆心 $(3,1)$ 到直线 $x+2y=0$ 的距离 $d=\dfrac{|3+2|}{\sqrt{1+4}}=\sqrt{5}$，半径为 5，弦长 $l=2\sqrt{R^2-d^2}=2\sqrt{25-5}=4\sqrt{5}$.

25. $\dfrac{19}{4}$　解析：$r=\dfrac{\sqrt{D^2+E^2-4F}}{2}=\dfrac{\sqrt{16+1+4a}}{2}=3$，得 $a=\dfrac{19}{4}$.

26. $(x-4)^2+\left(y-\dfrac{1}{2}\right)^2=12$　解析：由题知圆心坐标为 $\left(4,\dfrac{1}{2}\right)$，半径为 $2\sqrt{3}$，所以圆的标准方程为 $(x-4)^2+\left(y-\dfrac{1}{2}\right)^2=12$.

27. 相离　解析：圆心到直线的距离 $d=\dfrac{|-36-5+2|}{\sqrt{144+25}}=3$，$d>r$，所以直线与圆相离.

28. $(x+1)^2+(y-2)^2=5$　解析：因为直径的两个端点在坐标轴上，设 $A(a,0)$，$B(0,b)$，圆心为 AB 的中点，得 $a=-2$，$b=4$，直径为 $2\sqrt{5}$，所以圆的标准方程为 $(x+1)^2+(y-2)^2=5$.

29. $11<b<21$　解析：直线方程为 $2x-y+b=0$，圆的标准方程为 $(x+5)^2+(y-6)^2=5$，圆心到直线的距离 $d=\dfrac{|b-16|}{\sqrt{5}}$，因为直线与圆相交，所以 $d<r$，$\dfrac{|b-16|}{\sqrt{5}}<\sqrt{5}$，得 $11<b<21$.

30. $(x+5)^2+(y+5)^2=4$　解析：圆心 $(-5,5)$ 关于 x 轴对称点为 $(-5,-5)$，圆的半径不变，所以圆的方程为 $(x+5)^2+(y+5)^2=4$.

三、解答题

31. 解析：设倾斜角为 α，斜率为 k，因为经过 AB 两点，所以 $k=\dfrac{-2-3}{4+1}=-1$，因为 $k=\tan\alpha$，所以 $\tan\alpha=-1$，得 $\alpha=\dfrac{3\pi}{4}$，直线方程为 $y-3=-(x+1)$，整理得 $x+y-2=0$.

32. 解析：因为所求直线与直线 $6x-3y-5=0$ 平行，所以设所求直线为 $6x-3y+c=0$，$\begin{cases}x-2y+5=0\\3x+2y+7=0\end{cases}$，得交点 $(-3,1)$，因为直线过交点，所以 $-18-3+c=0$，得 $c=21$，所以直线方程为 $6x-3y+21=0$.

33. 解析：直线与 x 轴交点为 $(-6,0)$，与 y 轴交点为 $(0,3)$，所以 $a=-6$，$b=3$，$S_{\triangle ABC}=\dfrac{1}{2}|a\cdot b|=9$.

34. 解析：设直线的斜率为 k，AB 中点为 $(3,-1)$，$k_{AB}=\dfrac{-7-5}{9+3}=-1$，因为 $k_{AB}\cdot k=-1$，所以 $k=1$，直线过 AB 中点，所以直线方程为 $y+1=x-3$，整理得 $x-y-4=0$.

35. 解析：圆的标准方程为 $(x-3)^2+y^2=4$，圆心 $C(3,0)$，半径 $r=2$，圆心到直线 $x-my+3=0$ 的距离 $d=\dfrac{6}{\sqrt{m^2+1}}$.

当直线与圆相交时 $d<r$，即 $\dfrac{6}{\sqrt{m^2+1}}<2$，得 $m<-2\sqrt{2}$ 或 $m>2\sqrt{2}$；

当直线与圆相切时 $d=r$，即 $\dfrac{6}{\sqrt{m^2+1}}=2$，得 $m=-2\sqrt{2}$ 或 $m=2\sqrt{2}$；

当直线与圆相离时 $d>r$，即 $\dfrac{6}{\sqrt{m^2+1}}>2$，得 $-2\sqrt{2}<m<2\sqrt{2}$.

36. 解析：因为圆心在直线 $y=2x$ 上，半径为 $\sqrt{10}$，设圆的标准方程为 $(x-a)^2+(y-2a)^2=10$，圆心 $(a,2a)$ 到直线 $x-y=0$ 的距离 $d=\dfrac{|a-2a|}{\sqrt{2}}=\dfrac{\sqrt{2}}{2}|a|$，因为弦长为 $4\sqrt{2}$，所以 $2\sqrt{r^2-d^2}=4\sqrt{2}$，得 $10-\dfrac{a^2}{2}=8$，即 $a=-2$ 或 $a=2$，所以圆的标准方程为 $(x-2)^2+(y-4)^2=10$ 或 $(x+2)^2+(y+4)^2=10$.

37. 解析：(1) AB 中点为 $(4,3)$，$k_{AB}=\dfrac{2-4}{7-1}=-\dfrac{1}{3}$，则 $k=3$，所以 AB 的垂直平分线方程为 $y-3=3(x-4)$，整理得 $3x-y-9=0$；

(2) 因为 AB 在圆上，所以圆心在 AB 的垂直平分线上，有 $\begin{cases}x-y+1=0\\3x-y-9=0\end{cases}$，得 $x=5$，

$y=6$，所以圆心为 $C(5,6)$；

(3) $r=|AC|=\sqrt{(5-1)^2+(6-4)^2}=2\sqrt{5}$，所以圆的标准方程为 $(x-5)^2+(y-6)^2=20$.

第6章单元测试题 B 卷

一、选择题

1. D 解析：$k=\tan\dfrac{2\pi}{3}=-\sqrt{3}$，故选 D.

2. A 解析：因为 $\sin^2\alpha+\cos^2\alpha=1$，$\sin\alpha=\dfrac{3}{5}$，$\alpha\in[0,\pi)$，所以 $\cos\alpha=\pm\dfrac{4}{5}$，因为 $\tan\alpha=\dfrac{\sin\alpha}{\cos\alpha}$，所以 $\tan\alpha=\pm\dfrac{3}{4}$，即 $k=\pm\dfrac{3}{4}$，所以直线方程为 $y+2=\pm\dfrac{3}{4}(x-1)$，故选 A.

3. C 解析：$y=x+a$ 过点 $(0,a)$，纵截距为 a，指数函数过定点 $(0,1)$，当 $0<a<1$ 时指数函数为减函数，一次函数的纵截距大于 0 小于 1，故选 C.

4. B 解析：因为所求直线与 $x+2y-1=0$ 平行，所以设所求直线方程为 $x+2y+c=0$，将点 A 代入直线方程得 $c=-5$，所以直线方程为 $x+2y-5=0$，故选 B.

5. A 解析：设 BC 的中点为 M，点 A 关于 M 的对称点为 D，则 $M\left(\dfrac{7}{2},\dfrac{3}{2}\right)$，且 M 为 AD 的中点，利用中点坐标公式求得点 D 坐标为 $(2,1)$，故选 A.

6. A 解析：点关于 y 轴对称，横坐标为原来的相反数，纵坐标不变，所以对称点为 $(-5,-7)$，故选 A.

7. C 解析：因为两条直线平行，所以 $3m=m^2(m-2)$，解得 $m=0$ 或 $m=-1$ 或 $m=3$，检验得，当 $m=3$ 时两条直线重合，所以 $m=0$ 或 $m=-1$，故选 C.

8. A 解析：在平行四边 $ABCD$ 中 AC 的中点 $\left(\dfrac{1}{2},\dfrac{5}{2}\right)$ 也为 BD 的中点，利用中点坐标公式求得 $D(1,8)$，故选 A.

9. C 解析：圆心 $(0,0)$ 到直线 $x\sin\theta+y\cos\theta-\sqrt{3}=0$ 的距离为 $d=\dfrac{\sqrt{3}}{\sqrt{\sin^2\alpha+\cos^2\alpha}}=\sqrt{3}$，所以 $d=r$，直线与圆相切，故选 C.

10. C 解析：圆的标准方程为 $x^2+(y-2)^2=5$，所以圆心为 $(0,2)$，半径为 $\sqrt{5}$，故选 C.

11. A 解析：圆心坐标 $O(1,0)$，因为 P 为弦 AB 的中点，所以 $k_{OP}\cdot k_{AB}=-1$，因为 $k_{OP}=\dfrac{-1-0}{2-1}=-1$，所以 $k_{AB}=1$，则 AB 所在的直线方程为 $x-y-3=0$，故选 A.

— 33 —

12. A 解析：因为圆心坐标为(2，-4)，所以 $D=-4$，$E=8$，因为半径为4，所以 $\dfrac{\sqrt{D^2+E^2-4F}}{2}=4$，得 $F=4$，故选 A.

13. D 解析：方法一：将点代入，判断答案；方法二：设圆的标准方程为 $(x-a)^2+(y-b)^2=r^2(r>0)$，将三个点代入到圆的标准方程中可以求得 $a=1$，$b=-2$，$r=2$，所以圆的标准方程为 $(x-1)^2+(y+2)^2=4$，故选 D.

14. C 解析：方法一：画图求解；方法二：设直线方程为 $y=kx$，即 $kx-y=0$，圆心(2，0)到直线的距离 $d=\dfrac{|2k|}{\sqrt{k^2+1}}$，因为直线与圆相切，所以 $d=r$，即 $\dfrac{|2k|}{\sqrt{k^2+1}}=1$，整理得 $k^2=\dfrac{1}{3}$，$k=\pm\dfrac{\sqrt{3}}{3}$，故选 C.

15. D 解析：圆心(0，0)到直线 $x+y+\sqrt{2}=0$ 的距离 $d=1$，半径为2，所以直线与圆相交，圆劣弧上点到直线的最大距离为1，圆优弧上点到直线最大距离为3，所以圆上劣弧到直线距离为1的点有1个，优弧上到直线的距离为1的点有两个，圆上到直线距离为1的点总共有 3 个，故选 D.

二、填空题

16. -2 解析：$k_{AB}=\tan\dfrac{\pi}{6}=\dfrac{\sqrt{3}}{3}$，$k_{AB}=\dfrac{0-\sqrt{3}}{a-1}=\dfrac{\sqrt{3}}{3}$，得 $a=-2$.

17. $x+y-2=0$ 解析：直线 $2x+y-3=0$ 和直线 $x-2y+1=0$ 的交点为(1，1)，斜率为-1，设直线方程为 $x+y+c=0$，将交点代入直线方程得 $c=-2$，所以直线方程为 $x+y-2=0$.

18. $x+y+2=0$ 解析：直线 $3x+y+8=0$ 与直线 $2x+y+5=0$ 的交点为(-3，1)，因为直线与 $x-y+1=0$ 垂直，设直线方程为 $x+y+c=0$，将交点代入直线方程得 $c=2$，所以直线方程为 $x+y+2=0$.

19. $3x+2y+1=0$ 解析：因为直线与 $3x+2y-5=0$ 平行，设直线方程为 $3x+2y+c=0$，将点 $P(1，-2)$ 代入直线方程得 $c=1$，所以直线方程为 $3x+2y+1=0$.

20. (7，4) 解析：设点 $P(1，-2)$ 关于直线的对称点为 $Q(m，n)$，则 PQ 中点为 $\left(\dfrac{m+1}{2}，\dfrac{n-2}{2}\right)$，$k_{PQ}=\dfrac{n+2}{m-1}$，因为点 PQ 关于直线 $x+y-5=0$ 对称，所以 PQ 中点在直线 $x+y-5=0$ 上，且 PQ 所在的直线与直线 $x+y-5=0$ 垂直，则有 $\begin{cases}\dfrac{m+1}{2}+\dfrac{n-2}{2}-5=0\\ \dfrac{n+2}{m-1}=1\end{cases}$，得 $m=7$，$n=4$，所以对称点为(7，4).

21. $x-2y=0$ 或 $x+y-3=0$ 解析：当横纵截距都零，即过原点方程为 $x-2y=0$，当不过原点时知斜率为-1，设直线方程为 $x+y+c=0$，将点(2，1)代入方程得 $c=-3$，所以直线方程为 $x-2y=0$ 或 $x+y-3=0$.

22. $(0,-6)$ 或 $(0,9)$ 解析：因为点 P 在 y 轴上，设点 $P(0,m)$，到直线 $3x-4y+6=0$ 的距离为 6，即 $\dfrac{|-4m+6|}{\sqrt{9+16}}=6$，得 $m=-6$ 或 $m=9$，所以点 P 坐标为 $(0,-6)$ 或 $(0,9)$.

23. $\dfrac{1}{2}$ 解析：把第一条直线改成 $8x+6y+2=0$，与直线 $8x+6y-3=0$ 平行，所以有 $d=\dfrac{|C_2-C_1|}{\sqrt{A^2+B^2}}=\dfrac{|-3-2|}{\sqrt{8^2+6^2}}=\dfrac{5}{10}=\dfrac{1}{2}$.

24. 5 解析：$r=\dfrac{\sqrt{D^2+E^2-4F}}{2}=\dfrac{\sqrt{64+36}}{2}=\dfrac{10}{2}=5$.

25. $\sqrt{6}$ 解析：圆心 $(2,-2)$ 到直线 $x-y-5=0$ 的距离 $d=\dfrac{|2+2-5|}{\sqrt{2}}=\dfrac{\sqrt{2}}{2}$，弦长 $l=2\sqrt{R^2-d^2}=2\sqrt{2-\dfrac{1}{2}}=\sqrt{6}$.

26. $(x-1)^2+(y-2)^2=25$ 解析：因为直线 $4x+3y-35=0$ 与圆相切，所以圆心到直线的距离等于半径 $d=r=\dfrac{|4+6-35|}{\sqrt{16+9}}=\dfrac{25}{5}=5$，所以圆的方程为 $(x-1)^2+(y-2)^2=25$.

27. $(x-1)^2+(y-1)^2=5$ 解析：因为圆心在直线 $x-y=0$ 上，设圆的方程为 $(x-a)^2+(y-a)^2=r^2(r>0)$，将点 A、B 代入方程求得 $a=1$，$r^2=5$，所以圆的方程为 $(x-1)^2+(y-1)^2=5$.

28. $4x-3y+25=0$ 解析：圆心 $(0,0)$ 和切点 $(-4,3)$ 所在直线的斜率为 $-\dfrac{3}{4}$，则切线的斜率为 $\dfrac{4}{3}$，所以切线方程为 $4x-3y+25=0$.

29. $2x-y+5=0$ 解析：过点 P 的直线与圆相交于 A、B 两点，当直线 OP 与直线 AB 垂直时，弦长 AB 最短，$k_{OP}=-\dfrac{1}{2}$，则 $k_{AB}=2$，所以直线方程为 $2x-y+5=0$.

30. 4 解析：圆的方程为 $(x+1)^2+(y-4)^2=9$，圆心为 $C(-1,4)$，半径为 3，过 P 作圆的切线，设一个切点为 Q，则三角形 OQP 为直角三角形，$|PC|=5$，$|CQ|=3$，利用勾股定理求得 $|PQ|=4$，所以切线长为 4.

三、解答题

31. 解析：入射光线经过点 $M(2,3)$ 和点 $N(0,1)$，所以入射光线方程为 $x-y+1=0$，点 $M(2,3)$ 关于 y 轴的对称点 $M_1(-2,3)$ 在反射光线上，所以反射光线经过点 $M_1(-2,3)$ 和点 $N(0,1)$，得反射光线方程为 $x+y-1=0$.

32. 解析：设圆的标准方程为 $(x-a)^2+(y-b)^2=r^2(r>0)$，圆心为 $C(a,b)$，因为 $A(0,2)$，$B(-3,3)$ 在圆上，则有 $|AC|=|BC|$，即 $\sqrt{a^2+(b-2)^2}=$

$\sqrt{(a+3)^2+(b-3)^2}$，整理得 $3a-b+7=0$，又因为圆心在直线 $x-y+3=0$ 上，得 $a-b+3=0$，联立方程组求得 $a=-2$，$b=1$，$r=|AC|=\sqrt{5}$．所以圆的方程为 $(x+2)^2+(y-1)^2=5$．

33．**解析**：因为所求直线与直线 $3x+2y+1=0$ 垂直，故设所求直线方程为 $2x-3y+c=0$，直线 $2x+y-5=0$ 和直线 $x-2y-5=0$ 的交点为 $(3,-1)$，代入到直线方程中得 $c=-9$，所以直线方程为 $2x-3y-9=0$．

34．**解析**：圆的标准方程为 $(x-1)^2+(y-1)^2=1$，圆心为 $(1,1)$，半径为 1，当直线斜率存在时设为 k，则直线方程为 $y-3=k(x-2)$，整理得 $kx-y+3-2k=0$，圆心到直线的距离 $d=\dfrac{|k-1+3-2k|}{\sqrt{k^2+1}}=\dfrac{|k-2|}{\sqrt{k^2+1}}$，因为直线与圆相切，所以 $d=r$，即 $\dfrac{|k-2|}{\sqrt{k^2+1}}=1$，得 $k=\dfrac{3}{4}$，直线方程为 $3x-4y+6=0$，当直线斜率不存在时，直线方程为 $x=2$，与圆相切，综上得切线方程为 $3x-4y+6=0$ 或 $x=2$．

35．**解析**：圆的标准方程为 $(x+1)^2+(y-2)^2=9$，圆心 $C(-1,2)$，半径 $r=3$，圆心到直线 $3x+4y+m=0$ 的距离 $d=\dfrac{|m+5|}{5}$．

当直线与圆相交时 $d<r$，即 $\dfrac{|m+5|}{5}<3$，得 $-20<m<10$；

当直线与圆相切时 $d=r$，即 $\dfrac{|m+5|}{5}=3$，得 $m=-20$ 或 $m=10$；

当直线与圆相离时 $d>r$，即 $\dfrac{|m+5|}{5}>3$，得 $m<-20$ 或 $m>10$．

36．**解析**：因为直线倾斜角为 $\dfrac{3\pi}{4}$，所以直线的斜率为 -1，设直线方程为 $x+y+c=0$，因为点 $P(2,-1)$ 到直线的距离为 $\dfrac{\sqrt{2}}{2}$，则有 $\dfrac{|1+c|}{\sqrt{2}}=\dfrac{\sqrt{2}}{2}$，得 $c=0$ 或 $c=-2$，所以直线方程为 $x+y=0$ 或 $x+y-2=0$．

37．**解析**：(1)由 $B(3,0)$，$C(5,2)$ 得直线 BC 的斜率为 1，因为 AD 所在的直线与 BC 所在的直线垂直，所以得直线 AD 的斜率为 -1，所以 AD 所在的直线方程为 $x+y-1=0$．

(2)因为直线 BC 的斜率为 1，所以直线 BC 的方程为 $x-y-3=0$，$|BC|=2\sqrt{2}$．点 A 到直线 $x-y-3=0$ 的距离 $d=2\sqrt{2}$，$S_{\triangle ABC}=\dfrac{1}{2}|BC|\cdot d=\dfrac{1}{2}\times 2\sqrt{2}\times 2\sqrt{2}=4$．

第7章 简单几何体答案

7.1 认识空间几何体

7.1.1 认识多面体与旋转体

【课堂基础训练】

一、选择题

1. D　解析：圆柱、球体是旋转体，六棱锥、正方体、四面体是多面体，故选 D．

2. A　解析：面数最少的多面体是四面体，四面体的顶点为 4 个，故选 A．

3. A　解析：铅球是球，量筒相当于圆柱，滤纸卷成漏斗相当于圆柱与圆锥的组合体，量杯相当于圆柱，羽毛球相当于球和圆锥的组合体．

二、填空题

4. 圆柱　解析：通过实物观察可知：挖去一个圆柱．

5. 一个圆锥和一个圆柱　解析：由图可知．

三、解答题

6. 解析：(1)(2)(4)是多面体，(3)(5)是旋转体．

第5题图

【课堂拓展训练】

一、选择题

1. B　解析：外面的圆旋转形成一个球，里面的长方形旋转形成一个圆柱．

2. C　解析：上部分是圆锥，下部分是圆柱．

3. A　解析：B 旋转得到同底的两个圆锥，C 旋转得到的组合体下面为圆锥，D 为两个圆锥和一个圆柱组合体．故选 A．

二、填空题

4. 旋转　解析：由定义可知．

5. 圆锥　解析：由题意可得 $AD \perp BC$，且 $BD = CD$，所以形成的几何体是圆锥．

三、解答题

6. 解析：图中是由一个四棱柱和一个底面与四棱柱上底面重合的四棱锥组合而成的组合体，它有 9 个面，9 个顶点，16 条棱，具有四棱柱和四棱锥的结构特征．

7.1.2 棱柱、棱锥

【课堂基础训练】

一、选择题

1. D　解析：根据棱柱定义可知，两底面平行，侧棱平行，故选 D．

37

2. C　解析：四棱柱有 4 条侧棱、8 个顶点(可以结合正方体观察求得).

3. D　解析：根据棱柱的定义进行判定知，这 4 个图都满足.

4. D　解析：由于棱柱的侧棱平行，因此侧面是平行四边形．故选 D.

5. B　解析：由棱柱的定义知，棱柱的侧面都是平行四边形，不一定都是矩形，故 A 不正确；而平行四边形的对边相等，故侧棱都相等，所以 B 正确；对选项 C，侧棱都平行，但底面多边形的边(也是棱)不一定平行，所以错误；棱柱的侧棱可以与底面垂直也可以不与底面垂直，故 D 不正确.

6. C　解析：棱柱的侧棱互相平行且相等，故选 C.

7. A　解析：三棱锥的侧面和底面均为三角形，故选 A.

8. B　解析：棱柱有两个底面，所以 A 项不正确；棱柱底面的边数至少是 3，三棱柱的顶点数至少是 6，三棱柱的侧棱数至少是 3，三棱柱的棱数至少是 9，所以 C、D 项不正确，B 项正确.

9. B　解析：由棱锥的定义可知，棱锥的各个侧面都是三角形，①正确；由棱柱的定义可知，棱柱的侧面都是平行四边形，②错误；③正确；棱锥的侧棱长可以相等，也可以不相等，但各侧棱必须有一个公共顶点，④不正确．故选 B.

10. A　解析：棱柱中互相平行的不一定是底面，也可能是侧面.

二、填空题

11. $\sqrt{3}$　解析：$d=\sqrt{1^2+1^2+1^2}=\sqrt{3}$.

12. 8　解析：八棱锥有 8 个侧面.

13. $5\sqrt{2}$　解析：$d=\sqrt{a^2+b^2+c^2}=\sqrt{3^2+4^2+5^2}=5\sqrt{2}$.

14. 三；5　解析：棱柱有相互平行的两个底面，其侧面至少有 3 个，故面数最少的棱柱为三棱柱，共由 5 个面围成.

15. 不一定；一定；不一定；一定　解析：根据上述定义知：长方体一定是直四棱柱，但是直四棱柱不一定是长方体；正方体一定是正四棱柱，但是正四棱柱不一定是正方体.

16. $2\sqrt{2}$　解析：如图所示，$SO=\sqrt{4^2-(2\sqrt{2})^2}=2\sqrt{2}$.

三、解答题

17. 解析：设每份为 x，则长 $=3x$，宽 $=4x$，高 $=12x$，
$d=\sqrt{a^2+b^2+c^2}=\sqrt{(3x)^2+(4x)^2+(12x)^2}=13x=26$，所以 $x=2$，$3x=6$，$4x=8$，$12x=24$.

所以长为 6 cm，宽为 8 cm，高为 24 cm.

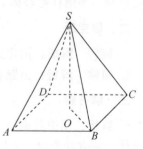

第 16 题图

18. 解析：$h'=\sqrt{2^2-1^2}=\sqrt{3}$，$h=\sqrt{2^2-(\sqrt{2})^2}=\sqrt{2}$.

19. 解析：在直角三角形 SEC 中，$h'=\sqrt{4^2-2^2}=2\sqrt{3}$，$OB=\frac{2}{3}\sqrt{4^2-2^2}=\frac{4}{3}\sqrt{3}$，$h=SO=\sqrt{4^2-\left(\frac{4}{3}\sqrt{3}\right)^2}=\frac{4\sqrt{6}}{3}$.

20. 解析：如图所示，正四棱锥 $S-ABCD$ 中，$SB=\sqrt{3}$，$OB=\sqrt{2}$，则 $SO=1$.

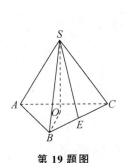

第 19 题图

第 20 题图

【课堂拓展训练】

一、填空题

1. 4　解析：每个三角形都可以作为底面.

2. 6　解析：设正方体的棱长为 x，对角线长为 a，则有 $6x^2=72$，解得 $x^2=12$，从而 $a^2=3x^2=36$，解得 $a=6$.

3. (3)(4)　解析：(1)错误，棱柱的底面不一定是平行四边形；(2)错误，棱柱的底面可以是三角形；(3)正确，由棱柱的定义易知；(4)正确，棱柱可以被平行于底面的平面截成两个棱柱，所以说法正确的序号是(3)(4).

4. $\sqrt{2}:2$　解析：设正三角形的边长为 a，则高 $=\sqrt{a^2-\left(\dfrac{\sqrt{2}}{2}a\right)^2}=\dfrac{\sqrt{2}}{2}a$，高与底面边长之比为 $\sqrt{2}:2$.

5. $Q\subsetneqq M\subsetneqq N\subsetneqq P$　解析：根据定义可知，集合最大的为直四棱柱，其次为长方体，正四棱柱为底面为正方形的长方体，正方体则是所有棱长相等的正四棱柱.

6. 解析：若高为 12 cm，则 $d=\sqrt{4^2+4^2+12^2}=4\sqrt{11}$（cm），若高为 16 cm，则 $d=\sqrt{3^2+3^2+16^2}=\sqrt{274}$（cm）.

二、解答题

7. 解析：在直角三角形 SEC 中，$h'=\sqrt{5^2-3^2}=4$（cm），$OB=\dfrac{2}{3}\sqrt{6^2-3^2}=2\sqrt{3}$，$h=SO=\sqrt{5^2-(2\sqrt{3})^2}=\sqrt{13}$（cm）.

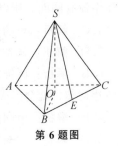

第 6 题图

所以棱锥的高为 $\sqrt{13}$ cm，斜高为 4 cm.

8. 解析：由 $S_底=16$，知底面边长为 4，又侧棱长为 6，故斜高 $h'=\sqrt{6^2-2^2}=4\sqrt{2}$.

9. 解析：因为正四棱锥的底面 $ABCD$ 为正方形，正方形的面积为 36 cm²，所以正方形的边长为 6 cm，侧面面积为 12 cm²，所以 $h'=4$ cm，所以侧棱的长为 $\sqrt{4^2+3^2}=5$（cm）.

10. 解析：沿长方体的一条棱剪开，使 A 和 C_1 展在同一平面上，求线段 AC_1 的长即可，有如图所示的三种剪法：

(1)若将 C_1D_1 剪开,使面 AB_1 与面 A_1C_1 共面,可求得 $AC_1=\sqrt{4^2+(5+3)^2}=\sqrt{80}=4\sqrt{5}$.

(2)若将 AD 剪开,使面 AC 与面 BC_1 共面,可求得
$AC_1=\sqrt{3^2+(5+4)^2}=\sqrt{90}=3\sqrt{10}$.

(3)若将 CC_1 剪开,使面 BC_1 与面 AB_1 共面,可求得
$AC_1=\sqrt{(4+3)^2+5^2}=\sqrt{74}$.

比较可得蚂蚁爬行的最短路线长为 $\sqrt{74}$.

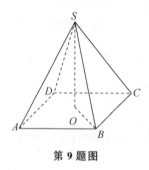

第 9 题图　　　　　　第 10 题图

7.1.3　圆柱、圆锥、球

【课堂基础训练】

一、选择题

1. D　解析:根据球面的定义可知,到定点的距离等于定长的所有点的集合是球面.

2. C　解析:①是正确的;②是错误的,只有两点的连线经过球心时才为直径;③是错误的;④是正确的.

3. C　解析:圆柱的截面有圆面,也有矩形,圆锥的截面有圆面也有三角形,棱柱的截面中没有圆面,所以只有球的截面一定是圆面,故选 C.

4. C　解析:球的任意两条直径不一定垂直.

5. D　解析:圆锥的顶点与其底面圆上任意一点的连线都是圆锥的母线.

6. B　解析:圆锥的形成必须以直角三角形绕其一条直角边所在的直线旋转,如果绕其斜边旋转,就会形成两个圆锥.

7. B　解析:由圆柱、圆锥、圆台的定义及母线的性质可知②③正确,①错误.

8. D　解析:①所取的两点与圆柱的轴 OO' 的连线所构成的四边形不一定是矩形,若不是矩形,则与圆柱母线定义不符.③只有过母线且过顶点作截面才会出现等腰三角形,②④符合圆锥、圆柱母线的定义及性质.

9. D　解析:用一个平面去截圆锥、圆柱、球均可以得到圆面,但截棱柱一定不会产生圆面.

10. A　解析:对于 B,动手操作一下发现一张扇形的纸片只能卷成一个无底面的圆锥,故 B 错误;对于 C,根据圆柱的结构特征可知,若两个相等的圆面不平行,那么这个

物体不是圆柱,故 C 错误;对于 D,圆柱的上、下底面圆周上任取一点,两点的连线不一定是圆柱的母线,母线与轴同行,与底面垂直,故 D 错误.A 正确.

二、填空题

11.平行　解析:因为无论旋转到什么位置,平行于轴的边都叫作圆柱侧面的母线,所以圆柱的母线与圆柱的旋转轴的位置关系是平行.

12.5　解析:圆柱的母线长和其高相等.

13.③;①　解析:结合圆柱、圆锥的定义,结合选项可知,图①形成圆锥,图②形成球,图③形成圆柱,图④形成圆台.

14.(1)a、d、e、f;(2)b、g;(3)c;(4)d、e、f;(5)a;(6)g;(7)b.

解析:由柱、锥、球的定义可知.

15.24 cm²　解析:圆柱的轴截面面积 $S=4×6=24(cm^2)$.

16.2　解析:由题意得,圆柱的轴截面为矩形,长为 5,宽为 $2r$,所以面积为 $5×2r=20$,$r=2$.

三、解答题

17.解析:如图所示,因为圆锥的底面直径 $AB=8$,所以圆锥的底面半径 $R=OA=4$,又因为 $SA=5$,所以圆锥的高 $h=SO=\sqrt{5^2-4^2}=3$.

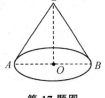

第17题图

18.解析:如图所示,设等边三角形 ABC 为圆锥的轴截面,由题意易知,其母线长即为 $\triangle ABC$ 的边长,且 $S_{\triangle ABC}=\dfrac{\sqrt{3}}{4}AB^2$,所以 $\sqrt{3}=\dfrac{\sqrt{3}}{4}AB^2$,解得 $AB=2$.

第18题图

19.解析:设正方体的棱长为 a,内切球的直径 $2r=a$,外接球的直径 $2R=$ 体对角线 $=\sqrt{3}a$,所以 $r:R=1:\sqrt{3}$.

20.解析:由题意可知,该圆锥的高为 $h=20\cos 60°=10$.

【课堂拓展训练】

一、填空题

1.4π　解析:球面上任意两点的截面与球面相交所得的圆中,最大的圆为半径为 2 的圆,所以面积为 4π.

2.②　解析:半圆弧以其直径为轴旋转所形成的曲面叫球面,球面围成的几何体叫球,①不正确;②正确;球面和球是两个不同的概念,③错误;若球面上不同的两点恰好为最大的圆的直径端点,则过此两点的大圆有无数个,故④错误.

3.$2\sqrt{3}$ cm　解析:$r=4\sin 60°=4×\dfrac{\sqrt{3}}{2}=2\sqrt{3}$(cm).

4.$2\sqrt{2}$　解析:设圆锥的底面半径为 r,则圆锥的高 $h=\sqrt{4^2-r^2}$.

所以由题意可知
$\frac{1}{2} \cdot (2r) \cdot h = r\sqrt{4^2 - r^2} = 8$，得 $r^2 = 8$，$h = 2\sqrt{2}$.

5. $\sqrt{3}$ 解析：如图所示，设平面 α 截球 O 所得圆的圆心为 O_1，则 $|OO_1| = \sqrt{2}$，$|O_1A| = 1$，所以球的半径 $R = |OA| = \sqrt{2+1} = \sqrt{3}$.

6. $10\sqrt{3}$ 解析：$h = 20\cos 30° = 20 \times \frac{\sqrt{3}}{2} = 10\sqrt{3}$ (cm).

二、解答题

7. 解析：圆锥的轴截面如图所示，由图可知，底面半径 $r = \sqrt{(5\sqrt{2})^2 - r^2}$，解得 $r = 5$.

8. 解析：$2rh = 16$，所以 $h = \frac{8}{3}$.

9. 解析：设球的半径为 R，则 $|OO_1| = \frac{R}{2}$，$r^2 = R^2 - \left(\frac{R}{2}\right)^2 = \frac{3}{4}R^2$，所以 $r = \frac{\sqrt{3}}{2}R$，所以 $r : R = \frac{\sqrt{3}}{2}$.

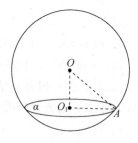

第 5 题图

第 7 题图

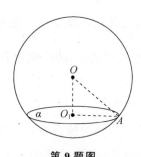

第 9 题图

10. 解析：$\begin{cases} \frac{1}{2} \times 2r \times h = 12 \\ r^2 + h^2 = 25 \end{cases}$，解得 $\begin{cases} r = 3 \\ h = 4 \end{cases}$ 或 $\begin{cases} r = 4 \\ h = 3 \end{cases}$.

所以圆锥的底面半径为 3 cm 或 4 cm.

7.2　空间几何体的三视图与直观图

【课堂基础训练】

一、选择题

1. D 解析：斜二测画法作直观图时，把 x 轴和 y 轴画成对应的 x' 轴和 y' 轴，使 x' 轴和 y' 轴所成的 $\angle x'O'y'$ 大小为 $45°$ 或 $135°$，故选 D.

2. B 解析：根据斜二测画法，已知图形中与 y 轴平行（或重合）的线段，直观图中长度减半,显然 A 选项不对.依据"一斜和二测",容易判断正方形的直观图一定不是正方形,菱形的直观图一定不是菱形,故选 B.

3. B 解析:易判断圆锥水平放置时,正视图和左视图恰好相同,四棱锥和三棱柱满足条件时有可能满足,正方体三个视图都一样,故选 B.

4. C 解析:作出直观图,由图可知,$A'B'=AB=2$,$B'C'=O'A'=\frac{1}{2}BC=1$,在图中作 $B'D'\perp x$ 轴,垂足为 D',则 $B'D'=\frac{\sqrt{2}}{2}B'C'=\frac{\sqrt{2}}{2}\times 1=\frac{\sqrt{2}}{2}$,故选 C.

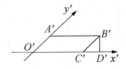

第 4 题

5. C 解析:由题意可以得出几何体是一个底面半径为 1,高为 2 的圆柱,依据圆柱的面积公式,$S_{圆柱表}=S_{圆柱侧}+S_{底}=2\pi rl+2\pi r^2=2\pi\times 1\times 2+2\pi\times 1^2=6\pi$,故选 C.

二、填空题

6. 解析:由图可知该几何体是一个正六棱锥,其中底面边长为 1,可计算出棱锥的高为 $\sqrt{3}$,由宽相等可知左视图中三角形底边边长与俯视图中正六边形高相等,可计算长度为 $\sqrt{3}$,故左视图三角形面积 $S=\frac{1}{2}\times\sqrt{3}\times\sqrt{3}=\frac{3}{2}$.

7. 解析:由三视图可知该几何体为底面为梯形的直四棱柱,故答案为直四棱柱.

8. 解析:依据斜二测画法作直观图,直线的平行性不变,所以原平面四边形是平行四边形,且等边 OA 长 1,对边 OA 和 BC 的距离为 $2\sqrt{2}$,所以原平行四边形的面积为 $S_{平行四边形}=2\times\left(\frac{1}{2}\times 2\sqrt{2}\times 1\right)=2\sqrt{2}$.

三、解答题

9. 解析:三视图如图所示.

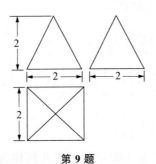

第 9 题

43

10. 解析：物体的三视图如图所示.

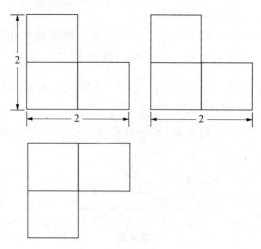

第 10 题

【课堂拓展训练】

一、选择题

1. A　解析：根据斜二测画法可知平行线在直观图中仍然平行，故选 A.

2. D　解析：球的三视图都是圆且大小相同，三棱锥三条侧棱两两垂直且相等的适当高度的正三棱锥三视图也会是完全相同的三角形，正方体三视图是完全相同的正方形，故选 D.

3. 依据正视图的概念可知选 A.

4. B　解析：根据三视图可以判断该几何体是三棱柱，且是正三棱柱，故选 B.

二、解答题

5. 解析：直观图如图所示，

其中，$A'B' = AB = a$，$O'C' = OC = \dfrac{\sqrt{3}}{4}a$，

在图中作 $C'D' \perp A'B'$，垂足为 D'，

则 $C'D' = O'C' \sin 45° = \dfrac{\sqrt{2}}{2} O'C' = \dfrac{\sqrt{6}}{8}a$，

$S_{\triangle A'B'C'} = \dfrac{1}{2} A'B' \times C'D' = \dfrac{1}{2} \times a \times \dfrac{\sqrt{6}}{8}a = \dfrac{\sqrt{6}}{16}a^2$，

所以，三角形 $A'B'C'$ 的面积为 $\dfrac{\sqrt{6}}{16}a^2$.

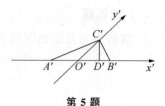

第 5 题

6. 解析：依据三视图的概念和作图原则，该几何体为上面一个圆柱，下面一个正四棱柱的组合体，其中圆柱半径为 1，正四棱柱的底面边长是 4，高是 2.

7.3 空间几何体的表面积和体积

7.3.1 空间几何体的表面积

一、选择题

1. A 解析：长方体六个面是六个长方形，六个面的面积之和即表面积，由 $2(3\times4+3\times5+4\times5)=94$，故选 A. 注意：把长方体看成直四棱柱先求侧面积和底面积之和也可以.

2. B 解析：正三棱柱是底面为等边三角形的直三棱柱，底面三角形的周长是 3，棱柱的高为 1，依据直棱柱的侧面积公式 $S_{直棱柱侧}=ch=3\times1=3$，故选 B.

3. A 解析：三棱锥的棱长都相等，这个棱锥的侧面和底面都是全等的边长为 1 的等边三角形，棱锥的表面积为四个三角形的面积之和，故选 A.

4. C 解析：轴截面是等边三角形，其面积为 $\sqrt{3}$，可得出底面半径等于母线长的一半，都等于 1，依据圆锥的面积公式 $S_{圆锥表}=S_{圆锥侧}+S_{圆锥底}=\pi rl+\pi r^2=6\pi$，故选 C.

5. B 解析：一个棱长为 a 的正方体切成 27 个全等的小正方体，则小正方体的棱长为 $\dfrac{a}{3}$，用 27 个正方体的表面积总和 $18a^2$ 减去原来正方体的表面积 $6a^2$ 得到 $12a^2$，故选 B.

6. C 解析：正六棱柱的底面正六边形是由六个全等的等边三角形构成的，其面积为 $6\sqrt{3}$，可得每一个等边三角形的面积为 $\sqrt{3}$，可以得出等边三角形的边长为 2，依据圆柱的侧面积公式 $S_{直棱柱侧}=ch=2\times6\times5=60$，故选 C.

7. D 解析：设正方体的棱长为 a，与正方体各面都相切的球的半径为 R，依据正方体和球的关系得：正方体的棱长等于这个球的直径，即 $a=2R$，因此它们的表面积之比为 $S_{球}:S_{正方体}=4\pi R^2:6a^2=4\pi R^2:6\times(2R)^2=\dfrac{\pi}{6}$，故选 D.

8. C 解析：侧面展开图是一个正方形，底面圆的周长等于母线长，即 $l=2\pi r$，由 $S=\pi r^2$，可得 $r^2=\dfrac{S}{\pi}$，$S_{圆柱侧}=2\pi rl=2\pi r\times2\pi r=4\pi^2 r^2=4\pi^2\dfrac{S}{\pi}=4\pi S$，故选 C.

9. B 解析：设球的半径为 R，过球的半径的中点所得的截面是小圆. 设半径为 r，球心到小圆圆面的距离 d 等于 $\dfrac{R}{2}$，依据公式 $r=\sqrt{R^2-d^2}=\dfrac{\sqrt{3}}{2}R$，依据圆的面积公式和球的表面积公式可得 $S_{圆}:S_{球}=\pi r^2:4\pi R^2=\pi\left(\dfrac{\sqrt{3}}{2}R\right)^2:4\pi R^2=\dfrac{\pi}{6}$，故选 B.

10. C 解析：长方体的对角线等于球的直径，所以 $\sqrt{3^2+4^2+5^2}=2R$，可得 $R=\dfrac{5\sqrt{2}}{2}$，依据球的表面积 $S_{球}=4\pi R^2=4\pi\times\left(\dfrac{5\sqrt{2}}{2}\right)^2=50\pi$，故选 C.

二、填空题

11. $4ah$ 解析：依据直棱柱的侧面积公式 $S_{直棱柱侧}=ch=4ah$.

12. $\sqrt{3}+1$ 解析：正四棱锥的侧面是边长为 1 的四个等边三角形，底面是边长为 1 的正方形，依据面积公式 $S_{正棱锥表}=S_{正棱锥侧}+S_{底}=\dfrac{1}{2}ch'+1=\dfrac{1}{2}\times 4\times\dfrac{\sqrt{3}}{2}+1=\sqrt{3}+1$.

13. 3π 解析：依据圆锥的侧面积公式 $S_{圆锥侧}=\pi rl=3\pi$.

14. 4π 解析：由侧面展开图是正方形可知，圆柱的母线长等于底面半径的 2 倍，依据圆柱的侧面积公式 $S_{圆柱侧}=2\pi rl=4\pi$.

15. 6π 解析：由题意可知几何体为圆柱，且底面圆的半径为 1，母线为 2，依据圆柱的侧面积公式 $S_{圆柱表}=S_{圆柱侧}+S_{底}=2\pi rl+2\pi r^2=6\pi$.

16. $3:1$ 解析：正方体的体对角线 $\sqrt{3}$ 等于其外接球的直径，正方体的棱长 1 等于其内切球的直径，因此外接球和内切球的表面积比为 $S_{外接球}:S_{内切球}=4\pi\left(\dfrac{\sqrt{3}}{2}\right)^2:4\pi\left(\dfrac{1}{2}\right)^2=3:1$.

三、解答题

17. 解析：圆柱轴截面是长方形，其边长分别为底面圆的直径和母线长 l，因为长方形的面积 $=2rl=2\times 4\times l=24$，所以母线长为 $l=3$，所以，$S_{圆柱侧}=2\pi rl=2\pi\times 4\times 3=24\pi$.

又 $S_{圆柱底}=2\pi r^2=2\pi\times 4^2=32\pi$，所以 $S_{圆柱表}=S_{圆柱侧}+S_{底}=24\pi+32\pi=56\pi(\text{cm}^2)$，所以圆柱的全面积为 $56\pi\ \text{cm}^2$.

18. 解析：因为三棱锥 $OABC$ 棱长都是 1，所以棱锥的三个侧面和底面都是边长为 1 的等边三角形，取 BC 边中点 M，连接 AM，则 AMB 是直角三角形，所以 $AM=\sqrt{1^2-\left(\dfrac{1}{2}\right)^2}=\dfrac{\sqrt{3}}{2}$，所以，$\triangle OAB$ 的高 $=\dfrac{\sqrt{3}}{2}$，因为 D 是 OA 的中点，所以 $\triangle DAB$ 底边 AB 上的高等于 $\triangle OAB$ 高的一半，所以，$\triangle DAB$ 面积等于 $\triangle DAB$ 面积 $S_1=\dfrac{1}{2}\times 1\times\left(\dfrac{1}{2}\times\dfrac{\sqrt{3}}{2}\right)=\dfrac{\sqrt{3}}{8}$，连接 DM，

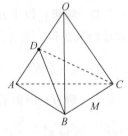

第 18 题

则 BMD 是直角三角形，所以 $DM=\sqrt{\left(\dfrac{\sqrt{3}}{2}\right)^2-\left(\dfrac{1}{2}\right)^2}=\dfrac{\sqrt{2}}{2}$，所以，$\triangle BCD$ 的面积 $S_2=\dfrac{1}{2}\times 1\times\dfrac{\sqrt{2}}{2}=\dfrac{\sqrt{2}}{4}$，所以，$\triangle ABC$ 的面积 $S_3=\dfrac{1}{2}\times 1\times\dfrac{\sqrt{3}}{2}=\dfrac{\sqrt{3}}{4}$，因为，$S_{表}=2S_1+S_2+S_3=2\times\dfrac{\sqrt{3}}{8}+\dfrac{\sqrt{2}}{4}+\dfrac{\sqrt{3}}{4}=\dfrac{\sqrt{2}}{4}+\dfrac{\sqrt{3}}{2}$.

所以三棱锥 $D-ABC$ 的表面积为 $\frac{\sqrt{2}}{4}+\frac{\sqrt{3}}{2}$.

19.(1) 解析：依题意，棱柱 $AMNB-A_1M_1N_1B_1$ 是直棱柱，底面等腰梯形 $ABMN$ 中，底分别为 1 和 3，腰长 $AM=\sqrt{AD^2+DM^2}=\sqrt{1^2+1^2}=\sqrt{2}$，所以，棱柱 $AMNB-A_1M_1N_1B_1$ 的底面周长 $c=1+3+2\sqrt{2}=4+2\sqrt{2}$，又棱柱的高 $h=AA_1=3$，所以，$S_{直棱柱侧}=ch=(4+2\sqrt{2})\times 3=12+6\sqrt{2}$.

(2)解析：棱柱 $AMNB-A_1M_1N_1B_1$ 的表面积 $S_{直棱柱表}=S_{侧}+2S_{底}$，因为底面梯形 $AMNB$ 的高等于 $AD=1$，所以梯形面积 $S_{底}=\frac{1}{2}(1+3)\times 1=2$，所以，表面积 $S_{表}=12+6\sqrt{2}+4=16+6\sqrt{2}$.

(3)解析：三棱柱 $AMD-A_1M_1D_1$ 与 $BNC-B_1N_1C_1$ 的形状相同，在三棱柱 $AMD-A_1M_1D_1$ 中，底面周长 $c=2+\sqrt{2}$，高 $h=3$，所以，侧面积 $S_{侧}=ch=(2+\sqrt{2})\times 3=6+3\sqrt{2}$. 所以三棱柱 $AMD-A_1M_1D_1$ 与 $BNC-B_1N_1C_1$ 的侧面积之和为 $2\times(6+3\sqrt{2})$，即 $12+6\sqrt{2}$.

20. 解析：圆柱的侧面积 $S_{圆柱侧}=2\pi rl=2\pi\times 0.4\times 5=4\pi(m^2)$，所以，$16\times 4\pi=64\pi\approx 201(元)$，所以订制管身材料大约需要花费 201 元.

【课堂拓展训练】

一、填空题

1. $180°$ 解析：圆锥的表面积 $S_{圆锥表}=S_{圆锥侧}+S_{圆锥底}=\pi rl+\pi r^2=2\pi l+4\pi=12\pi$，可以得 $l=4$. 设展开图的圆心角等于 $n°$，依据侧面展开前底面圆的周长等于展开后扇形的弧长，所以 $2\pi r=\frac{n\pi l}{180}$，把 $r=4$ 和 $l=4$ 代入，得 n 等于 180，故答案为 $180°$.

2. $\sqrt{2}$ 解析：直棱柱的侧面是正方形，设边长为 a，则底面菱形边长为 a，依据直棱柱的侧面积 $S_{直棱柱侧}=ch=4a\times a=8$，可以得 $a=\sqrt{2}$，所以该直棱柱的高为 $\sqrt{2}$.

3. $60°$ 解析：圆锥的侧面积 $S_{圆锥侧}=\pi rl$，$S_{圆锥底}=\pi r^2$，依题意 $\pi rl=2\pi r^2$ 可得 $l=2r$. 母线、底面半径和高构成直角三角形，则轴截面等腰三角形的底角的余弦值为 $\frac{1}{2}$，所以轴截面底角为 $60°$.

4. 2 解析：设第二个圆柱的底面半径为 r，高为 h，则第二个圆柱的侧面积 $S_2=2\pi rl=2\pi rh$，第一个圆柱侧面积 $S_1=2\pi\times(2r)h=4\pi rh$，显然 $S_1=2S_2$，故答案是 2.

5. $\frac{3+\sqrt{3}}{2}a^2$ 解析：依题意知正三棱锥侧面是等腰直角三角形，设侧棱长为 l，底面边长为 $\sqrt{2}a$，则等腰直角三角形中 $\sqrt{2}a=\sqrt{2}l$，得 $a=l$，棱锥侧面积 $S_{正棱锥侧}=3\times\frac{1}{2}(l\times l)=\frac{3}{2}a^2$，正棱锥底面为等边三角形，得 $S_{底}=\frac{1}{2}\times\sqrt{2}a\times\left(\frac{\sqrt{3}}{2}\times\sqrt{2}a\right)=\frac{\sqrt{3}}{2}a^2$，故

47

$S_{正棱锥表} = \frac{3}{2}a^2 + \frac{\sqrt{3}}{2}a^2 = \frac{3+\sqrt{3}}{2}a^2$.

6. 52π 解析：球被一个平面所截得截面为小圆，由圆的面积 $S_{圆} = \pi r^2 = 16\pi$，得小圆半径 $r = 2$，球心到截面的距离为 3，$R = \sqrt{r^2 + d^2} = \sqrt{2^2 + 3^2} = \sqrt{13}$，所以球的表面积 $S_{球} = 4\pi R^2 = 4\pi \times (\sqrt{13})^2 = 52\pi$.

二、解答题

7. 解析：依题意，该几何体是一个圆柱，且其底面半径为 1，高为 2，因为圆柱的表面积公式 $S_{圆柱表} = S_{圆柱侧} + S_{底}$，所以，$S_{圆柱表} = 2\pi rl + 2\pi r^2 = 2\pi \times 1 \times 2 + 2\pi \times 1^2 = 6\pi$，所以该几何体的表面积为 6π.

8. 解析：取 AB 的中点 M，连接 OM，设圆锥中 $OA = OB = l$，所以，等腰三角形 OAB 中，$OM \perp AB$，因为 $AB = 4\sqrt{3}$，所以 $AM = MB = 2\sqrt{3}$，又 $\angle AOB = 120°$，$\angle AOM = 60°$，故直角三角形 OAM 中，$\frac{AM}{OA} = \sin 60° = \frac{\sqrt{3}}{2}$，所以，$l = OA = 4$，设圆锥底面圆半径为 r，由 AB 的弧长 $= \frac{120\pi l}{180} = \frac{120\pi \times 4}{180} = 2\pi r$，可得，$r = \frac{4}{3}$.又 $S_{圆锥表} = S_{圆锥侧} + S_{底} = \pi rl + \pi r^2 = \pi \times \frac{4}{3} \times 4 + \pi \times \left(\frac{4}{3}\right)^2 = \frac{64}{9}\pi$，所以这个圆锥的全面积为 $= \frac{64}{9}\pi$.

9. 解析：需要涂油漆的有大、小圆柱的侧面，和相当于两个大圆柱的底面，
因为，$S_{圆柱表} = 2\pi \times 3 \times 10 + 2\pi \times 2 \times 5 + 2\pi \times 3^2 = 98\pi$
$\approx 307.72 (\text{cm}^2)$，
所以，一共需要涂 307.72 cm².

10. 解析：由三视图可知该几何体为三棱柱，作出直观图三棱柱 $ABC-A_1B_2C_3$，其中，$AB = AA_1 = 2$，$BC = AC = \sqrt{2}$，又因为，$\angle C = 90°$，侧面为三个矩形，所以三棱柱的侧面积为 $= (2 + 2\sqrt{2}) \times 2 = 4 + 4\sqrt{2}$，所以，求该"堑堵"的侧面积为 $4 + 4\sqrt{2}$.

7.3.2 空间几何体的体积

【课堂基础训练】

一、选择题

1. A 解析：长方体就是直四棱柱，其中底面两个边长为 3，4，那么棱柱的高就是 5，则 $V_{棱柱} = Sh = 3 \times 4 \times 5 = 60$，故选 A.

2. D 解析：设球 O 的半径为 R，依题意可知，圆柱高为 $2R$，底面半径为 R，由它们的体积公式得，$\frac{V_1}{V_2} = \frac{\pi R^2 \times 2R}{\frac{4}{3}\pi R^3} = \frac{3}{2}$，故选 D.

3. C 解析：由棱体体积公式 $V_{棱柱} = Sh$ 和锥体的体积公式和 $V_{锥} = \frac{1}{3}Sh$ 可以得到它

们的体积之比是 $3:1$，故选 C.

4. D 解析：轴截面是等边三角形，其面积为 $\sqrt{3}$，可得出底面半径 r 等于母线长 l 的一半都等于 1，圆锥的高 $h=\sqrt{l^2-r^2}=\sqrt{2^2-1^2}=\sqrt{3}$，依据圆锥的体积公式 $V_{锥}=\frac{1}{3}Sh=\frac{1}{3}\pi r^2h=\frac{1}{3}\pi\times 1^2\times\sqrt{3}=\frac{\sqrt{3}}{3}\pi$，故选 D.

5. B 解析：圆柱底面圆周长为 2π，圆柱底面圆半径为 1，由轴截面是正方形可知圆柱的母线长和高都等于底面圆的直径 2，因此 $V_{棱柱}=Sh=\pi r^2h=\pi\times 1^2\times 2=2\pi$，故选 B.

6. A 解析：依据球的体积公式 $V_{球}=\frac{4}{3}\pi R^3$，8 个半径为 1 的铁球 $V_{小球}=8\times\left(\frac{4}{3}\pi\times 1^3\right)=\frac{32}{3}\pi$，设大球的半径为 R，$V_{大球}=\frac{4}{3}\pi R^3=\frac{32}{3}\pi$，可以求出大球的半径为 2，故选 A.

7. D 解析：依据球的体积公式 $V_{球}=\frac{4}{3}\pi R^3=\frac{32}{3}\pi$，可以求出球的半径为 2，因为正方体的对角线长等于这个球的直径，即 $\sqrt{3}a=2R$，因此 $a=\frac{2R}{\sqrt{3}}=\frac{4}{\sqrt{3}}=\frac{4\sqrt{3}}{3}$，故选 D.

8. C 解析：侧面展开图是长为 12，宽为 8 的矩形，可得出底面圆周长 $2\pi r=12$，高 $h=8$，或底面圆周长 $2\pi r=8$，高 $h=12$，依据圆柱的体积公式 $V_{圆柱}=Sh=\pi r^2h$，可以得这个圆柱的体积为 $\frac{288}{\pi}$ 或 $\frac{192}{\pi}$. 故选 C.

9. D 解析：依据题意可设三条棱的长度分别为 x，$2x$，$3x$，体对角线长 $=\sqrt{x^2+(2x)^2+(3x)^2}=\sqrt{14}x=2\sqrt{14}$，所以 $x=2$，$2x=4$，$3x=6$，所以长方体体积为 $2\times 4\times 6=48$. 故选 D.

10. B 解析：由主视图为正方形，左视图为矩形，俯视图是正三角形，可得该几何体为正三棱柱，且三棱柱的高为 2，三棱柱的三角形底面等边三角形的边长为 2，高为 $\sqrt{3}$，所以 $V_{柱}=Sh=\left(\frac{1}{2}\times 2\times\sqrt{3}\right)\times 2=2\sqrt{3}$. 故选 B.

二、填空题

11. π 解析：依据圆锥的体积公式 $V_{锥}=\frac{1}{3}Sh=\frac{1}{3}\pi r^2h=\frac{1}{3}\pi\times 1^2\times 3=\pi$.

12. $\frac{\sqrt{\pi}}{3\pi}$ 解析：设圆锥的底面圆半径为 r，高为 h，母线长为 l，则 $r=h$，$l=\sqrt{r^2+r^2}=\sqrt{2}r$，由底面圆的面积为 1 可得，$\pi r^2=1$，所以 $V_{锥}=\frac{1}{3}\pi r^2r=\frac{1}{3}\pi r^3=\frac{\sqrt{\pi}}{3\pi}$.

13. 6 解析：依据球的体积公式和表面积公式得，$\frac{4}{3}\pi R^3=4\pi R^2$，$R=3$，$2R=6$，故

直径为6.

14. $\dfrac{8\sqrt{3}}{3}\pi$　解析：设圆锥母线长为l，底面半径为r，根据半圆的面积，$\dfrac{1}{2}\pi l^2=8\pi$，可得圆锥的母线长为4，展开后半圆侧面弧长等于圆锥底面周长，即$\dfrac{1}{2}\pi l=2\pi r$，可得$r=2$，所以圆锥的高为$h=\sqrt{l^2-r^2}=\sqrt{4^2-2^2}=2\sqrt{3}$，所以圆锥的体积为$V_{锥}=\dfrac{1}{3}\pi r^2 h=\dfrac{1}{3}\pi\times 2^2\times 2\sqrt{3}=\dfrac{8\sqrt{3}}{3}\pi$.

15. $\dfrac{500}{3}\pi$　解析：因为切面圆的半径$r=4$，球心到切面的距离$d=4$，所以球的半径$R=\sqrt{r^2+d^2}=\sqrt{4^2+3^2}=5$，所以球的体积为$V_{球}=\dfrac{4}{3}\pi R^3=\dfrac{4}{3}\pi\times 5^3=\dfrac{500}{3}\pi$.

16. $\dfrac{1}{6}$　解析：三棱锥$A-A_1BD$的底为$\triangle ABD$，高为AA_1，依据三棱锥的体积公式，$V_{锥}=\dfrac{1}{3}\times\dfrac{1}{2}\times 1\times 1\times 1=\dfrac{1}{6}$，故答案为$\dfrac{1}{6}$.

三、解答题

17. 解：因为$AM=MB$，M在底面圆周上，所以三角形AMB为等腰直角三角形，因为正方形$ABCD$边长为2，所以$AD=AB=2$，在等腰直角三角形AMB中，$AM=MB=\dfrac{\sqrt{2}}{2}AB=\sqrt{2}$，圆柱中三棱锥$D-AMB$的高$AD=2$，所以三棱锥$D-AMB$的体积，$V_{锥}=\dfrac{1}{3}Sh=\dfrac{1}{3}\times\left(\dfrac{1}{2}\times\sqrt{2}\times\sqrt{2}\right)\times 2=\dfrac{2}{3}$.

18.（1）解：依题意，因为正方形的边长为1，所以正方形的对角线长为$\sqrt{2}$，即底面圆O的直径为$\sqrt{2}$. 因为$\triangle SOA$是直角三角形，所以$SA=\sqrt{\left(\dfrac{\sqrt{2}}{2}\right)^2+\left(\dfrac{\sqrt{2}}{2}\right)^2}=1$，所以，棱锥的斜高$h'=\sqrt{1-\dfrac{1}{4}}=\dfrac{\sqrt{3}}{2}$，所以，棱锥的侧面积$S_1=4\times\dfrac{1}{2}\times 1\times\dfrac{\sqrt{3}}{2}=\sqrt{3}$，圆锥的侧面积$S_2=\dfrac{1}{2}\times\sqrt{2}\pi\times 1=\dfrac{\sqrt{2}}{2}\pi$，所以棱锥和圆锥的侧面积之比为$S_1:S_2=\sqrt{3}:\dfrac{\sqrt{2}}{2}\pi=\sqrt{6}\pi:1$.

（2）解：$V_{棱锥}=\dfrac{1}{3}Sh=\dfrac{1}{3}\times 1\times\dfrac{\sqrt{2}}{2}=\dfrac{\sqrt{2}}{6}$，$V_{圆锥}=\dfrac{1}{3}Sh=\dfrac{1}{3}\times\pi\times\left(\dfrac{\sqrt{2}}{2}\right)^2\times\dfrac{\sqrt{2}}{2}=\dfrac{\sqrt{2}}{12}\pi$，所以，$V_{棱锥}:V_{圆锥}=\dfrac{\sqrt{2}}{6}:\dfrac{\sqrt{2}}{12}\pi=2:\pi$，所以棱锥和圆锥的体积之比为$2:\pi$.

19. 解：由图可得，圆锥底面半径为2，高为2，圆柱底面半径为2，高为4，因为圆柱的体积$V_{柱体}=sh=\pi r^2 h=\pi\times 2^2\times 4=16\pi$，圆锥的体积$V_{锥体}=\dfrac{1}{3}sh=\dfrac{1}{3}\pi r^2 h=\dfrac{1}{3}\pi\times$

$2^2 \times 2 = \dfrac{8}{3}\pi$,因为,$V_{柱体}+V_{锥体}=16\pi+\dfrac{8}{3}\pi=\dfrac{56}{3}\pi$,所以该几何体的体积为$\dfrac{56}{3}\pi$.

20. 解:因为$V_{圆锥}=\dfrac{1}{3}Sh=\dfrac{1}{3}\pi r^2 h=\dfrac{1}{3}\times\pi\times 2^2\times 3=4\pi$,因为,$V_{圆柱}=Sh=\pi r^2 h=\pi\times 2^2\times 3=12\pi$,$V_{圆锥}+V_{圆柱}=4\pi+12\pi=16\pi$,所以这个零件的体积为$16\pi$.

【课堂拓展训练】

一、填空题

1. 96 cm²   解析:设正方体的棱长为a,由体积$a^3=64$,棱长$a=4$,表面积$6a^2$,得出 96 cm².

2. $2\pi^2$ 解析:圆柱底侧面展开图是正方形,圆柱的母线长和高都等于底面圆的周长2π,因此$V_{柱}=Sh=\pi r^2 h=\pi\times 1^2\times 2\pi=2\pi^2$.

3. $\dfrac{2\sqrt{2}}{3}$ 解析:四个球两两相切,其中三个球心确定一个正三角形,因此四个球心位于一个棱长都是2的正三棱锥的顶点,求出正三棱锥的高为$\dfrac{2\sqrt{6}}{3}$,依据锥的体积公式可得$\dfrac{2\sqrt{2}}{3}$.

4. $8\sqrt{15}\pi$ 解析:设圆锥的母线为l,底面圆的半径r,则圆锥侧面积$\pi rl=16\pi$,圆锥底面圆的周长展开后扇形的弧长,即$2\pi r=\dfrac{n\pi l}{180}$,$2\pi r=\dfrac{90\pi l}{180}$,得出$l=4r$.两式联立可以求出$r=2$,$l=8$,圆锥的高$h=\sqrt{l^2-r^2}=2\sqrt{15}$,$V_{锥}=\dfrac{1}{3}Sh=\dfrac{1}{3}\pi r^2 h=\pi\times 2^2\times 2\sqrt{15}=8\sqrt{15}\pi$.

5. 3   解析:设三个球的半径分别为R、$2R$、$3R$,依据球的体积公式$V_{球}=\dfrac{4}{3}\pi R^3$,两个半径小球的体积之和为$V_{小球}=V_{球}=\dfrac{4}{3}\pi R^3+\dfrac{4}{3}\pi(2R)^3=12\pi R^3$,大球体积为$V_{大球}=\dfrac{4}{3}\pi(3R)^3=36\pi R^3$,可得最大球的体积是其余两球体积和的3倍.

6. $\dfrac{9}{\pi}$ cm³ 或 $\dfrac{12}{\pi}$ cm³   解析:当圆柱底面圆周长为3时,高为4,此时体积为$\dfrac{9}{\pi}$ cm³;当圆柱底面圆周长为4时,高为3,此时体积为$\dfrac{12}{\pi}$ cm³.故答案为$\dfrac{9}{\pi}$ cm³ 或 $\dfrac{12}{\pi}$ cm³.

二、解答题

7. 解析:由正视图可知,四棱锥的底面矩形长为5,由左视图可知,宽为4,由正视图和左视图可知,高为5,所以,根据四棱锥的体积公式得,
$V_{锥}=\dfrac{1}{3}Sh=\dfrac{1}{3}\times(5\times 4)\times 5=\dfrac{100}{3}$,

所以该四棱锥的体积为 $\dfrac{100}{3}$.

8. **解析**：圆柱体积 $V_{圆柱}=Sh=\pi r^2 h=\pi\times 1^2\times 3=3\pi(\text{cm}^3)$，

两个圆锥体积 $V_{圆锥}=2\times\dfrac{1}{3}Sh=2\times\dfrac{1}{3}\pi r^2 h$，

所以，$V_{圆锥}=2\times\dfrac{1}{3}\times\pi\times 1^2\times\dfrac{3}{2}=\pi(\text{cm}^3)$，

因为，$V_{圆柱}-V_{圆锥}=3\pi-\pi=2\pi\approx 6.28(\text{cm}^3)$，

所以这个零件的体积约为 $6.28\ \text{cm}^3$.

9. **解析**：依题意，大球的半径为 20 cm，小球的半径为 4 cm，

所以 $V_{大球}=\dfrac{4}{3}\pi\times 20^3$，$V_{小球}=\dfrac{4}{3}\pi\times 4^3$.

设计算可作成小铁球的个数为 n，若不及损耗，它们的体积相等，

则 $V_{大球}=n\times V_{小球}$，$\dfrac{4}{3}\pi\times 20^3=n\times\dfrac{4}{3}\pi\times 4^3$，$n=125$，

所以小铁球的个数为 125.

10. **解析**：设球的半径为 R，则圆锥和圆柱的底面半径都为 R，圆锥和圆柱的高为 $2R$，依据它们的体积公式可得，$V_{圆锥}=\dfrac{1}{3}Sh=\dfrac{1}{3}\pi R^2(2R)=\dfrac{2}{3}\pi R^3$，

$V_{圆柱}=Sh=\pi R^2(2R)=2\pi R^3$，$V_{球}=\dfrac{4}{3}\pi R^3$，

所以，$V_{圆锥}:V_{圆柱}:V_{球}=\dfrac{2}{3}\pi R^3:2\pi R^3:\dfrac{4}{3}\pi R^3=1:3:2$，

所以，圆锥、球、圆柱的体积之比为 $1:3:2$.

第7章单元测试题 A 卷

一、选择题

1. B　**解析**：正方体有 6 个面、8 个顶点和 12 条棱.

2. C　**解析**：正四棱柱是底面为正方形的直四棱柱；长方体是底面为矩形的直四棱柱；正方体是底面为正方形且侧面也是正方形的直四棱柱.

3. C　**解析**：对角线为 $\sqrt{3^2+3^2+3^2}=3\sqrt{3}$.

4. D　**解析**：正四棱柱的底面为正方形.

5. A　**解析**：棱柱的上下底面是多边形，侧面是四边形，所以棱柱被平面所截的截面不可能是圆面，而圆柱和圆锥被与底面平行的平面截得的平面是圆面，球被平面截得的截面是圆面.

6. B　**解析**：圆锥的半径是 4，高是 3，母线长为 $\sqrt{4^2+3^2}=5$.

7. D　解析：三视图主要包括主视图（正视图）、左视图、俯视图.

8. A　解析：直观图中 y 轴坐标长度是斜二测画法中 y 轴坐标长度的一半.

9. B　解析：$S_{直棱柱侧}=ch=4\times2\times6=48$.

10. D　解析：$S_{正四棱柱}=S_{正四棱柱侧}+S_{正四棱柱底}=4\times\dfrac{\sqrt{3}}{4}+1=\sqrt{3}+1$.

11. B　解析：$S_{圆柱侧}=2\pi rl=2\pi\times1\times2=4\pi$.

12. C　解析：$S_{圆锥全}=\pi rl+\pi r^2=\pi\times1\times2+\pi\times1^2=3\pi(cm^2)$.

13. A　解析：$V_{柱体}=Sh=\pi\times2^2\times4=16\pi$.

14. D　解析：$V_{锥体}=\dfrac{1}{3}Sh=\dfrac{1}{3}\times\dfrac{1}{2}\times1\times\dfrac{\sqrt{3}}{2}\times3=\dfrac{\sqrt{3}}{4}$.

15. B　解析：$V_{球}=\dfrac{4}{3}\pi R^3=\dfrac{4}{3}\times\pi\times3^3=36\pi$.

二、填空题

16. 4　解析：棱锥中底面顶点最少是三角形，所以棱锥面数最少的棱锥有 4 个顶点.

17. 垂直　解析：直棱柱的侧棱与底面相互垂直.

18. $2\sqrt{5}$　解析：对角线长为 $\sqrt{5^2+4^2+3^2}=5\sqrt{2}$.

19. 6　解析：由 $S_{直棱柱侧}=ch$，得 $c=\dfrac{S_{直棱柱侧}}{h}=\dfrac{48}{8}=6$.

20. $\sqrt{2}$　解析：正四棱锥的底面对角线为 $\sqrt{2^2+2^2}=2\sqrt{2}$，则它的高为 $\sqrt{2^2-\sqrt{2}^2}=\sqrt{2}$.

21. 4π　解析：$S_{圆柱侧}=2\pi rl=2\pi\times1\times2=4\pi$.

22. π　解析：圆锥的底面周长为 $c=\dfrac{1}{2}\times2\pi\times l=\dfrac{1}{2}\times2\pi\times2=2\pi$，圆锥的底面半径为 $r=\dfrac{c}{2\pi}=1$，则该圆锥的底面积是 $S=\pi r^2=\pi\times1^2=\pi$.

23. 2π　解析：$S_{圆柱侧}=2\pi rl=2\pi\times1\times1=2\pi$.

24. $2\sqrt{3}$　解析：圆锥的底面周长为 $c=\dfrac{1}{2}\times2\pi\times l=\dfrac{1}{2}\times2\pi\times4=4\pi$，圆锥的底面半径为 $r=\dfrac{c}{2\pi}=2$，则该圆锥的高是 $h=\sqrt{4^2-2^2}=2\sqrt{3}$.

25. 4π　解析：$S_{球}=4\pi R^2=4\pi\times1^2=4\pi$.

26. $\sqrt{3}$　解析：几何体为正三棱锥，$S_{正三棱锥}=4S=4\times\dfrac{1}{2}\times1\times\dfrac{\sqrt{3}}{2}=\sqrt{3}$.

27. 12π　解析：圆柱的母线为 3，$V_{柱体}=Sh=\pi\times2^2\times3=12\pi$.

28. π　解析：$V_{圆锥体}=\dfrac{1}{3}Sh=\dfrac{1}{3}\times\pi\times1^2\times3=\pi$.

29. $1:3$　解析：由 $V_{柱体}=Sh_{柱}$，$V_{锥体}=\dfrac{1}{3}Sh_{锥}$，得 $h_{柱}:h_{锥}=\dfrac{V_{柱体}}{S}:\dfrac{3V_{锥体}}{S}$，因为

53

$V_{柱体}=V_{锥体}$，所以 $h_{柱}:h_{锥}=1:3$.

30. $\dfrac{\sqrt{3}}{2}\pi$　解析：球的半径 $R=\dfrac{\sqrt{1^2+1^2+1^2}}{2}=\dfrac{\sqrt{3}}{2}$，$V_{球}=\dfrac{4}{3}\pi R^3=\dfrac{4}{3}\times\pi\times\left(\dfrac{\sqrt{3}}{2}\right)^3=\dfrac{\sqrt{3}\pi}{2}$.

三、解答题

31. 解：由长方体对角线公式 $l=\sqrt{a^2+b^2+c^2}$，得 $\sqrt{4^2+3^2+2^2}=\sqrt{29}$(cm)，长方体的表面积 $S_{长方体}=4\times3\times2+4\times2\times2+3\times2\times2=52$(cm²).

因此长方体的对角线的长是 $\sqrt{29}$ cm，表面积是 52 cm².

32. 解：因为圆柱的底面半径为 4 cm，轴截面的面积为 24 cm²，则母线长 $l=\dfrac{24}{2\times4}=3$(cm)，圆柱的侧面积 $S_{圆柱侧}=2\pi rl=2\pi\times4\times3=24\pi$(cm²).

因此圆柱的母线长是 3 cm，圆柱的侧面积是 24π cm².

33. 解：因为棱长都是 1 的正三棱锥的每个侧面都是边长是 1 的正三角形，则 $S_{正三角形}=\dfrac{1}{2}\times1\times\dfrac{\sqrt{3}}{2}=\dfrac{\sqrt{3}}{4}$，所以 $S_{正三棱锥}=4\times S_{正三角形}=\sqrt{3}$，又因为正三棱锥的高 $h=\dfrac{\sqrt{6}}{3}$，所以 $V_{正三棱锥}=\dfrac{1}{3}Sh=\dfrac{1}{3}\times\dfrac{\sqrt{3}}{4}\times\dfrac{\sqrt{6}}{3}=\dfrac{\sqrt{2}}{12}$，因此正三棱锥的表面积是 $\sqrt{3}$，体积是 $\dfrac{\sqrt{2}}{12}$.

注：正三棱锥棱长是 a，则正三棱锥的斜高是 $\dfrac{\sqrt{3}}{2}a$，正三棱锥的高是 $\dfrac{\sqrt{6}}{3}a$；故正三棱锥的底面积为 $\dfrac{\sqrt{3}}{4}a^2$，正三棱锥的表面积为 $\sqrt{3}a^2$，正三棱锥的体积为 $\dfrac{\sqrt{2}}{12}a^3$.

34. 解：在 $\triangle SBC$ 中，$SB=SC=2$，$BC=1$，则斜高 $SH=\sqrt{SB^2-BC^2}=\dfrac{\sqrt{15}}{2}$，在 $\triangle SOB$ 中，$SB=2$，$OB=OC=BC=1$，则高 $SO=\sqrt{SB^2-OB^2}=\sqrt{3}$，因此正六棱锥的斜高 SH 是 $\dfrac{\sqrt{15}}{2}$，高 SO 是 $\sqrt{3}$.

35. 解：设圆柱和球的半径为 r，圆柱的母线为 $2r$，
则 $S_{圆柱侧}=2\pi rl=2\pi\times r\times2r=4\pi r^2$. $S_{球}=4\pi R^2=4\pi\times r^2=4\pi r^2$，
所以 $S_{圆柱侧}:S_{球}=4\pi r^2:4\pi r^2=1:1$.
因此圆柱的侧面积与球的表面积之比为 1:1.

36. 解：由图可知，三棱锥 $B_1-A_1C_1B$ 的侧面积由 $\triangle B_1A_1B$，$\triangle B_1A_1C_1$，$\triangle B_1BC_1$ 三部分组成，所以 $S_{棱锥侧}=\dfrac{1}{2}\times1\times1\times3=\dfrac{3}{2}$.

因为三棱锥 $B_1-A_1C_1B$ 与三棱锥 $B-A_1B_1C_1$ 同体积，
所以 $V_{棱锥侧}=\dfrac{1}{3}Sh=\dfrac{1}{3}\times\dfrac{1}{2}\times1\times1\times1=\dfrac{1}{6}$.

因此三棱锥 $B_1-A_1C_1B$ 的侧面积是 $\frac{3}{2}$，体积是 $\frac{1}{6}$.

37．解：由三视图可知，几何体由两部分组成，下半部分为棱长为 4 的正方体，上半部分为底面边长是 4，高是 2 的正四棱锥，

则 $V_{几何体}=V_{正方体}+V_{正四棱锥}=4\times4\times4+\frac{1}{3}\times4\times4\times2=V_{棱锥侧}=\frac{224}{3}$.

因此几何体的体积是 $\frac{224}{3}$.

第 7 章单元测试题 B 卷

一、选择题

1．A 解析：①冰箱、⑤金字塔是多面体；②足球、③漏洞、④量筒是旋转体.

2．C 解析：面数最少的多面体是三棱锥，其棱数是 6.

3．B 解析：直棱柱的侧面都是矩形，斜棱柱的侧面是平行四边形或矩形，选项 A 错误；棱柱的侧棱都相等，选项 B 正确；棱柱的侧棱都平行，选项 C 错误；直棱柱的侧棱总与底面垂直，选项 D 错误.

4．D 解析：①三棱柱的侧面为三角形，错误；②四棱锥的各个侧面都是三角形，正确；③四面体的任何一个面都可以作为棱锥的底面，正确；④棱锥的各侧棱长都相等，错误.

5．B 解析：圆柱是以矩形的一边所在直线为旋转轴，其余三边旋转形成的曲面所围成的几何体，选项 A 是真命题；圆锥是以直角三角形的一条直角边所在直线为旋转轴，其余两边旋转形成的曲面围成的几何体，选项 B 是假命题，选项 C 是真命题；等腰三角形的底边上的高垂直于底边，高与底边和腰作出两个全等的直角三角形，选项 D 是真命题.

6．C 解析：圆锥的底面直径为 6，高是 3，则圆锥母线长 $\sqrt{3^2+3^2}=3\sqrt{2}$.

7．D 45°或 135°.

8．B 解析：球的三视图都是圆形，侧棱都垂直的直三棱锥的三视图都是等腰直角三角形，正方体的三视图都是正方形，而圆柱的三视图为两个矩形和一个圆形.

9．B 解析：正三棱柱的棱长是 6，则 $S_{直棱柱侧}=ch=6\times3\times6=108$.

10．D 解析：棱长都是 1 的正三棱锥，则 $S_{正三棱锥}=4\times S_{正三角形}=\sqrt{3}$.

注：正三角形的边长是 a，则正三角形的高是 $\frac{\sqrt{3}}{2}a$，正三角形的面积是 $\frac{\sqrt{3}}{4}a^2$.

11．B 解析：圆柱的底面积是 4，底面半径 $r=\sqrt{\frac{4}{\pi}}$，则侧面积是 $S_{圆柱侧}=ch=2\pi r\times 2\pi r=16\pi$.

12．A 解析：$V_{柱体}=Sh=\pi r^2\times 4=16\pi(cm^3)$.

13．C 解析：$S_{圆锥全}=\pi rl+\pi r^2=3\pi l+9\pi=24\pi$，母线长 $l=5$.

14. D　解析：设圆柱和半球的半径是 r，圆柱的母线长是 $l=r$，则 $S_{圆柱全}=2\pi rl+2\pi r^2=4\pi r^2$．$S_{半球}=\pi r^2+\dfrac{1}{2}\times 4\pi R^2=3\pi r^2$．得同底同高的圆柱与半球的表面积之比是 $4:3$．

15. B　解析：设圆锥和半球的半径是 r，圆锥的高是 $h=r$，则 $V_{锥体}=\dfrac{1}{3}Sh=\dfrac{1}{3}\pi r^3$．$V_{半球}=\dfrac{1}{2}\times\dfrac{4}{3}\pi r^3=\dfrac{2}{3}\pi r^3$．得同底同高的圆锥与半球的体积之比是 $1:2$．

二、填空题

16. 旋转体　解析：组合体是由多面体和旋转体组合而成的．

17. $2\sqrt{3}$　解析：对角线长 $l=\sqrt{a^2+b^2+c^2}=\sqrt{2^2+2^2+2^2}=2\sqrt{3}$．

18. 94　解析：$S_{长方体}=2\times 5\times 4+2\times 5\times 3+2\times 4\times 3=94$．

19. $\sqrt{3}$　解析：由 $S_{直棱柱侧}=ch$ 得 $c=6$，底面正三角形边是 2，故底面积是 $\sqrt{3}$．

20. $5\sqrt{3}$　解析：正五棱锥的底面边长和侧棱长都是 2，得每个侧面三角形的面积是 $\sqrt{3}$，则它的侧面积 $5\times\sqrt{3}=5\sqrt{3}$．

21. 4π cm　解析：$S_{圆柱侧}=2\pi rl=2\pi\times 1\times 2=4\pi$(cm)．

22. π　解析：圆锥的底面周长是 $2\pi r\times\dfrac{120°}{360°}=2\pi$，底面半径是 1，则圆锥的底面积是 π．

23. π　解析：$S_{圆柱侧}=2\pi rl=2\pi\times\dfrac{1}{2}\times 1=\pi$．

24. 12π　解析：$S_{圆锥全}=\pi rl+\pi r^2=\pi\times 2\times 4+\pi\times 2^2=12\pi$．

25. 4π　解析：由正方体的体积是 8 得正方体的边长是 2，则正方体内切球的半径是 1，所以内切球 $S_{球}=4\pi R^2=4\pi$．

26. $\dfrac{3\pi}{4}$　解析：由几何体的三视图可知几何体为圆锥，其底面半径是 $\dfrac{1}{2}$，母线长是 1，则 $S_{圆锥全}=\pi rl+\pi r^2=\pi\times\dfrac{1}{2}\times 1+\pi\times\left(\dfrac{1}{2}\right)^2=\dfrac{3\pi}{4}$．

27. $2\sqrt{3}$　解析：棱长都是 2 的正三棱柱的底面积是 $\sqrt{3}$，则体积 $V_{柱体}=Sh=\sqrt{3}\times 2=2\sqrt{3}$．

28. $\dfrac{4\sqrt{2}}{3}$　解析：棱长都是 2 的正四棱锥的底面积是 4，高是 $\sqrt{2}$，则 $V_{锥体}=\dfrac{1}{3}Sh=\dfrac{1}{3}\times 4\times\sqrt{2}=\dfrac{4\sqrt{2}}{3}$．

29. $1:3$　解析：设圆柱和圆锥的半径是 r，高是 h，则 $V_{圆柱}=Sh=\pi rh$．$V_{圆锥}=\dfrac{1}{3}Sh=\dfrac{1}{3}\pi rh$．所以 $V_{圆柱}:V_{圆锥}=1:3$．

30. $\dfrac{\pi}{6}$　解析：球的外切正方体的体积是 1，则球的半径是 $\dfrac{1}{2}$，所以 $V_{球}=\dfrac{4}{3}\pi R^3=\dfrac{4}{3}\pi\times\left(\dfrac{1}{2}\right)^3=\dfrac{\pi}{6}$.

三、解答题

31. 解：设长方体的长、宽、高是 $12a$、$4a$、$3a$，由长方体对角线公式 $l=\sqrt{a^2+b^2+c^2}$，得 $\sqrt{(12a)^2+(4a)^2+(3a)^2}=13$ cm，解得 $a=1$ cm，所以长方体的长是 12 cm、宽是 4 cm、高是 3 cm，长方体的表面积 $S_{长方体}=12\times 4\times 2+12\times 3\times 2+4\times 3\times 2=192(\text{cm}^2)$.

因此长方体的长是 12 cm、宽是 4 cm、高是 3 cm，表面积是 192 cm².

32. 解：在直角三角形 SEC 中，$SE=\sqrt{4^2-2^2}=2\sqrt{3}$(cm)，在直角三角形 SOB 中 $OB=\dfrac{2}{3}\sqrt{4^2-2^2}=\dfrac{4\sqrt{3}}{3}$(cm)，则 $SO=\sqrt{4^2-\left(\dfrac{4}{3}\sqrt{3}\right)^2}=\dfrac{4\sqrt{6}}{3}$(cm).

因此正三棱锥的斜高是 $2\sqrt{3}$ cm，高是 $\dfrac{4\sqrt{6}}{3}$ cm.

33. 解：设等边三角形 ABC 为圆锥的轴截面，由题意易知其母线长即为 $\triangle ABC$ 的边长，且 $S_{\triangle ABC}=\dfrac{\sqrt{3}}{4}AB^2$，所以 $\sqrt{3}=\dfrac{\sqrt{3}}{4}AB^2$，得 $AB=2$. 即圆锥的半径是 1，母线长是 2，高是 $\sqrt{3}$.

则 $S_{圆锥全}=\pi rl+\pi r^2=\pi\times 1\times 2+\pi\times 1^2=3\pi$. $V_{锥体}=\dfrac{1}{3}Sh=\dfrac{1}{3}\times\pi\times 1^2\times\sqrt{3}=\dfrac{\sqrt{3}\pi}{3}$.

因此圆锥的表面积是 3π，体积是 $\dfrac{\sqrt{3}\pi}{3}$.

34. 解：由题可知，正四棱锥的底面边长是 4 cm，因为侧棱长是 5 cm，所以斜高 $SE=\sqrt{21}$ cm，

高 $SO=\sqrt{17}$ cm，故 $S_{直棱锥侧}=\dfrac{1}{2}ch'=\dfrac{1}{2}\times(4\times 4)\times\sqrt{21}=8\sqrt{21}(\text{cm}^2)$.

$V_{锥体}=\dfrac{1}{3}Sh=\dfrac{1}{3}\times(4\times 4)\times\sqrt{17}=\dfrac{16}{3}\sqrt{17}(\text{cm}^3)$.

因此正四棱锥的侧面积是 $8\sqrt{21}$ cm²，体积为 $\dfrac{16}{3}\sqrt{17}$ cm³.

35. 解：因为 $AM=MB$，M 在底面圆周上，所以三角形 AMB 为等腰直角三角形，因为正方形 $ABCD$ 边长为 2，所以 $AD=AB=2$，在等腰直角三角形 AMB 中，$AM=MB=\dfrac{\sqrt{2}}{2}AB=\sqrt{2}$，圆柱中三棱锥 $D-AMB$ 的高 $AD=2$，所以，$V_{锥}=\dfrac{1}{3}Sh=\dfrac{1}{3}\times\left(\dfrac{1}{2}\times\sqrt{2}\times\sqrt{2}\right)\times 2=\dfrac{2}{3}$. $V_{柱体}=Sh=\pi\times 1^2\times 2=2\pi$，故 $V_{柱体}:V_{锥}=2\pi:\dfrac{1}{6}=12\pi:1$.

因此圆柱与三棱锥 $D-AMB$ 的体积比值是 12π.

36．解：由题意可知，圆柱体积 $V_{圆柱}=Sh=\pi r^2h=\pi\times 1^2\times 3=3\pi(\mathrm{cm}^3)$，

则球体积 $V_{球}=\dfrac{4}{3}\pi R^3=\dfrac{4}{3}\times\pi\times 1^3=\dfrac{4}{3}\pi(\mathrm{cm}^3)$，

故 $V_{圆柱}-V_{球}=3\pi-\dfrac{4}{3}\pi=\dfrac{5}{3}\pi\approx 5.23(\mathrm{cm}^3)$，

因此铣掉的材料的体积是 $5.23\ \mathrm{cm}^3$.

37．解：由三视图可知，圆锥底面半径是 2，高是 2，圆柱底面半径是 2，高是 4，

则 $V_{柱体}=sh=\pi r^2h=\pi\times 2^2\times 4=16\pi$，$V_{锥体}=\dfrac{1}{3}sh=\dfrac{1}{3}\pi r^2h=\dfrac{1}{3}\pi\times 2^2\times 2=\dfrac{8}{3}\pi$，

故 $V_{柱体}+V_{锥体}=16\pi+\dfrac{8}{3}\pi=\dfrac{56}{3}\pi$，

因此该几何体的体积为 $\dfrac{56}{3}\pi$.

第8章 概率与统计初步

8.1 概率初步

8.1.1 随机试验与古典概型

【课堂基础训练】

一、选择题

1．D　解析：由随机试验的特征，在相同条件下重复进行，选 D．

2．D　解析：由随机事件的定义判断，(1)为随机事件，(2)为不可能事件，(3)、(4)为必然事件．

3．B　解析：6 个数字中 2 个数字和最大为 12，故为不可能事件．

4．A　解析：由随机事件的定义判断，(1)、(4)为随机事件，(2)为必然事件，(3)为不可能事件．

5．C　解析：由随机事件定义判断．

6．A　解析：抛掷两枚骰子，所有可能的结果组成的样本空间包含 36 个样本点，依次为

(1，1)，(1，2)，(1，3)，(1，4)，(1，5)，(1，6)

(2，1)，(2，2)，(2，3)，(2，4)，(2，5)，(2，6)

……

(6，1)，(6，2)，(6，3)，(6，4)，(6，5)，(6，6)

其中"点数之和为11"包含2个样本点,故 $P=\dfrac{2}{36}=\dfrac{1}{18}$.

7. C　解析:袋中共有15个球,其中白球5个,故 $P=\dfrac{5}{15}=\dfrac{1}{3}$.

8. A　解析:小刘和小王进入门口,所有可能的结果组成的样本空间包含16个样本点,"从同一个门口进入"包含4个样本点,故 $P=\dfrac{4}{16}=\dfrac{1}{4}$.

9. C　解析:$P=\dfrac{3+4}{10}=\dfrac{7}{10}$.

10. B　解析:两人插班,所有可能的结果组成的样本空间包含36个样本点,"恰好选在同一班"包含6个样本点,故 $P=\dfrac{6}{36}=\dfrac{1}{6}$.

二、填空题

1. $\dfrac{1}{6}$　解析:从4个数中随机取2个数,所有可能的结果组成的样本空间包含(1,2),(1,3),(1,4),(2,3),(2,4),(3,4)这6个样本点,其中"一个数是另一个数的2倍"包含(2,4)这1个样本点,故 $P=\dfrac{1}{6}$.

2. $\dfrac{2}{5}$　解析:要使这个四位数能够被3整除,则各位上的数字的和为3的倍数,而 $7+x+0+8=15+x$,则 x 是3的倍数即可,x 可能是0,3,6,9这4种结果,故 $P=\dfrac{4}{10}=\dfrac{2}{5}$.

3. $\dfrac{1}{9}$　解析:抛掷两枚骰子,所有可能的结果组成的样本空间包含36个样本点,"点数之和为9"包含(3,6),(4,5),(5,4),(6,3)这4个样本点,故 $P=\dfrac{4}{36}=\dfrac{1}{9}$.

4. $\dfrac{4}{9}$　解析:若红球用 a_1,a_2 表示,白球用 b 表示,有放回地取2次,所有可能的结果组成的样本空间包含(a_1,a_1),(a_1,a_2),(a_1,b),(a_2,a_1),(a_2,a_2),(a_2,b),(b,a_1),(b,a_2),(b,b)这9个样本点,"恰好摸到一个红球"包含(a_1,b),(a_2,b),(b,a_1),(b,a_2)这4个样本点,故 $P=\dfrac{4}{9}$.

5. $\dfrac{1}{5}$　解析:用数字1,2,3,4,5组成无重复数字的两位数,所有可能的结果组成的样本空间包含12,13,14,15,21,23,24,25,…,51,52,53,54这20个样本点,其中"个位数为5"包含15,25,35,45这4个样本点,故 $P=\dfrac{4}{20}=\dfrac{1}{5}$.

6. $\dfrac{1}{3}$　解析:从1,2,3,4中任取2个不同的数,所有可能结果组成的样本空间包含6个样本点,"两数差的绝对值为2"包含(1,3)和(2,4)这2个样本点,故 $P=\dfrac{2}{6}=\dfrac{1}{3}$.

三、解答题

1. 解:由随机事件定义判断,其中必然事件为(2)、(3)、(5);不可能事件为(1)、(6);随机事件为(4)、(7)、(8).

2. 解:这是古典概型,样本空间的样本点总数为100,记"抽到5号电影票"的事件为 A,事件 A 包含的样本点共1个,所以 $P(A)=\dfrac{1}{100}$. 记"抽到前5号电影票"的事件为 B,事件 B 包含的样本点共5个,所以 $P(B)=\dfrac{5}{100}=\dfrac{1}{20}$.

3. 解:(1)设红球用 a_1,a_2 表示,白球用 b_1,b_2,b_3 表示,从中任意取出2球,所有可能的结果组成的样本空间可以表示为 $\Omega=\{(a_1,a_2),(a_1,b_1),(a_1,b_2),(a_1,b_3),(a_2,b_1),(a_2,b_2),(a_2,b_3),(b_1,b_2),(b_1,b_3),(b_2,b_3)\}$,它由10个样本点组成.

(2)用 A 表示"中奖"这一事件,则 $A=\{(a_1,a_2),(b_1,b_2),(b_1,b_3),(b_2,b_3)\}$,事件 A 由4个样本点组成,所以 $P(A)=\dfrac{4}{10}=\dfrac{2}{5}$.

4. 解:(1)一颗骰子先后抛掷两次,所有可能的结果组成的样本空间由(1,1),(1,2),(1,3),(1,4),(1,5),(1,6),(2,1),(2,2),(2,3),(2,4),(2,5),(2,6),…,(6,1),(6,2),(6,3),(6,4),(6,5),(6,6)共36个样本点组成,所以一共有36种不同的结果.

(2)用 A 表示"其中向上的点数之积为12",则 $A=\{(2,6),(3,4),(4,3),(6,2)\}$,事件 A 由4个样本点组成,所以有4种结果.

(3)由(2)可知,$P(A)=\dfrac{4}{36}=\dfrac{1}{9}$.

【课堂拓展训练】

一、填空题

1. $\dfrac{5}{6}$ 解析:掷两枚骰子,所有可能的结果组成的样本空间包括36个样本点,其中"点数相同"这一事件包括(1,1),(2,2),(3,3),(4,4),(5,5),(6,6)这6个样本点,用 A 表示"点数不同"这一事件,则事件 A 包含30个样本点,所以 $P(A)=\dfrac{30}{36}=\dfrac{5}{6}$.

2. $\dfrac{1}{4}$ 解析:生育二胎,所有可能结果组成的样本空间可以表示为 $\Omega=\{(男,男),(男,女),(女,男),(女,女)\}$,它由4个样本点组成,用 A 表示"两胎均是女儿",则 A 包含1个样本点,所以 $P(A)=\dfrac{1}{4}$.

3. (2)(4) 解析：(1)中，3个球可以放入1个盒子中，所以错误；(3)中，明天要下雨是随机事件.

4. $\dfrac{\pi}{4}$ 解析：可设正方形的边长为2，则内切圆的半径为1，正方形的面积为4，内切圆的面积为 π，用 A 表示"豆子落在内切圆内"，所以 $P(A) = \dfrac{\pi}{4}$.

5. $\dfrac{2}{\pi}$ 解析：可设外接圆的半径为1，则正方形的边长为 $\sqrt{2}$，外接圆的面积为 π，正方形的面积为2，用 A 表示"该点取自正方形内"，所以 $P(A) = \dfrac{2}{\pi}$.

6. $\dfrac{1}{3}$ 解析：由 A，B 中各取一个数，所有可能的结果组成的样本空间可以表示为 $\Omega = \{(2,1), (2,2), (2,3), (3,1), (3,2), (3,3)\}$，它由6个样本点组成，用 C 表示"两数之和为4"这一事件，则 $C = \{(2,2), (3,1)\}$，事件 C 由2个样本点组成，所以 $P(C) = \dfrac{2}{6} = \dfrac{1}{3}$.

二、解答题

1. 解：不一定能中奖，因为买1 000张彩票相当于做1 000次随机试验，每次试验的结果都是随机的，即每张彩票可能中奖，也可能不中奖，所以1 000张彩票中可能没有一张中奖，也可能有一张、两张乃至多张中奖.

2. 解：这个规则是公平的，因为抛一枚硬币有两种结果，即正面朝上或反面朝上，两种结果的概率都是 $\dfrac{1}{2}$，因此每个运动员猜中的概率都是 $\dfrac{1}{2}$，即每个运动员先发球的概率都是 $\dfrac{1}{2}$.

3. 解：从6个国家中任选2个，所有可能的结果组成的样本空间可以表示为 $\Omega = \{(A_1, A_2), (A_1, A_3), (A_1, B_1), (A_1, B_2), (A_1, B_3), (A_2, A_3), (A_2, B_1), (A_2, B_2), (A_2, B_3), (A_3, B_1), (A_3, B_2), (A_3, B_3), (B_1, B_2), (B_1, B_3), (B_2, B_3)\}$. 它由15个样本点组成，用 C 表示"这2个国家都是亚洲国家"这一事件，则 $C = \{(A_1, A_2), (A_1, A_3), (A_2, A_3)\}$，事件 C 包含3个样本点，所以 $P(C) = \dfrac{3}{15} = \dfrac{1}{5}$.

4. 解：先后两次抽取卡片，所有可能的结果组成的样本空间包含100个样本点.

(1)用 A 表示"$x + y$ 是10的倍数"这一事件，则 $A = \{(1,9), (2,8), (3,7), (4,6), (5,5), (6,4), (7,3), (8,2), (9,1), (10,10)\}$，事件 A 包含10个样本点，所以 $P(A) = \dfrac{10}{100} = \dfrac{1}{10}$.

(2)用 B 表示"$x \cdot y$ 不是3的倍数"这一事件，则要使 x、y 均不是3的倍数，x、y

可能是 1，2，4，5，7，8，10 其中一个，则事件 B 包含 49 个样本点，所以 $P(B)=\dfrac{49}{100}$.

8.1.2　用频率估计概率

【课堂基础训练】

一、选择题

1. C　解析：任何事件发生的概率在 $[0，1]$ 之间，故 A 错误；只有通过试验，才能得到频率值，它不是客观存在的，一般地，试验次数不同，频率不同，它与试验次数有关，故 B 错误；当试验次数增多时，频率呈现一定的规律性，其值越接近于某个常数，即为概率，故 C 正确；概率是确定的，不是随机的，故 D 错误.

2. B　解析：$p=\dfrac{m}{n}=\dfrac{4}{54}=\dfrac{2}{27}$.

3. D　解析：设红色球有 x 个，则白色球有 $(40-x)$ 个，依题意可知，$\dfrac{40-x}{40}=0.85$，解得 $x=6$.

二、填空题

1. 相同或相等　解析：用频率估计概率的大小，必须要求试验是大量重复试验，是在相同或相等的条件下进行的重复试验.

2. $\dfrac{1}{10}$，200　解析：依题意可知，$\dfrac{20}{200}=\dfrac{1}{10}$，$2\,000\times\dfrac{1}{10}=200$.

三、解答题

1. 解：(1) 设白球的个数为 x 个，由题意得，$\dfrac{x}{x+9}=\dfrac{40}{100}$，解得 $x=6$.

(2) $1\,200\times\dfrac{100-40}{100}=720$.

【课堂拓展训练】

一、选择题

1. D　解析：正方形的面积为 $16\ \text{cm}^2$，圆形阴影面积为 $\pi\ \text{cm}^2$，利用面积比得 $\dfrac{\pi}{16}$.

2. B　解析：第 5 001 次针尖是否落地不确定，故 A 错误；B 正确；试验应该在相同的条件下进行，故 C 错；所有试验结果都要统计才可以，故 D 错.

3. C　解析：每次抛硬币时，正面朝上的概率均为 $\dfrac{1}{2}$.

二、填空题

1. 0.58；0.6　解析：$\dfrac{174}{300}=0.58$.

2. $\dfrac{1}{8}$ 解析：$\dfrac{500}{4\,000}=\dfrac{1}{8}$.

三、解答题

1. 解：(1)可回收物投放正确的概率为 $\dfrac{240}{240+30+30}=\dfrac{4}{5}$.

(2)生活垃圾投放错误的总数为：$30+30+100+100+20+20=300$，所以概率为 $\dfrac{300}{1\,000}=\dfrac{3}{10}$.

8.1.3 概率的加法公式

【课堂基础训练】

一、选择题

1. D 解析：从中任取一球，所有可能的结果组成的样本空间包含 18 个样本点，记事件 A："取到红球"，事件 A 包含 6 个样本点，$P(A)=\dfrac{6}{18}=\dfrac{1}{3}$，记事件 B："取到白球"，事件 B 包含 5 个样本点，$P(B)=\dfrac{5}{18}$，A 与 B 互斥，则 $P(A\cup B)=\dfrac{1}{3}+\dfrac{5}{18}=\dfrac{11}{18}$.

2. C 解析：从 100 件产品中抽取 2 件，所有可能的结果为："2 件都是正品""1 件正品 1 件次品""2 件都是次品"，所以"2 件都是次品"的对立事件为"至少有一件是正品".

3. C 解析：某人射击 2 次，所有可能的结果为："2 次都未击中""1 次击中 1 次未击中""2 次都击中"，所以"至少有一次击中"的互斥事件是"2 次都未击中".

4. C 解析：从 200 件产品中抽取 2 件，所有可能的结果为："2 件都是正品""1 件正品 1 件次品""2 件都是次品"，(1)(2)均有同时发生的情况，(3)(4)符合定义.

5. C 解析：从 8 个小球中有放回地取 2 次，所有可能的结果组成的样本空间包含 64 个样本点，用 A 表示"取得的 2 个小球的编号和不小于 15"，$A=\{(7，8)，(8，7)，(8，8)\}$，事件 A 中包含 3 个样本点，所以 $P(A)=\dfrac{3}{64}$.

6. A 解析：甲不输的概率为 $0.2+0.35=0.55$.

7. D 解析：从 5 个小球中任取 2 个，所有可能的结果组成的样本空间包含 10 个样本点，用 A 表示"取得的小球数字之和为 3 或 6"，$A=\{(1，2)，(1，5)，(2，4)\}$，事件 A 包含 3 个样本点，所以 $P(A)=\dfrac{3}{10}$.

8. B 解析：$0.4+0.3=0.7$.

9. B 解析：从集合角度画图分析即可.

10. D 解析：抛掷一个骰子，所有可能的结果组成的样本空间包含 6 个样本点，$A=\{5，6\}$，$B=\{1，3\}$，"事件 A 或事件 B 至少有一个发生"的对立事件为 C："事件 A 或事件 B 都不发生"，$C=\{2，4\}$，事件 C 包含 2 个样本点，所求概率为 $1-\dfrac{2}{6}=\dfrac{2}{3}$.

二、填空题

1. $\dfrac{2}{3}$ 解析：由题意可知，$A=\{1,3,5\}$，$B=\{6\}$，$P(A)=\dfrac{3}{6}=\dfrac{1}{2}$，$P(B)=\dfrac{1}{6}$，所以 $P(A\cup B)=\dfrac{1}{2}+\dfrac{1}{6}=\dfrac{2}{3}$.

2. (3)(4) 解析：由互斥事件、对立事件的定义可得(3)(4)正确，(1)(2)错误.

3. $\dfrac{5}{18}$ 解析：同时抛掷两枚骰子，所有可能的结果组成的样本空间包含36个样本空间，用 A 表示"点数之和为7"，用 B 表示"点数之和为9"，$P(A)=\dfrac{6}{36}=\dfrac{1}{6}$，$P(B)=\dfrac{4}{36}=\dfrac{1}{9}$，所以 $P(A\cup B)=\dfrac{1}{6}+\dfrac{1}{9}=\dfrac{5}{18}$.

4. $\dfrac{1}{6}$ 解析：乙不输的概率为 $\dfrac{1}{3}+\dfrac{1}{2}=\dfrac{5}{6}$，所以甲获胜的概率为 $1-\dfrac{5}{6}=\dfrac{1}{6}$.

5. $\dfrac{22}{25}$ 解析：任取一个为合格品的概率为 $P=1-\dfrac{12}{100}=\dfrac{22}{25}$.

6. $\dfrac{5}{9}$ 解析：取到橙汁或可乐的概率为 $P=1-\dfrac{4}{9}=\dfrac{5}{9}$.

三、解答题

1. 解：(1) $0.19+0.21=0.4$.

(2) 设事件 A 表示"射中7环以上"，事件 B 表示"射中少于7环"，事件 A 与事件 B 为对立事件，$P(A)=0.19+0.21+0.23+0.28=0.91$，$P(B)=1-0.91=0.09$.

2. 解：从3个球中任取2个，所有可能的结果组成的样本空间可以表示为 $\Omega=\{($红，白$)$，$($红，黑$)$，$($白，黑$)\}$，它包含3个样本点，设事件 A 表示"恰有1个红球"，事件 A 包含2个样本点，所以 $P(A)=\dfrac{2}{3}$.

3. 解：(1) $0.3+0.1+0.3=0.7$；(2) $0.2+0.3+0.1=0.6$.

4. 解：(1)互斥事件不是对立事件；(2)不是互斥事件；(3)互斥事件且是对立事件；(4)不是互斥事件.

【课堂拓展训练】

一、填空题

1. 至多有一次中靶(或至少有一次未中靶) 解析：连续射击2次，所有可能的结果为：2次都中靶，1次中靶，2次都未中靶.

2. $\dfrac{7}{10}$ 解析：可设红球5个，白球3个，绿球2个，所求概率为 $P=\dfrac{7}{10}$.

3. 2 解析：理解恰好、至多、至少语言的含义可判断：(1)(4)为互斥事件，(2)(3)不是互斥事件.

4.$\dfrac{2}{3}$ 解析：从4人中选取2人，所有可能的结果组成的样本空间为$\Omega=\{$(甲，乙)，(甲，丙)，(甲，丁)，(乙，丙)，(乙，丁)，(丙，丁)$\}$，它包含6个样本点，"丙丁两人中恰好有1人被选中"有4个样本点，所以其概率为$P=\dfrac{4}{6}=\dfrac{2}{3}$.

5.(4) 解析：(1)(2)(3)不是互斥事件，(4)为互斥不对立事件.

6.0.7 解析：B与C对立，$P(C)=0.6$，$P(B)=1-0.6=0.4$，所以$P(A\cup B)=0.3+0.4=0.7$.

二、解答题

1.解：(1)"取到两个同色球"的概率为$P=\dfrac{7}{15}+\dfrac{1}{15}=\dfrac{8}{15}$.

(2)由题意可知，"至少取到一个红球"的对立事件是"取到的两个球都是白球"，所以"至少取到一个红球"的概率为$P=1-\dfrac{1}{15}=\dfrac{14}{15}$.

2.解：设事件A表示"没有5点或6点"，事件B表示"5点或6点至少有一个".

(1)同时抛掷两个骰子，所有可能的结果组成的样本空间包含36个样本点，事件A包含16个样本点，所以$P(A)=\dfrac{16}{36}=\dfrac{4}{9}$.

(2)由题意可知，事件A与事件B为对立事件，所以$P(B)=1-\dfrac{4}{9}=\dfrac{5}{9}$.

3.解：设事件A表示"得到红球"，事件B表示"得到黑球"，事件C表示"得到蓝球"，事件D表示"得到黄球".

由题意可知，

$P(B)+P(C)=\dfrac{5}{12}$，

$P(C)+P(D)=\dfrac{5}{12}$，

$P(B)+P(C)+P(D)=1-P(A)=\dfrac{2}{3}$，解得$P(B)=P(D)=\dfrac{1}{4}$，$P(C)=\dfrac{1}{6}$，所以得到黑球、蓝球、黄球的概率分别为$\dfrac{1}{4}$、$\dfrac{1}{6}$、$\dfrac{1}{4}$.

4.解：(1)设事件A表示"至多2人排队等候"，$P(A)=0.1+0.15+0.25=0.5$；

(2)设事件B表示"至少3人排队等候"，$P(B)=0.35+0.11+0.04=0.5$.

8.2 统计初步

8.2.1 总体、样本和抽样方法

【课堂基础训练】

一、选择题

1. B　解析：符合系统抽样的特点.

2. A　解析：5 000名居民的阅读时间的全体是总体，每名居民的阅读时间是个体，200是样本容量，故A正确.

3. B　解析：先用简单随机抽样剔除一个个体，再重新编号抽取，则间隔应为10，故B正确.

4. C　解析：由分层抽样的概念可知，A，B，C三种性质的个体应分别抽取 $21×\dfrac{1}{7}=3$，$21×\dfrac{2}{7}=6$，$21×\dfrac{4}{7}=12$.

5. D　解析：由简单随机抽样的定义可知，每个个体在每次抽取中被抽到的可能性相同，故1班在每次抽样中被抽到的可能性都是 $\dfrac{1}{20}$.

6. B　解析：A总体容量较大，样本容量较小，可采取随机数表法；B总体容量较大，样本容量较小，可采取系统抽样法；C总体有明显层次，不适宜系统抽样法；D总体容量较小，样本容量也较小，可采取抽签法.

7. C　解析：①符合系统抽样特点，间隔相等；③总体容量小，样本容量小，故为简单随机抽样.

8. B　解析：由三种抽样方法的定义可知，在抽样过程中，每个个体被抽到的机会是相等的，故B正确.

9. A　解析：由分层抽样法定义可知：植物油类 $10×\dfrac{20}{100}=2$，果蔬类 $20×\dfrac{20}{100}=4$，故A正确.

10. B　解析：利用抽签法抽取样本时，如果搅拌不均匀，就很难保证每个个体入选样本的可能性相等，逐一抽取，抽取不放回是简单随机抽样的特点，不是确保代表性的关键，制签也一样.

二、填空题

1. 80　解析：三个年级总人数为4 000人，每人被抽到的机会均为0.02，则 $n=4\,000×0.02=80$.

2. 四　解析：由于所分段码的位数和读数的位数要一致，因此所分段码的位数最少是四位.

3. 760　解析：由题意可知，抽样比为 $\dfrac{200}{1\ 600}=\dfrac{1}{8}$，女生被抽取的人数为 $\dfrac{200-10}{2}=95$，故该校女生人数为 $95\times 8=760$.

4. 35；47；47　解析：因为 $N=1\ 645$，$n=35$，所以确定编号后分为 35 段，且 $k=\dfrac{N}{n}=\dfrac{1\ 645}{35}=47$，故分段间隔 $k=47$，每段有 47 个个体.

5. 3　解析：$1\ 653\div 50=33.3$，故剔除 3 个.

6. 78　解析：由系统抽样法定义可知 $N=100$，$n=10$，$k=\dfrac{N}{n}=10$，因而有 $8+(8-1)\times 10=78$.

三、解答题

1. 解：因为疾病与地理位置和水土均有关系，所以不同乡镇的发病情况差异明显，因而应采用分层抽样的方法，具体过程如下：

①将 3 万人分成 5 层，一个乡镇为一层；

②按照各乡镇的人口比例，随机抽取各乡镇的样本 $300\times\dfrac{3}{15}=60$，$300\times\dfrac{2}{15}=40$，$300\times\dfrac{5}{15}=100$，$300\times\dfrac{2}{15}=40$，$300\times\dfrac{3}{15}=60$，即各乡镇用分层抽样抽取的人数分别为 60，40，100，40，60.

③将抽取的这 300 人组到一起，即得到一个样本.

2. 解：第一步，先确定艺人.(1)将 30 名内地艺人从 1 到 30 分段，然后用相同的纸条做成 30 个签，在每个号签上写上这些分段，然后放入一个不透明的小筒中摇匀，从中依次抽取 10 个号签，则相应分段的艺人参加演出；(2)应用相同的方法从 10 名台湾艺人中抽取 4 人，从 18 名香港艺人中抽取 6 人.

第二步，确定演出顺序.确定了演出人员后，再用相同的纸条做成 20 个号签，上面写上 1~20 这 20 个数字，代表演出顺序，让每个演员抽一张，每人抽到的号签上的数字就是这个演员的演出顺序，再汇总即可.

3. 解：采用系统抽样方法，步骤如下：(1)对全体工人进行编号：1~1 000；(2)分段，由于样本容量与总体容量的比为 1∶10，将总体平均分为 100 个部分，其中每一部分包含 10 个个体；(3)在第一部分即 1~10 号用抽签法取一个号码，比如 6 号；(4)以 6 为起始数然后顺次抽取 16，26，36，…，996，这样就得到一个容量为 100 的样本.

4. 解：总体容量 $N=36$，当样本容量为 n 时，系统抽样间隔为 $\dfrac{36}{n}$，$\dfrac{36}{n}$ 为正整数，所以 n 是 36 的倍数，分层抽样比为 $\dfrac{n}{36}$，得到工程师、技术员、技工的抽样人数分别为 $\dfrac{n}{6}$，$\dfrac{n}{3}$，$\dfrac{n}{2}$，故 n 为 6 的倍数，又因为当样本容量为 $n+1$ 时，总体中先剔除 1 人时，还有 35

人，系统抽样间隔 $\dfrac{35}{n+1}$ 为正整数，所以 $n=6$.

【课堂拓展训练】

一、填空题

1. (4)(5)(6)　**解析：**(1)2 000 名运动员不是总体，2 000 名运动员的年龄才是总体；(2)每名运动员的年龄是个体；(3)20 名运动员的年龄是一个样本.

2. 28　**解析：**依题意有 $\dfrac{9}{n-1}=\dfrac{1}{3}$，所以 $n=28$.

3. 简单随机抽样，系统抽样，分层抽样　**解析：**由三种抽样方法的特点可知，三种方法均可.

4. 15　**解析：**高二年级学生人数占总数的 $\dfrac{3}{10}$，样本容量为 50，则 $50×\dfrac{3}{10}=15$.

5. 13，33，53，73，93，113　**解析：**由系统抽样等距离特点可知.

6. 80　**解析：**A 型号产品占比为 $\dfrac{2}{10}=\dfrac{1}{5}$，所以 $m=16×5=80$.

二、解答题

1. **解：**因为样本容量为 5，所以样本间隔为 $\dfrac{60}{5}=12$，因为编号为 4，a，28，b，52，所以 $a=16$，$b=40$，$a+b=56$.

2. **解：**(1)由题意可知，$\dfrac{x}{54}=\dfrac{1}{3}$，$x=18$，$\dfrac{36}{54}=\dfrac{y}{3}$，$y=2$.

(2)因总体容量和样本容量较小，所以应采用抽签法，过程如下：

第一步，将 36 人随机编号，号码为 1，2，3，…，36；

第二步，将号码分别写在相同的纸片上，揉成团，制成号签；

第三步，将号签放入一个不透明的容器中，充分搅匀，依次抽取 2 个号码，并记录上面的编号；

第四步，把与号码相对应的人抽出，即可得到所要的样本.

3. **解：**设参加游戏的小孩有 x 人，则依题意有 $\dfrac{k}{x}=\dfrac{m}{n}$，则 $x=\dfrac{kn}{m}$.

4. **解：**(1)总体：该校高三全体学生本年度的考试成绩；个体：高三年级每个学生本年度的考试成绩. 其中第一种抽取方式中样本为抽取的 20 名学生本年度的考试成绩，样本容量为 20，第二种抽取方式中样本为所抽取的 100 名学生本年度的考试成绩，样本容量为 100.

(2)上面两种抽取方式中，第一种方式采用的方法是简单随机抽样法，第二种方式采用的方法是分层抽样法和简单随机抽样法.

(3)因为样本容量与总体的个体数比为 $\dfrac{100}{1\ 000}=\dfrac{1}{10}$，所以在每个层次抽取的个体数为 $\dfrac{150}{10}$，$\dfrac{600}{10}$，$\dfrac{250}{10}$，即 15，60，25，即优秀生 15 人，良好生 60 人，普通生 25 人.

8.2.2 数据的直观表示

【课堂基础训练】

一、选择题

1. C 解析：由频率分布直方图的绘制步骤可知.

2. A 解析：由题意得样本在[40，50)，[50，60)内的数据个数共有 $30\times0.8-4-5=15$，故 A 正确.

3. B 解析：由题中图可知：1万元以上的项目投资后 $1-46\%-33\%=21\%$，故1万元以上的项目投资金额为 $500\times21\%=105$（万元），而少于3万元的项目投资占 $\frac{8}{21}$，所以不少于3万元的项目投资占比 $\frac{13}{21}$，故不少于3万元的项目投资金额为 $105\times\frac{13}{21}=65$（万元），故 B 正确.

二、填空题

1. 柱形图，折线图，扇形图，茎叶图，频率分布直方图　解析：由数据的直观表示方法可知.

2. 0.12　解析：由频率分布直方图中频率和为1，则剩下的三组的频率为0.21，设三组中频率最高的一组的频率为 x，则另两组的频率分别为 $x-0.05$，$x-0.1$，所以有 $3x-0.15=0.21$，故 $x=0.12$.

三、解答题

解：(1)由表格中数据可知，$100-(5+35+30+10)=20$，故①处填20，又由频率和为1可得：②处应填 0.35.

(2) $500\times0.35=175$（人）

(3)

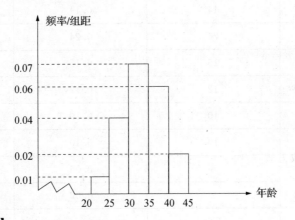

【课堂拓展训练】

一、选择题

1. B 解析：样本数据落在[15，20]内的频数为 $100\times[1-5\times(0.04+0.10)]=30$.

2. B 解析：甲：81，85，85，84，85，平均分为84；
乙：84，84，86，84，87，平均分为85.
故选 B.

3. C 解析：由题意可知，第二小组的频率为 $\dfrac{4}{2+4+17+15+9+3}=0.08$，由第二小组的频率 $=\dfrac{\text{第二小组的频数}}{\text{样本容量}}$ 可得 $\dfrac{12}{0.08}=150$.

二、填空题

1. 60 解析：设1～6组的频数分别为 $2x$，$3x$，$4x$，$6x$，$4x$，x，则依题意有 $2x+3x+4x=27$，得 $x=3$，所以 $n=20x=60$.

2. 84.2，85 解析：甲：78，84，85，86，88，平均分为84.2；
乙：84，84，84，81，87，平均分为85.

三、解答题

解：(1)①计算极差：$135-80=55$；

②决定组距与组数：样本容量比较大，我们取11组，组距 $=\dfrac{55}{11}=5$；

③决定分点与分组：将第一组起点定为80，组距为5；

④列频率分布表.

分组	频数	频率	频率/组距
[80, 85)	1	0.01	0.002
[85, 90)	2	0.02	0.004
[90, 95)	4	0.04	0.008
[95, 100)	14	0.14	0.028
[100, 105)	24	0.24	0.048
[105, 110)	15	0.15	0.030
[110, 115)	12	0.12	0.024
[115, 120)	10	0.10	0.020
[120, 125)	10	0.10	0.020
[125, 130)	6	0.06	0.012
[130, 135]	2	0.02	0.004
合计	100	1	

(2)

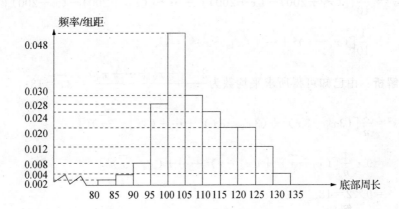

8.2.3 样本平均数与标准差

【课堂基础训练】

一、选择题

1. C 解析：由方差与标准差的公式及特点可判断 C 正确.

2. D 解析：由甲的平均数 $\overline{x}_{甲}=\dfrac{9+13+x+23+27}{5}=17$，可求得 $x=13$；由乙的平均数 $\overline{x}_{乙}=\dfrac{9+16+y+17+24}{5}=16.6$，可得 $y=17$.

3. D 解析：由极差的定义可知 $x-2=6$ 或 $4-x=6$，所以 $x=8$ 或 $x=-2$.

4. B 解析：由平均数 13 可得 $x=11$，所以标准差 $s=\sqrt{\dfrac{1+4+4+0+1}{5}}=\sqrt{2}$.

5. D 解析：方差用于衡量样本的稳定程度.

6. C 解析：方差值越大，发挥越不稳定；方差值越小，发挥越稳定.

7. B 解析：由题意可知：甲少记 30 分，乙多记 30 分，总分不变，所以平均数没有改变．而原方差 $s_1^2=\dfrac{1}{48}[b_1^2+b_2^2+\cdots+b_{46}^2+(70-50)^2+(100-70)^2]=75$，更正后方差 $s_2^2=\dfrac{1}{48}[b_1^2+b_2^2+\cdots+b_{46}^2+(80-70)^2+(70-70)^2]=50$.

8. B 解析：因为平均数 $\overline{x}=\dfrac{100+40+90+60+10}{100}=3$；

所以方差 $s^2=\dfrac{1}{100}(20\times 2^2+10\times 1^2+30\times 1^2+10\times 2^2)=\dfrac{8}{5}$；

故标准差为 $s=\sqrt{s^2}=\sqrt{\dfrac{8}{5}}=\dfrac{2\sqrt{10}}{5}$.

9. D 解析：平均数为 $\overline{x}'=\dfrac{\overline{x}\times 10+200\times 10}{10}=\overline{x}+200$；

方差为 $s'^2 = \dfrac{1}{10}\{[(x_1+200)-(\overline{x}+200)]^2+\cdots+[(x_{10}+200)-(\overline{x}+200)]^2\}$

$= \dfrac{1}{10}[(x_1-\overline{x})^2+\cdots+(x_{10}-\overline{x})^2] = s^2.$

10. C　解析：由已知可得所求平均数为 $\dfrac{3(x_1+x_2+\cdots+x_n)}{n} = 3\overline{x} = 18$；

方差为 $s^2 = \dfrac{1}{n}[(3x_1-3\overline{x})^2+(3x_2-3\overline{x})^2+\cdots+(3x_n-3\overline{x})^2]$

$= 9 \cdot \dfrac{1}{n}[(x_1-\overline{x})^2+(x_2-\overline{x})^2+\cdots+(x_n-\overline{x})^2]$

$= 9 \times 2 = 18.$

二、填空题

1. 平均数；极差；总体方差；总体标准差；样本方差；样本标准差　解析：由估计总体离散程度的方法可知．

2. 2　解析：

样本数据的平均数为 $\dfrac{3+2+1+0+(-1)}{5} = 1$；

样本方差 $s^2 = \dfrac{1}{5}(2^2+1^2+0^2+1^2+2^2) = 2.$

3. 乙　解析：由表中数据可知：乙丙的平均环数最多，而乙的方差比丙的方差小，说明乙成绩发挥较稳定．

4. 0.19　解析：这 21 个数据的平均数仍为 b，方差为 $\dfrac{1}{21}[20 \times 0.2+(b-b)^2] \approx 0.19.$

5. 96　解析：由平均数是 10 可得 $x+y=20$，由标准差为 $\sqrt{2}$，方差为 2，所以 $\dfrac{1}{5}[1^2+0^2+1^2+(x-10)^2+(y-10)^2]=2$，化简得 $(x-10)^2+(y-10)^2=8$，解得 $xy=96.$

6. $\sqrt{3}$　解析：这组数据的平均数 $\overline{x} = \dfrac{7+7+10+9+9+12}{6} = 9$，标准差 $s = \sqrt{\dfrac{1}{6}[2^2+2^2+1^2+0+0+3^2]} = \sqrt{3}.$

三、解答题

1. 解：由已知得：

$\overline{x}_{甲}=8$，$\overline{x}_{乙}=8$，$s^2_{甲}=\dfrac{1}{5}(0+1+1+0+0)=\dfrac{2}{5}$，$s^2_{乙}=\dfrac{1}{5}(2^2+1^2+0+0+1^2)=\dfrac{6}{5}$，

因为 $s^2_{甲} < s^2_{乙}$，即这两组数据中方差较小的一个是 $\dfrac{2}{5}.$

2. 解：(1) $\overline{x}_{甲} = \dfrac{1}{6}(100+98+99+100+103+100) = 100$；

$\overline{x}_{\text{乙}} = \frac{1}{6}(99+100+102+99+100+100) = 100$；

$s_{\text{甲}}^2 = \frac{1}{6}(0^2+2^2+1^2+0^2+3^2+0^2) = \frac{7}{3}$；

$s_{\text{乙}}^2 = \frac{1}{6}(1^2+0^2+2^2+1^2+0^2+0^2) = 1$.

(2)两台机床加工零件直径的平均值相同，又 $s_{\text{甲}}^2 > s_{\text{乙}}^2$，故乙机床加工零件的质量更稳定.

3. 解：由题给出的数据可得 $\overline{x} = 40$，$s^2 = \frac{1}{9}(16+16+9+9+0+9+9+16+16) = \frac{100}{9}$，所以 $s = \frac{10}{3}$，年龄在 $(\overline{x}-s, \overline{x}+s)$ 内，即 $\left(\frac{110}{3}, \frac{130}{3}\right)$ 内的人数有5人，所以百分比为 $\frac{5}{9} \approx 56\%$.

4. 解：(1)由已知可计算得甲班身高的样本平均数为170，乙班身高的样本平均数为171.1，所以乙班的平均身高较高；

(2)甲班身高的样本方差为 $s^2 = \frac{1}{10}(12^2+9^2+9^2+1^2+0^2+2^2+2^2+7^2+8^2+12^2) = 157.2$.

【课堂拓展训练】

一、填空题

1. 3.5　解析：由已知可得8个数据的平均数仍为6，方差为 $\frac{4 \times 7 + (6-6)^2}{8} = 3.5$.

2. 4　解析：由题意可知 $x+y=20$，$(x-10)^2+(y-10)^2+0^2+1^2+1^2=5 \times 2=10$，解得 $x=12, y=8$ 或者 $x=8, y=12$. 所以 $|x-y|=4$.

3. 12；63　解析：由已知得所求数据的平均数：$\overline{x} = 3 \times (5-1) = 12$，因为 $(3x_1-3-12)^2 = 9(x_1-5)^2$，所以 $s^2 = \frac{9}{10}[(x_1-5)^2+(x_2-5)^2+\cdots+(x_{10}-5)^2] = 9 \times 7 = 63$.

4. (1)(3)　解析：(1)(3)正确，(2)错误.

5. (2)(3)(4)　解析：方差的取值范围是 $[0, +\infty)$.

6. $\sqrt{2}$　解析：由已知得 $m=12$，所以标准差 $s = \sqrt{\frac{1}{5}(0^2+1^2+2^2+1^2+2^2)} = \sqrt{2}$.

二、解答题

1. 解：由已知得，甲乙两学生成绩的平均数分别为 $\overline{x}_{\text{甲}}=85$，$\overline{x}_{\text{乙}}=85$，甲乙两学生成绩的方差分别为 $s_{\text{甲}}^2 = \frac{1}{8}(3^2+4^2+6^2+7^2+8^2+3^2+1^2+10^2) = 35.5$；$s_{\text{乙}}^2 = \frac{1}{8}(7^2+10^2+5^2+10^2+8^2+5^2+5^2+0^2) = 48.5$.

甲乙两学生的平均数相同,因为 $s_甲^2 < s_乙^2$,所以甲学生的成绩稳定些.

2. **解**:根据频率分布直方图,得该组数据的平均数是 $\bar{x} = 55 \times 0.1 + 65 \times 0.2 + 75 \times 0.35 + 85 \times 0.3 + 95 \times 0.05 = 75$,方差 $s^2 = (55-75)^2 \times 0.1 + (65-75)^2 \times 0.2 + (75-75)^2 \times 0.35 + (85-75)^2 \times 0.3 + (95-75)^2 \times 0.05 = 110$.

(提示:由频率直方图估计方差、标准差的值时,一般利用一组区间的中点值代表该组数据.)

3. **解**:(1)极差 $40 - 19 = 21$;(2)这 20 名工人的年龄的平均数 $\bar{x} = \dfrac{19 + 28 \times 3 + 29 \times 3 + 30 \times 5 + 31 \times 4 + 32 \times 3 + 40}{20} = 30$.

这 20 名工人的年龄的方差 $s^2 = \dfrac{1}{20}(11^2 + 2^2 + 1^2 + 0^2 + 1^2 + 2^2 + 10^2) = 11.55$.

4. **解**:(1)频率分布直方图:

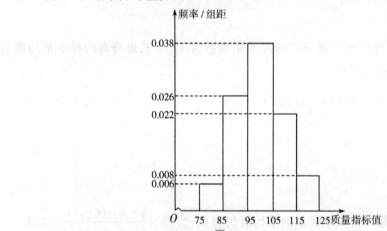

(2)质量指标值的样本平均数为 $\bar{x} = 80 \times 0.06 + 90 \times 0.26 + 100 \times 0.38 + 110 \times 0.22 + 120 \times 0.08 = 100$.

质量指标值的样本方差为 $s^2 = (80-100)^2 \times 0.06 + (90-100)^2 \times 0.26 + 0 + (110-100)^2 \times 0.22 + (120-100)^2 \times 0.08 = 104$.

所以这种产品质量指标值的平均数的估计值为 100,方差的估计值为 104.

第8章单元测试题 A 卷

一、选择题

1. **D** **解析**:A 是对立事件;B 是同一个事件,不符合;C 不是互斥事件;D 是互斥不对立事件,符合题意.

2. **D** **解析**:将一枚骰子抛掷两次的样本空间共有 36 种结果,其中事件点数之和为 8 的样本点有 $(3,5)$,$(5,3)$,$(2,6)$,$(6,2)$,$(4,4)$ 5 种结果,所以所求概率为 $\dfrac{5}{36}$,所以 D 正确.

3. B 解析：中奖概率为 $\dfrac{1+2+3}{8}=\dfrac{3}{4}$.

4. D 解析：显然 A、B、C 是错误的，D 是正确的.

5. B 解析：餐厅内抽取 100 人，35 人在 16 至 25 岁，所以 $\dfrac{35}{100}=0.35$ 是 16 至 25 岁人员占总体分布的频率.

6. B 解析：这组数据中的每个数减去一个非零常数，每个数都要改变，所以平均数变小，而方差是反映数据的波动大小，原数据变化前后波动没有改变，所以方差不变. 故 B 正确.

7. C 解析：两位数共有 90 个，能被 2 或 3 整除的数有 60 个，故所求的概率为 $\dfrac{60}{90}=\dfrac{2}{3}$.

8. C 解析：由题意可得 $\dfrac{5+4}{6+5+4}=\dfrac{3}{5}$.

9. D 解析：从 5 个球中任取 2 个球的样本空间为：2 个红色，1 红 1 蓝，2 蓝. 由此分析 A、B 不是互斥事件，C 是同一事件，不是对立事件，D 正确.（提示：理解至少、至多的含义）

10. B 解析：由题意可知，所求的平均数 $\overline{x}=\dfrac{1}{10}[(x_1+a)+(x_2+a)+\cdots+(x_{10}+a)]=\dfrac{1}{10}[(x_1+x_2+\cdots+x_{10})+10a]=1+a$.

11. D 解析：由概率加法公式得 $0.20+0.12=0.32$.

12. B 解析：系统抽样的组距间隔是相等的，组距为 $\dfrac{500}{5}=100$，所以 B 正确.

13. A 解析：至多有一张移动卡包括一张移动卡，一张联通卡；两张联通卡. 它是两张全是移动卡的对立事件.

14. B 解析：符合条件的随机数有 191，271，932，812，393 共 5 个，所以所求的概率为 $\dfrac{5}{20}=0.25$.

15. D 解析：有放回地连抽 3 次，抽取的样本空间有(1，1，1)，(1，1，2)，(1，2，1)，(2，1，1)，(2，2，1)，(2，1，2)，(1，2，2)，(2，2，2)共 8 种，能构成三角形的样本点有(1，1，1)，(2，2，1)，(2，1，2)，(1，2，2)，(2，2，2) 5 种，故其概率为 $\dfrac{5}{8}$.

二、填空题

16. 充分 解析：互斥不一定对立，对立一定互斥. 所以填充分.

17. 样本空间中基本事件的总数是有限的 解析：由古典概型的特点可知.

18. 不可能 解析：这 100 件产品中只有两件次品，任取 3 件均是次品的事件是不可能发生的,因此是不可能事件.

19. $\frac{1}{10}$　**解析**:从 10 到两位数的共有 90 个数,其中各位数是 2 的有 12,22,32,42,52,62,72,82,92,所以概率为 $\frac{9}{90}=\frac{1}{10}$.

20. 0.54　**解析**:$0.22+0.32=0.54$.

21. $\frac{1}{4}$　**解析**:抛掷两个骰子有 36 个结果,两个点数都是奇数有 9 个结果,所以所求概率是 $\frac{9}{36}=\frac{1}{4}$.

22. 0.32　**解析**:由已知可得口袋中白球个数为 $0.23\times100=23$,黑球个数共有 $100-(45+23)=32$,所以摸出黑球的概率为 $\frac{32}{100}=0.32$.

23. 1 013 h　**解析**:$\frac{980+1\,020\times2+1\,032}{4}=1\,013$.

24. 80　**解析**:三个年级的总人数为 4 000,依题意有 $4\,000\times0.2=80$.

25. (4)(5)(6)　**解析**:3 000 名运动员的年龄是总体,每个运动员的年龄是个体,30 名运动员的年龄是一个样本,所以(1)(2)(3)是错的,(4)(5)(6)是正确的.

26. (1)(3)　**解析**:(1)(3)是不放回简单随机抽样,(2)(4)不满足等可能抽样,所以不是简单随机抽样.

27. 120　**解析**:设男教师 x 人,女教师 $x+12$ 人,则有 $\frac{x}{2x+12}=\frac{9}{20}$,$x=54$,女教师有 66 人,所以参加联欢会的教师有 $54+66=120$(人).

28. 分层抽样法　**解析**:个体差异明显,故采用分层抽样法.

29. $\frac{1}{5}$　**解析**:从 5 根竹竿中随机抽取 2 根有 10 个结果,它们长度相差 0.3 m 的样本点有 2 个,分别是 2.5 和 2.8,2.6 和 2.9,所以概率为 $\frac{2}{10}=\frac{1}{5}$.

30. 85　**解析**:$\frac{90\times40+81\times50}{90}=85$.

三、解答题

31. **解**:由题意可知 A,B,C 彼此互斥,且 $D=A+B$,$E=B+C$,
(1)$P(D)=P(A+B)=P(A)+P(B)=0.7+0.1=0.8$;
(2)$P(E)=P(B+C)=P(B)+P(C)=0.1+0.05=0.15$.

32. **解**:设盒中有白球 x 个,依题意有,$\frac{8}{x+8}=\frac{80}{4\,000}$,所以 $x=32$,故盒中有 32 个白球.

33. **解**:由于个体差异比较明显,采用分层抽样比较合理.

中年职工应抽取 $4\,000\times\dfrac{5}{10}=200$，青年职工应抽取 $4\,000\times\dfrac{3}{10}=120$，老年职工应抽取 $4\,000\times\dfrac{2}{10}=80$，即中、青、老年职工应分别抽取 200 人，120 人，80 人．

34. 解：设动物总数为 a，由题意可得活到 20 岁的动物有 $0.8a$，活到 25 岁的动物有 $0.6a$，活到 30 岁的动物有 $0.3a$，所以现年 20 岁的动物活到 25 岁的概率为 $\dfrac{0.6a}{0.8a}=\dfrac{3}{4}$，现年 25 岁的动物活到 30 岁的概率为 $\dfrac{0.3a}{0.5a}=\dfrac{3}{5}$．

35. 解：由题意可知：$b=\dfrac{3}{20}=0.15$，$c=\dfrac{2}{20}=0.1$，$a=1-(0.2+0.4+0.15+0.1)=0.15$．

36. 解：四种血型的人共有 100 人．

(1)可以输给小明的概率为 $\dfrac{29+35}{100}=\dfrac{16}{25}=0.64$；

(2)不可以输给小明的概率为 $1-0.64=0.36$．

37. 解：由题意可知：$\overline{x}_甲=\overline{x}_乙=10$，$s^2_甲=\dfrac{1}{5}(0.2^2+0.1^2+0.1^2+0^2+0.2^2)=0.02$，$s^2_乙=\dfrac{1}{5}(0.6^2+0.3^2+0.8^2+0.3^2+0.2^2)=0.244$，甲乙两种冬小麦的平均产量都等于 10，故甲种冬小麦的产量比较稳定，推荐引进甲种冬小麦大量种植．

第 8 章单元测试题 B 卷

一、选择题

1. B 解析：从 12 件产品中任取 3 件的样本空间：1 正 2 次，2 正 1 次，3 正．而至少有一正品包括了以上三种结果，故 B 正确．

2. A 解析：由题意可得：高一年级抽取人数为 $\dfrac{50}{1\,000}\times 300=15$，高二年级抽取人数为 $\dfrac{50}{1\,000}\times 200=10$，高三年级抽取人数为 $\dfrac{50}{1\,000}\times 500=25$．A 正确

3. C 解析：从 4 张卡片中取出 2 张卡片的样本空间：(1，2)，(1，3)，(1，4)，(2，3)，(2，4)，(3，4)，其中两数字之积是 4 的倍数的样本点有 3 个，故其概率为 $\dfrac{3}{6}=\dfrac{1}{2}$．

4. A 解析：有已知计算得：$x=5$，$s^2=\dfrac{1}{11}(4^2+2^2+2^2+1^2+1^2+0+1^2+2^2+3^2+5^2+1^2)=6$．

5. B 解析：由已知可知所求的平均数为 $\dfrac{10\dfrac{1}{a}+10\dfrac{1}{b}}{20}=\dfrac{1}{2}\left(\dfrac{1}{a}+\dfrac{1}{b}\right)$．

6. C 解析：k，b 的值构成的样本空间：$(-1,1)(-1,2)(1,-1)(1,2)(2,-1)(2,1)$ 6 种结果，一次函数的图像交于 x 轴负半轴的样本点有 $(1,2)(2,1)$ 两种结果．故所求事件的概率为 $\frac{2}{6}=\frac{1}{3}$．

7. D 解析：(1)各班人数相等，每班抽取 2 人，是系统抽样；(2)60 人中分数有明显差异，是分层抽样；(3)6 名同学中每个同学都是等可能地被安排在相应跑道上，是简单随机抽样．

8. A 解析：由已知 $\frac{4}{60}=\frac{1}{15}$，所以年轻人应抽取 8 人，中年人应抽取 6 人，所以 $n=8+6+4=18$．

9. B 解析：由系统抽样的特点，组距应为 $840\div42=20$（人），编号落入区间 $[481,720]$ 的人数为 240，所以应抽取 $240\div20=12$（人）．

10. B 解析：从 5 个数中抽取 2 个数的样本空间有 10 种结果，其中数字之和为 3 和 6 的样本点有 3 种结果，所以数字之和不是和 6 的概率为 $\frac{7}{10}$．

11. B 解析：所求概率为 $\frac{5+4}{12}=\frac{3}{4}$．

12. C 解析：4 张卡片任取 2 张的样本空间有 6 种结果，数字之和为奇数的样本点有 4 种结果，所以概率为 $\frac{4}{6}=\frac{2}{3}$．

13. D 解析：由题意可得样本 $2+2x_1$，$2+2x_2$，$\cdots$，$2+2x_n$ 的平均数为 $2\times10=20$，方差为 $2^2\times2=8$．

14. B 解析：小矩形的高为 $n=\frac{\text{频率}}{\text{组距}}$，所以 $|a-b|=\frac{m}{h}$．

15. C 解析：根据抽样特点，此题为简单随机抽样，故 A、B 是错的，由已知可得 $\overline{x}_\text{男}=90$，$\overline{x}_\text{女}=91$，$s^2_\text{男}=\frac{1}{5}(4^2+4^2+2^2+2^2+0)=8$，$s^2_\text{女}=\frac{1}{5}(3^2+2^2+2^2+3^2+2^2)=6$，$s^2_\text{男}>s^2_\text{女}$，故 C 正确．

二、填空题

16. 互斥 解析：事件 A 与 B 不能同时发生，则称事件 A 与 B 是互斥事件．

17. 必然 解析：100 件产品中有 2 件次品，从中任取 3 件，至少有一正品是必然发生的，所以是必然事件．

18. $\frac{1}{5}$ 解析：从这 5 个数中任取 2 个数的样本空间有 10 种结果，其中和为 5 的样本点有 2 种结果，所以概率为 $\frac{2}{10}=\frac{1}{5}$．

19. $\frac{7}{9}$ 解析：由已知可得概率 $p=\frac{7}{9}$．

20. 3件都是正品.

21. $\frac{1}{3}$　解析：求其概率可以利用长度比可得 $p=\frac{3}{9}=\frac{1}{3}$.

22. $\frac{3}{4}$　解析：$\frac{45}{60}=\frac{3}{4}$.

23. 120　解析：由题意可得三乡共有 22 500 人，所以南乡应抽出人数为 $5\,400\times\frac{500}{22\,500}=120$.

24. (4)(5)(3)(2)(1)　解析：根据可能性的大小即可判断出发生概率的大小.

25. 30　解析：因为所有矩形的面积和为 1，又因为中间小矩形的面积是其他 10 个小矩形面积的 $\frac{1}{5}$，所以中间小矩形对应的频率为 $\frac{1}{6}$，因为其样本容量为 180，故该组的频率为 $180\times\frac{1}{6}=30$.

26. $\frac{4}{7}$　解析：这七个数中质数有 2，3，5，7 共 4 个，所以概率为 $\frac{4}{7}$.

27. 0.050　解析：由 $(0.020+0.025+0.030+0.035+0.040+a)\times 5=1$，得 $a=0.050$.

28. 60　解析：由已知可得 $300\times\frac{4}{20}=60$.

29. 01　解析：根据题意应取到的数为 08，02，14，07，02，01，重复的去掉，所以第 5 个个体编号为 01.

30. $\frac{37}{8}$　解析：8 人生物等级考试的平均分 $\bar{x}=\frac{2\times 70+2\times 67+3\times 64+62}{8}=66$，方差 $s^2=\frac{1}{8}(4^2+1^2+2^2+4^2)=\frac{37}{8}$.

三、解答题

31. 解：设事件 A：二年级代表发言，事件 B：三年级代表发言，事件 C：二年级或三年级代表发言，则 $C=A+B$，且 A，B 互斥，开会总人数为 $35+20+25=80$(人)，所以 $P(C)=P(A)+P(B)=\frac{35}{80}+\frac{25}{80}=\frac{3}{4}$.

32. 解：设白球有 x 个，依题意有：$\frac{x}{20}=\frac{505}{2\,525}$，所以 $x=4$，因此口袋中红球和黄球共有 $20-4=16$(个).

33. 解：(1)由已知得：总体平均数为 $\frac{1}{6}(5+6+7+8+9)=7.5$.

(2)设 A 表示事件"样本平均数与总体平均数之差的绝对值不超过 0.5". 从总体中抽取 2 个个体的样本空间有(5，6)，(5，7)，(5，8)，(5，9)，(5，10)，(6，7)，(6，8)，(6，9)，…，(9，10)共 15 个结果，事件 A 包含的样本点有(5，9)，(5，10)，(6，8)，

(6,9),(6,10),(7,8),(7,9)共7个结果,故所求的概率为 $P(A)=\dfrac{7}{15}$.

34. 解:(1)因为 $\dfrac{x}{2\,000}=0.19$,所以 $x=380$;

(2)高三年级人数为 $y+z=2\,000-(373+377+380+370)=500$,现用分层抽样的方法在全校抽取48名学生,应在高三年级抽取人数为 $\dfrac{480}{2\,000}\times500=12$;

(3)设高三年级女生比男生少的事件为 A,女生男生人数记为 (y,z),因为 $y+z=500$,所以符合条件的样本点有(245,255),(246,254),(247,253),(248,252),…,(254,246),(255,245)共11个,事件 A 包含的样本点有(245,255),(246,254),(247,253),(248,252),(249,251)共5个结果,所以 $P(A)=\dfrac{5}{11}$.

35. 解:由已知可算得:$\bar{x}_甲=8$,$\bar{x}_乙=8$,$s_甲^2=\dfrac{1}{5}(1+1+4+4+0)=2$,$s_乙^2=\dfrac{1}{5}(1+0+0+0+1)=\dfrac{2}{5}=0.4$,因为 $s_甲^2>s_乙^2$,所以乙比甲发挥稳定,应选乙参加比赛.

36. 解:(1)因为 $\dfrac{3}{m}=0.03$,所以 $M=100$,$m=100-(3+5+11+37+10)=34$,$n=0.34$,$p=0.034$,$N=1$,$P=0.1$;

(2)平均分数约为
$45\times0.03+55\times0.05+65\times0.11+75\times0.37+85\times0.34+95\times0.1=77.4$,该区高二同学在(60,90]内的人数为 $5\,000\times(0.11+0.37+0.34)=4\,100$(人).

37. 解:(1)略;(2)甲得分情况大致对称,乙得分除一个特殊得分外,也大致对称,甲发挥得比较稳定,总体来看得分情况比乙好.